轨道交通装备类专业"互联网+"校企双元立体化系列教材

轨道交通车辆机械基础

主　编　史彬锋　王锡成　刘　涛
副主编　赵　超　武开河　马金林
参　编　王剑锋

活页式　　校企合作

西南交通大学出版社
·成都·

图书在版编目（CIP）数据

轨道交通车辆机械基础 / 史彬锋，王锡成，刘涛主编. -- 成都：西南交通大学出版社，2024.5

轨道交通装备类专业"互联网+"校企双元立体化系列教材

ISBN 978-7-5643-9832-3

Ⅰ．①轨… Ⅱ．①史… ②王… ③刘… Ⅲ．①铁路车辆–机械设备–教材 Ⅳ．①U279.3

中国国家版本馆 CIP 数据核字（2024）第 107370 号

Guidao Jiaotong Cheliang Jixie Jichu
轨道交通车辆机械基础

主　编 / 史彬锋　王锡成　刘　涛　　　责任编辑 / 李　伟
　　　　　　　　　　　　　　　　　　　封面设计 / 吴　兵

西南交通大学出版社出版发行
（四川省成都市金牛区二环路北一段 111 号西南交通大学创新大厦 21 楼　610031）
营销部电话：028-87600564　　028-87600533
网址：http://www.xnjdcbs.com
印刷：四川玖艺呈现印刷有限公司

成品尺寸　185 mm×260 mm
印张　11.5　　字数　273 千
版次　2024 年 5 月第 1 版　　印次　2024 年 5 月第 1 次

书号　ISBN 978-7-5643-9832-3
定价　39.00 元

课件咨询电话：028-81435775
图书如有印装质量问题　本社负责退换
版权所有　盗版必究　举报电话：028-87600562

前言 Preface

轨道交通是现代化发展的重要组成部分，在新时代的城市化进程中，轨道交通发展的重要性更加凸显。而在轨道交通的发展中，车辆作为整个系统的关键部件，其性能和质量直接关系到轨道交通系统的稳定、安全和高效运行。

为了更好地推动轨道交通领域的技术进步和人才培养，我们编写了这本《轨道交通车辆机械基础》教材。本书主要针对轨道交通车辆机械基础学科的知识体系，结合实践案例，逐步引导读者了解轨道交通车辆机械的基础原理和使用方法，让读者在短时间内了解和掌握轨道交通车辆的相关机械知识与技能。

本书以"学以致用，理论与实践相结合"为原则，重点突出轨道交通车辆机械基础知识的创新性教育、实用性教学，以实际教学应用为指导，通过丰富生动的案例、简洁明了的分析和详细规范的操作指导，帮助读者快速掌握轨道交通车辆的机械基础知识，为从事轨道交通领域的技术和管理工作提供可靠的基础知识和实践指导。

本书由包头铁道职业技术学院史彬锋、王锡成、刘涛担任主编，包头铁道职业技术学院赵超、武开河和呼和浩特铁路局包头西车辆段马金林担任副主编，包头铁道职业技术学院王剑锋担任主审。其中，赵超、武开河编写项目一任务一；史彬锋编写项目一任务二，项目二任务四，项目四任务一、三、四、五，项目五任务一；王锡成编写项目二任务一、二、三、五，项目四任务二，项目五任务二、三；刘涛编写项目三；马金林参与现场车辆技术资料的编写。

最后，衷心感谢所有参与本书编写的专家和学者的支持和帮助，也感谢所有阅读本书的读者，希望我们的努力能为您提供有用的知识和帮助。限于编者水平和条件，书中疏漏和不足之处在所难免，请大家多提宝贵意见，使本书不断提高和完善。

编 者
2023 年 11 月

目 录 Contents

项目一	轨道交通车辆机械概述 ·· 001
	任务一　认识机械的有关名词 ·· 001
	任务二　认识摩擦、磨损和润滑 ······································ 006

项目二	轨道交通车辆常用传动机构 ·· 013
	任务一　认识平面机构 ·· 013
	任务二　认识铰链四杆机构 ·· 019
	任务三　认识间歇运动机构 ·· 032
	任务四　凸轮机构 ·· 039

项目三	轨道交通车辆常用连接 ·· 050
	任务一　螺纹连接 ·· 050
	任务二　螺纹连接的预紧和防松 ······································ 056
	任务三　其他连接 ·· 061

项目四	轨道交通车辆常用传动 ·· 068
	任务一　带传动装置 ·· 068
	任务二　链传动 ··· 081
	任务三　齿轮传动 ·· 089
	任务四　蜗轮蜗杆传动 ·· 117
	任务五　轮　系 ··· 129

项目五	轴系零部件 …………………………………………………… 141
	任务一　轴 ………………………………………………… 141
	任务二　轴　承 …………………………………………… 151
	任务三　联轴器 …………………………………………… 172

参考文献 ……………………………………………………………… 178

轨道交通车辆机械概述

项目一

【项目描述】

通过本项目的学习，了解本课程研究的对象、内容；学会区分机械、机器、机构、零件等名词的概念，熟悉它们之间的相互关系；掌握机械的共性和轨道交通车辆机械的特殊性，同时了解机械中涉及的有关术语，并掌握关于摩擦、磨损和润滑的一些基本知识，为学好轨道交通车辆机械基础课程打下基础。学生学习后，需完成对应的技能训练，然后完成课后练习，以强化对知识的掌握程度。

任务一　认识机械的有关名词

【学习目标】

目标类型	目标要求
知识目标	（1）知道机器、机构的含义与区别； （2）学会分析构件与零件
能力目标	能够拆卸内燃机车柴油机活塞连杆机构
素质目标	感受中国铁路车辆的发展历程，增强民族自豪感

【理论知识】

中国现在拥有世界上最长的铁路网络，是世界上最大的铁路运输市场之一。中国铁路运输主要分为高速铁路、普速铁路和城市轨道交通三类。高速铁路主要连接各大城市，创造了许多世界纪录，如速度高达 350 km/h 的京沪高铁、京张高速铁路等。普速铁路主要用于连接一些较小城市和乡村地区，此外还有几条重要的货运铁路。城市轨道交通系统遍布中国数十个城市，包括地铁、轻轨和单轨等。近年来，中国的铁路运输技术和服务质量都得到了显著提升，形成了高效、便捷和安全的铁路运输网络。

轨道交通车辆是铁路运输的重要组成部分，根据车型有机车、铁道车辆、动车组列车、城轨车辆等。每一种车辆组成部分又不相同，以铁道车辆为例，它一般由车体、转向架（走行部）、制动装置、车钩缓冲装置和车辆内部设备五部分组成，每一部分又由很多机构组成，每一机构由若干零件或构件组成，如图 1-1 所示。所以在学习之前，需要对机器、机构、构件和零件加以区分。

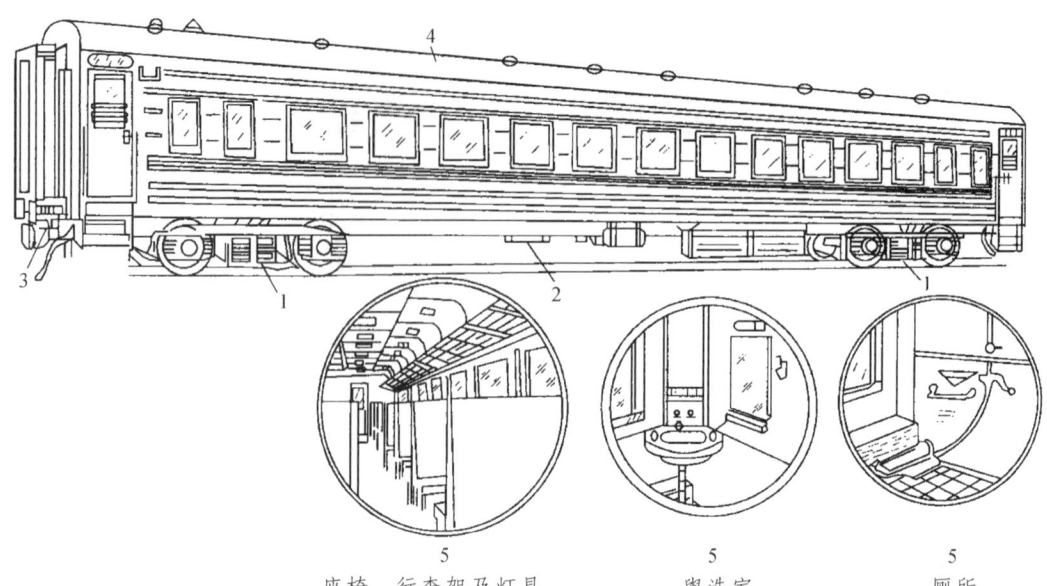

座椅、行李架及灯具　　盥洗室　　厕所

1—走行部（转向架）；2—制动装置；3—车钩缓冲装置；4—车体；5—车辆内部设备。

图 1-1　车辆组成

一、机械、机器与机构

1. 机　器

传统意义上讲，机器是执行机械运动的装置。机器的种类繁多，其用途和结构形式也不尽相同，但机器的组成却有一些共同的特征。

1）机器的特征

传统意义的机器具有以下三个共同特征：

（1）人为的实物组合体。

（2）各运动单元间具有确定的相对运动。

（3）能代替人类做有用的机械功或进行能量转换。

2）机器的组成

机器主要有五个组成部分，分别是：

（1）动力部分：机器能量的来源，它将各种能量转变为机械能。

（2）工作部分：直接实现机器特定功能、完成生产任务的部分。

（3）传动部分：按工作要求将动力部分的运动和动力传递、转换或分配给工作部分的中间装置。

（4）控制部分：控制机器启动、停止和变更运动参数的部分。

（5）支撑及辅助部分：保障机械其他部分正常运转的部分。

图 1-2 所示为内燃机车柴油机的示意图。柴油机由固定件、运动件、配气机构、进排气系统、燃油系统、冷却水系统、控制系统和机油系统八部分组成。

2. 机　构

机构是指两个或两个以上的构件通过活动连接来实现规定运动的构件组合。构件组合中有一个构件作为机架，构件系统是用运动副连接起来的。

与机器相比，构件满足机器的前两个特征，各构件间有确定的相对运动，但构件不能做机械功，也不能实现功能转换，其主要功用是传递或转变运动的形式。如图1-3所示为柴油机几种机构示意图。

图1-2　内燃机车柴油机示意图

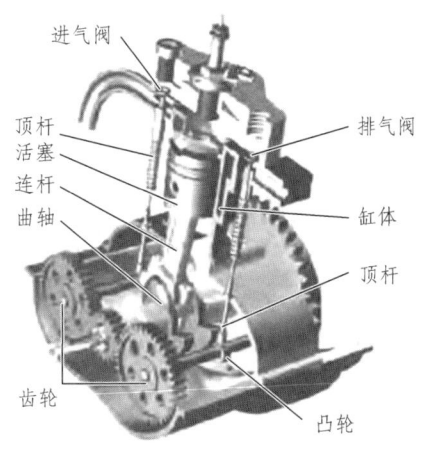

图1-3　柴油机几种机构示意图

3. 机械、机器和机构的区别

机械、机器和机构是三个相关但不相同的概念。

机械通常认为是机器与机构的统称。

机器通常指的是有能力执行某些特定任务或完成某些特定功能的设备或装置。

机构与机械和机器不同，它是指一组零件，在运动时能够形成特定的运动副。

总之，机械、机器和机构都是与机械设计和运动相关的术语，但它们在概念上存在差异。

二、构件与零件

1. 构　　件

机构中每一个独立的运动单元体称为一个构件，构件间能做相对运动。构件可以是不能拆开的单一整体，如图1-4所示的曲轴；也可以是几个相互之间无相对运动的物体组成的刚性体，如图1-5所示的柴油机连杆构件。

图1-4　曲轴

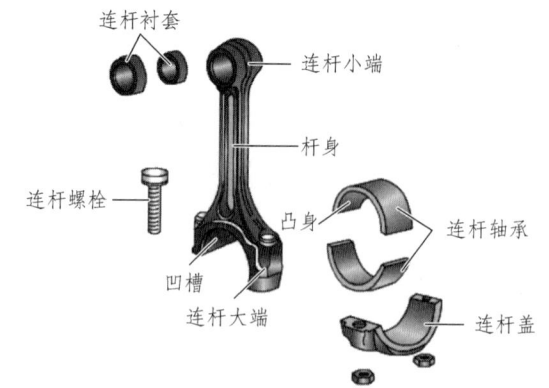

图 1-5　柴油机连杆构件

2. 零　件

零件是指机械中不可拆分的单个制造单元,它是构件的组成部分。如图 1-5 所示的柴油机连杆构件,是由杆身、连杆螺栓、连杆盖、连杆轴承等零件组成的。

零件分为两大类:通用零件和专用零件。各种机器普遍使用的零件称为通用零件,如螺栓、齿轮、轴等;只在某些特定类型的机器中才使用的零件,称为专用零件,如发动机中的曲轴和活塞、车辆空调机组轴流风机的叶片等。

3. 构件与零件的区别

在制造过程中,构件和零件都是指所制造的产品的一部分,但它们有一些区别。

构件是指制成某个完整产品所必需的一组部件之一。它通常是由其他构件和零件组成的,可以看作是产品的一个组成部分。

零件是构成构件的一部分,通常是那些相对比较简单,并且可以被单独生产的部件。在某些情况下,零件可以用来替换和修复构件。

因此,构件通常是由数个零件组成的,完整的产品由多个构件组成。总之,两者的主要区别是,构件是运动的单元,零件是制造的单元。

【技能训练】

一、训练目的

(1)理解机构、构件、零件的概念;
(2)认识内燃机车柴油机连杆各个零件的名称。

二、训练器材

内燃机车柴油机活塞连杆实物、拆装工具一套。

三、训练内容

拆卸内燃机车柴油机活塞连杆组,认识组成活塞连杆的各个零件。

1. 操作步骤

（1）检查活塞顶部的装配标记，若没有，则打上标记并标明气缸号。

（2）转动曲轴，将准备拆卸的连杆相对应的活塞转至下止点位置。

（3）拆下连杆螺母，取下连杆盖、轴承，并按次序放好。

（4）用橡胶锤或铁锤木柄推出活塞连杆组，注意不要倾斜，不要硬撬、硬敲，以免损坏气缸。

（5）取出活塞连杆组后，应将连杆盖、螺栓、螺母按原位装回，并检查连杆的装配标记。标记应朝向传动带盘，连杆和连杆大头打上对应缸号。

（6）用活塞环装卸钳拆下活塞环。观察活塞环上的标记，"TOP"朝向活塞顶部。

（7）拆卸活塞，加热到60 ℃后拆下活塞销。

2. 拆卸注意事项

（1）拆卸前应清除外部灰尘，仔细观察并记清各拆卸件的位置和记号。

（2）抽出活塞连杆组前，缸套上部的积炭台阶必须刮除，以免损坏活塞和活塞环。

（3）取活塞连杆组时，可用木棒直接推出。活塞连杆组抽出后，应立即把连杆盖、瓦片和连杆螺栓按原位装复。

（4）拆卸缸套时，应使用缸套拉出器或木棒，不能用金属棒直接敲击缸套。

（5）拆下的活塞环应按顺次放好。气缸垫和纸垫应妥善保管。

【课程思政】

中国轨道交通车辆的第一

中国第一辆火车是当时唐胥铁路总工程师仿照英国蒸汽机车"火箭号"制造的，并把它命名为"中国火箭号"。因为中国工人在机车两侧各刻了一条龙，于是把它叫作"龙号"机车。

新中国第一台内燃电动机车在北京长辛店机车厂试制成功。这台内燃机车自重60 t，最高运行速度85 km/h，3万多配件全部都是中国制造，从此结束了我国不能自行制造内燃机车的历史。

韶山1型电力机车（SS_1），是中国铁路的第一代（有级调压、交-直流电传动）国产客、货两用干线电力机车。

新一代标准动车组"复兴号"是中国自主研发，具有完全知识产权的新一代高速列车，它集成了大量现代国产高新技术，牵引、制动、网络、转向架、轮轴等关键技术实现重大突破，是中国科技创新的重要成果。

【课后练习】

1. 机器与机构有什么区别？试举例说明。
2. 请简述机器、机构、构件、零件、机械之间的关系。

任务二　认识摩擦、磨损和润滑

【学习目标】

目标类型	目标要求
知识目标	（1）了解摩擦的基本概念，能够区分摩擦类型； （2）了解机械磨损，掌握润滑的方式和方法
能力目标	能够拆卸铁路货车车辆闸瓦
素质目标	从典型人物案例，感受铁路人认真工作的工匠精神

【理论知识】

一、摩　擦

当物体与另一物体沿接触面的切线方向运动或有相对运动的趋势时，在两物体的接触面之间有阻碍它们相对运动的作用力，这种力叫作摩擦力。接触面之间的这种现象或特性叫作"摩擦"。摩擦有利也有害，但在多数情况下是不利的。例如，机器运转时的摩擦，造成能量的无益损耗和机器寿命的缩短，并降低了机械效率。因此常用各种方法减小摩擦，如在机器中加润滑油等。但摩擦又是不可缺少的，例如，人的行走、列车的行驶必须分别依靠地面与脚和车轮与钢轨的摩擦。在泥泞的道路上，因摩擦太小，走路就很困难，且易滑倒。另外，列车有时也会出现空转。所以，在某些情况下又必须设法增大摩擦，如在太滑的路面上撒一些炉灰或在钢轨上撒砂等。

1. 按运动形式分类

根据运动形式不同，摩擦可分为滑动摩擦和滚动摩擦。

（1）滑动摩擦：一物体在另一物体表面上滑动或有滑动的趋势时，在两物体接触面上产生的阻碍它们之间相对滑动的现象，如图1-6所示。

（2）滚动摩擦：一物体在另一物体表面做无滑动的滚动或有滚动的趋势时，两物体接触面上产生的对滚动的阻碍作用，如图1-7所示。

图1-6　滑动摩擦

图1-7　滚动摩擦

区分滑动摩擦与滚动摩擦的方法：滑动摩擦物体上的一点总是不离开接触面，而滚动摩擦物体上的一点不总是在接触面上。在相同条件下，滚动摩擦小于滑动摩擦。

2. 按摩擦状态分类

根据摩擦状态不同，摩擦可分为干摩擦、边界摩擦、液体摩擦、混合摩擦，如图1-8所示。

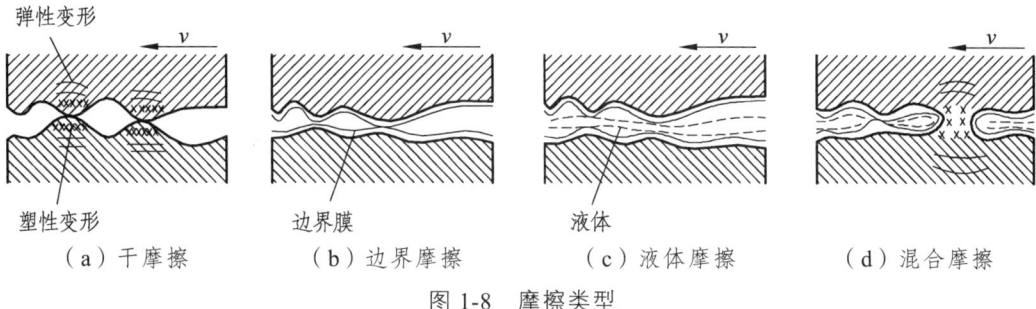

图 1-8　摩擦类型

1）干摩擦

摩擦面间不加润滑剂时的摩擦称为干摩擦。

干摩擦的特点：摩擦系数大，通常用于利用摩擦的场合，如铁路货车车辆闸瓦制动，如图1-9所示。

图 1-9　闸瓦制动

2）边界摩擦

摩擦副间有少量润滑剂，摩擦表面上形成极薄的润滑剂膜，强度低，易破裂，致使摩擦面间部分直接接触，这种摩擦为边界摩擦。

边界摩擦的特点：① 边界膜的厚度很小，但仍可使摩擦系数大大降低；② 摩擦磨损特性不取决于润滑剂的黏度，而是取决于表面膜的特性，如柴油机中活塞与活塞缸体之间的摩擦。

3）液体摩擦

摩擦副表面间被一层压力流体完全隔开时的摩擦称为液体摩擦。

液体摩擦的特点：摩擦系数小，摩擦表面不直接接触，不会有磨损产生，是理想的摩擦状态。

4）混合摩擦

处于边界摩擦与液体摩擦的混合状态称为混合摩擦。

二、磨 损

磨损是物体或零件相互接触并在相对运动的系统中发生的一种现象，这种现象普遍存在于生产生活中。磨损消耗了机器运转的能量，使机器零部件的使用寿命缩短，造成材料的消耗。磨损的结果是零部件几何尺寸（体积）变小，零部件失去原有设计所规定的功能而失效。失效包括完全丧失原定功能；功能降低和有严重损伤或隐患，继续使用会失去可靠性和安全性。

1. 磨损的分类

按照表面破坏机理特征，磨损可分为磨粒磨损、黏着磨损、表面疲劳磨损、腐蚀磨损和微动磨损等。前三种是磨损的基本类型，后两种只在某些特定条件下才会发生。

（1）磨粒磨损：物体表面与硬质颗粒或硬质凸出物（包括硬金属）相互摩擦引起表面材料损失。磨粒磨损主要出现在以下两种情况中：一是粗糙而坚硬的表面贴着软表面滑动；另一种情况是由游离的坚硬粒子在两个摩擦面之间滑动。

（2）黏着磨损：摩擦副相对运动时，由于固相结合作用的结果，造成接触面金属损耗。因为机械零件的表面宏观上是光滑的，而微观尺度从显微镜下观察总是粗糙不平的，所以，当两个表面黏合时，受力的地方只是那些表面比较高的凸点。

（3）表面疲劳磨损：两接触表面在交变接触压应力的作用下，材料表面因疲劳而产生物质损失。表面疲劳磨损是表面或亚表面中裂纹形成以及疲劳裂纹扩展的过程。

（4）腐蚀磨损：零件表面在摩擦的过程中，表面金属与周围介质发生化学或电化学反应，因而出现的物质损失。

（5）微动磨损：两接触表面间没有宏观相对运动，但在外界变动负荷影响下，有小振幅的相对振动（小于 100 μm），此时接触表面间产生大量的微小氧化物磨损粉末，因此造成磨损。

2. 磨损过程

磨损过程分为磨合阶段、稳定磨损阶段、剧烈磨损阶段。

磨合阶段（初期磨损）：跑合阶段，如图 1-10 中 OA 段。

稳定磨损阶段（正常磨损）：如图 1-10 中 AB 段。

剧烈磨损阶段（激剧磨损）：如图 1-10 中 BC 段。

在机器零件使用中，磨合磨损是有益的磨损，因为经磨合磨损后，磨损速度减慢，可改善工作表面的性质，延长摩擦副的使用寿命。

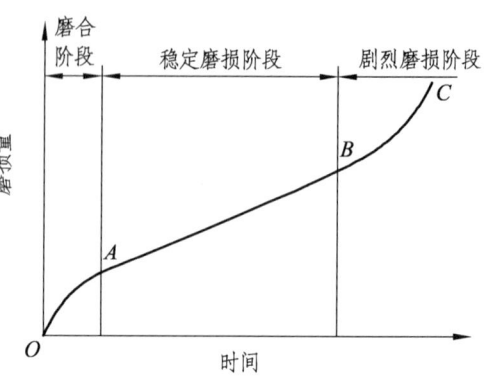

图 1-10 磨损过程

三、润　滑

润滑是指在相对运动的两个摩擦表面之间加入润滑剂,使两摩擦表面之间形成润滑膜,从而达到减小摩擦、降低磨损、延长机械设备使用寿命的一种技术措施。

1. 润滑的作用

（1）降低摩擦：在摩擦面间加入润滑剂,能使摩擦系数降低,从而减小摩擦阻力,节约能源消耗。

（2）减小磨损：润滑剂在摩擦面间可以减小磨粒磨损、表面疲劳、黏着磨损等。

（3）密封作用：润滑剂对某些外漏零件形成密封,能防止水分、杂质等侵入。如柴油机润滑机油系统中,活塞与活塞套筒之间的密封。

（4）防锈作用：摩擦面上有润滑剂存在,就可以防止因空气、水滴、水蒸气、腐蚀性气体及液体、尘埃、氧化物引起的锈蚀。

（5）清洗作用：润滑油的循环可以带走杂质,经滤清器滤掉。

（6）冷却作用：润滑剂可以吸热、传热和散热,因而能降低摩擦热造成的温度上升。

（7）减振作用：在运动零件表面形成油膜,吸收冲击并减小振动,起减振缓冲的作用。

2. 润滑的方式

（1）压力润滑：利用机油泵,将具有一定压力的润滑油源源不断地送往摩擦表面。例如,一些双螺杆式制冷压缩机内双螺杆间采用喷油润滑形成油膜,以保证润滑。

（2）飞溅润滑：利用发动机工作时运动零件飞溅起来的油滴或油雾来润滑摩擦表面的润滑方式。这种方式可使裸露在外面承受载荷较小的气缸壁,相对滑动速度较小的活塞销,以及配气机构的凸轮表面、挺柱等得到润滑。

（3）定期润滑：对于负荷较小的发动机辅助装置,只需定期、定量加注润滑脂进行润滑,如水泵及发电机轴承等。

3. 选用润滑油的基本原则

根据机器的工作条件、工作环境、摩擦表面的具体特点和润滑方式的不同,选用的润滑油的种类、牌号也不相同。

（1）转速高、形成油楔作用能力强的设备,应选用黏度低的润滑油；设备摩擦表面单位面积的负荷大时,应选用黏度大、油性较好的润滑油。

（2）设备工作环境温度较高时,应采用黏度较大、闪点较高、油性较好、稳定性较强的润滑油或滴点较高的润滑脂。

（3）设备摩擦表面之间的间隙越小,选择的润滑油黏度应越低；摩擦表面越粗糙,选择的润滑油黏度应越大。若选择润滑脂,工作锥度应越小。在压力循环润滑中,油温较高时应选用黏度较大的润滑油。

【技能训练】

一、训练目的

（1）通过更换闸瓦理解磨损；

（2）掌握闸瓦的更换方法。

二、训练材料

闸瓦、闸瓦插销环、转向架制动系统、撬棍、闸调器调整器、检查锤、红旗。

三、训练内容

（1）在车辆端部设置防护信号。

（2）关闭截断塞门。

（3）拉动缓解阀拉杆，排尽副风缸余风；把排风装置卡于缓解阀拉杆与缓解阀拉杆吊架间，安装牢固，确保副风缸内无压力空气进入。

（4）松动闸调器，以增大闸瓦与车轮踏面的间隙。

① 在更换闸瓦时，如闸瓦与车轮踏面之间的间隙不足，须使用闸调器调整器套入闸调器前盖，旋转闸调器使螺杆伸长，增大闸瓦与车轮踏面之间的间隙。若无闸调器调整器，对于ST2-250型闸调器，检车员需用扳手进行松动调整；对于ST1-600型闸调器，检车员用手抓住外体手柄进行松动调整即可。

② 调整要求：一般在更换一块闸瓦时，可不调整闸调器；当更换两块闸瓦时，转动不大于两圈；更换三块闸瓦时，转动不大于四圈，以此类推。如转动太多，换完闸瓦后，须倒转回来。

（5）卸下旧闸瓦。

① 卸下闸瓦插销环，用检查锤勾下闸瓦插销环，并放置在钢轨外侧方便回收的位置。

② 拔出闸瓦插销。检车员将闸瓦插销拔出，闸瓦插销底部弯曲时，用扳手将其扳至接近正常或标准状态后拔出。若仍不能拔出，则用检查锤头部用力向上撬打闸瓦插销头部或底部，直到拔出为止。拔出闸瓦插销，放在侧架上方。

③ 卸下过限闸瓦。

用撬棍撬动闸瓦托，使闸瓦与踏面出现间隙，将撬棍伸入闸瓦与车轮踏面间，以踏面为支点向闸瓦托一侧用力撬开闸瓦，使闸瓦与车轮踏面间撬开足够安装新闸瓦的间隙。卸闸瓦时，将检查锤头部伸入闸瓦下部，向钢轨外侧勾拉闸瓦，使闸瓦脱离闸瓦托，闸瓦靠自身重力顺着车轮踏面滑到钢轨外侧，然后取出旧闸瓦，放置在钢轨外侧两线安全地点。

（6）安装合格闸瓦。

① 新闸瓦安装前，确认瓦背上的闸瓦型号及生产厂家代码，标记端安装在制动梁闸瓦托的上端。

② 安装时，更换人员将闸瓦从交叉杆与车轮踏面间塞入，使闸瓦摩擦面贴于车辆踏面，一手托住闸瓦底部，由下向上沿车轮踏面将闸瓦送入闸瓦托，使闸瓦鼻坐入闸瓦托鼻槽内。

（7）安装闸瓦插销。

一手托住闸瓦底部，使瓦背与闸瓦托四爪紧贴，另一手抓住闸瓦插销上部，沿闸瓦托上部插销孔由上向下顺势插入，闸瓦插销穿入闸瓦托与闸瓦的插销孔内正位、入底，闸瓦插销底部环眼孔漏出闸瓦托底部。

（8）安装闸瓦插销环。

更换人员先将闸瓦插销环一端掰开 3～5 mm 间隙，再将闸瓦插销环穿入闸瓦插销底部环眼孔后旋转，直到闸瓦插销环另一端重新闭合；拨动闸瓦插销环不脱落，用手将闸瓦插销环掰开处捏紧。闸瓦环安装后，须确认闸瓦插销环距轨面不小于 25 mm。

（9）闸瓦更换完毕后，须将闸调器倒转以恢复位置。

使用闸调器调整器套入闸调器前盖，旋转闸调器使螺杆收缩，减小闸瓦与车轮踏面之间的间隙。若无闸调器调整器，对于 ST2-250 型闸调器，检车员用扳手调整恢复；对于 ST1-600 型闸调器，检车员用手抓住外体手柄进行调整恢复。

（10）卸下排风装置，放置在两线安全地点，使缓解阀复位。

（11）开通截断塞门。应将手把旋转至与组合式集尘器制动支管平行的位置，使截断塞门处于全开位状态。

（12）收拾工具，材料放至规定位置。

（13）撤除防护信号。

【课程思政】

实干护航中老友谊路——最美铁路人：陈向华

中老铁路是共建"一带一路"的标志性工程。2021 年 10 月，陈向华接到为中老铁路试运行挑选货运车辆的紧急任务。挑车要有过硬的技能，更要有不放过任何隐患的责任心。陈向华带领挑车小组 6 名成员，经过 5 昼夜连续作战，转战 4 个作业场，从 2 000 多辆备选车中挑选出 240 辆精品车。在挑车的第二天半夜，陈向华蹲在昆明东上行始发场股道边，聚精会神地迎接备选列车进站，忽然听到车轮声中夹杂着一丝轻微异响，凭借多年的检车经验，他判断第 27 辆车车轮踏面可能有问题。列车停稳后，陈向华马上对这辆车的车轮踏面逐一进行排查。果然，在第 6 个车轮与钢轨密接的踏面上，发现了一块 0.2 mm 的擦伤。虽然磨损没有超限，但陈向华还是果断把它扣下。队员竖起大拇指说："陈师傅，你这是顺风耳啊！这么小的擦伤都能听出来，你是怎么练成的？"其实，陈向华的诀窍就是爱学习、勤钻研、善总结，不断积累经验。

1991 年刚参加工作时，陈向华还没有意识到手中这把小小检车锤的分量，但第二年他参加一次事故抢险救援时，触目惊心的场景让陈向华真正明白了"安全"二字重若千钧，他就给自己定下了"标准一丝不减、隐患一个不漏"的目标。一有时间，陈向华就抱着《铁路机车运用管理规程》、货车检车员实作教材反复记忆，钻进教学车下，一遍遍拆装分解配件，很快做到了理论规章一口清、单车检查一手精。有一次，陈向华听说红果列检所发现了一起罕见的钩尾框折断故障，这立即勾起了他的好奇心。休班后，陈向华坐了 6 个多小时的火车赶过去，查看故障位置，向工友请教发现故障的过程，并详细记在小本子上。连夜返回后，他把故障点标注在教学车上，对照记录反复练习，摸索出此类故障的最佳检查角度和方法技巧。从此，陈向华养成了记录工作小经验的习惯，车辆哪个位置最容易发生故障、现象是什么、现场如何处理。这样的笔记陈向华记了 17 本。陈向华还用了 3 年时间，反复验证改进，梳理出车辆 6 大部位、156 个必检点，形成"二十三步检车作业法"，单车技检作业效率提高了 1 倍，成为全局沿用至今的货车检车标准。30 多年来，陈向华累计安全检车 28.8 万余辆，发现并消除 9 000 余个安全隐患，解决了 2 000 余个典型故障，陈向华也从一名普通的检车员成长为全路首席技师。

【课后练习】

1. 按摩擦副表面间的润滑状态，摩擦可分为哪几类？各有何特点？
2. 磨损过程分为几个阶段？各阶段的特点是什么？
3. 按磨损机理的不同，磨损有哪几种类型？
4. 哪种磨损对传动件来说是有益的，为什么？
5. 如何选择适当的润滑剂？
6. 油润滑的润滑方法有哪些？

轨道交通车辆常用传动机构

项目二

【项目描述】

传动机构在现代机械中应用非常广泛,通过本项目的学习,初步体会轨道交通车辆上各种传动机构的设计基础,了解常见的传动类型是如何应用到轨道交通车辆上的。通过任务一的学习,建立起机械传动和运动副的概念;通过任务二的学习,认识铰链四杆机构,并理解前窗玻璃刮水器机构、车门铰链机构、发动机曲柄连杆机构等是如何实现其功能的;通过任务三的学习,认识凸轮机构,并理解发动机配气机构如何按需要定时开启和关闭进、排气门。本项目重视所学知识在机械中的应用,可培养学生对本课程的学习兴趣。

任务一 认识平面机构

【学习目标】

目标类型	目标要求
知识目标	(1)了解运动副的概念及分类; (2)能够识读常用机构运动简图的名称与符号
能力目标	能够判断出 C_{70} 型货车相关零件对应的运动副
素质目标	培养学生严肃谨慎的工作态度、做事认真的良好作风

【理论知识】

所谓平面机构,是指组成机构的所有构件均在同一平面或相互平行的平面内运动的机构;否则,则称为空间机构。工程中常用的机构大多属于平面机构。本任务只讨论平面机构。

一、平面机构的组成

1. 运动副的概念及分类

1)概 念

两构件直接接触并能产生相对运动的活动连接称为运动副,如轴承和轴颈、齿轮与齿轮等。

运动副有三个构成要素,三者缺一不可,它们分别是:① 两个构件;② 直接接触;③ 有相对运动。

2）分　类

根据组成运动副的两构件的接触形式不同，运动副可以分为低副和高副。

（1）低副。低副是指两构件以面接触的运动副。因承受载荷时单位面积压力较低，所以低副比高副的承载能力大。

按两构件的相对运动形式，低副可以分为移动副、转动副、螺旋副，分别如图2-1、图2-2、图2-3所示。

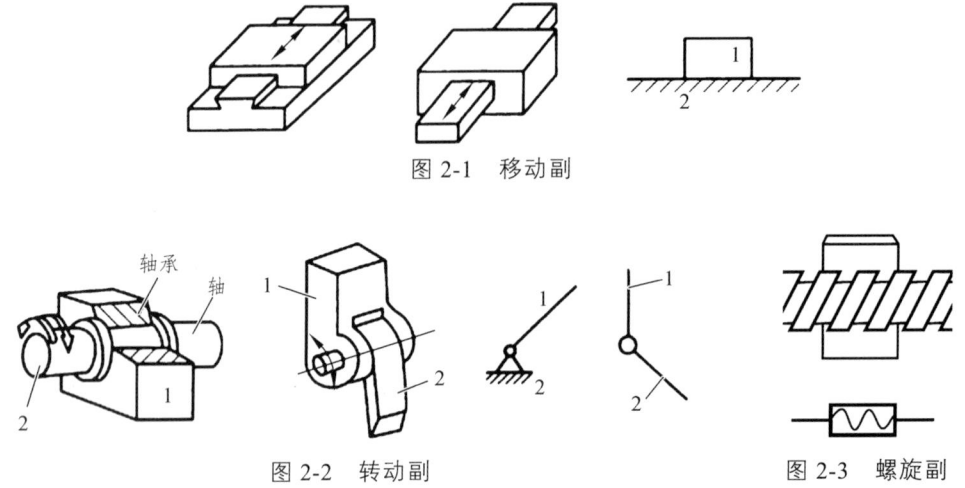

图 2-1　移动副

图 2-2　转动副　　　　　　　　　　图 2-3　螺旋副

① 移动副：只允许两构件做相对移动的运动副。
② 转动副：只允许两构件做相对转动的运动副，又称为铰链。
③ 螺旋副：两构件间既有相对移动又有相对转动的运动副。

（2）高副。高副是两构件以点或线接触的运动副，如图2-4所示。高副承受载荷时单位面积上的压力较大，两构件接触处易磨损，故寿命短。至少有一个运动副是高副的机构称为高副机构。常见的高副机构有齿轮副和凸轮副，如图2-5和图2-6所示。

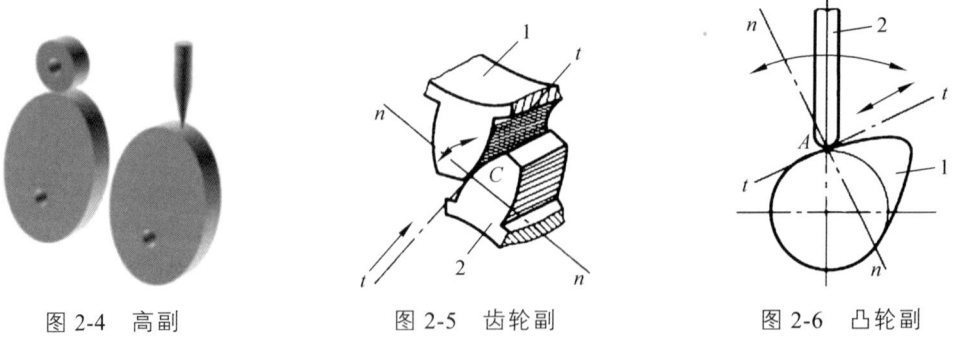

图 2-4　高副　　　　　　图 2-5　齿轮副　　　　　　图 2-6　凸轮副

2. 运动链

运动链是两个构件或两个以上的构件通过运动副连接而成的相对可动的系统。运动链可以是首末封闭的闭链，如图2-7、图2-8所示；也可以是未封闭的开链，如图2-9所示。一般，机构都是闭链。

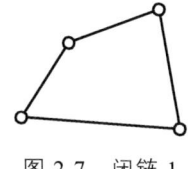
图 2-7 闭链 1
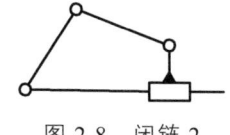
图 2-8 闭链 2
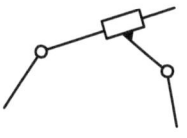
图 2-9 开链

在运动链中,将其中一个构件固定作为机架,其余各构件相对机架有确定运动的运动链称为机构。

机构中按给定运动规律独立运动的构件称为原动件;其余活动构件称为从动件。从动件的运动规律取决于原动件的运动规律和机构的结构及尺寸。

二、机构运动简图及其绘制

1. 机构运动简图

机构是由若干构件通过若干运动副组合在一起的。在研究机构运动时,为了便于分析,常常撇开它们因强度等原因形成的复杂外形及具体构造,仅用简单的符号和线条表示,并按一定的比例定出各运动副及构件的位置。这种简明表示机构各构件之间相对运动关系的图形称为机构运动简图。

2. 机构运动简图绘制

1) 绘制机构运动简图的一般步骤

(1) 分析机构的组成和运动情况,找出机架、原动件与从动件。

(2) 从原动件开始,沿运动的传递顺序,分析构件间的相对运动性质,确定构件、运动副的类型和数目。

(3) 合理选择视图,通常选择平行于构件运动的平面作为视图平面。

(4) 选择适当的长度比例尺 μ(m/mm),定出各运动副之间的相对位置,用构件和运动副的规定符号绘制机构运动简图,即

$$\mu = \frac{实际长度(m)}{图示长度(mm)}$$

2) 常用运动副的符号

常用运动副的符号见表 2-1。

表 2-1 常用运动副的符号

运动副名称		运动副符号	
		两运动构件构成的运动副	两构件之一为固定时的运动副
平面运动副	回转副		

续表

运动副名称		运动副符号	
		两运动构件构成的运动副	两构件之一为固定时的运动副
平面运动副	移动副		
	平面高副		

3）构件的表示

构件的表示见图 2-10。

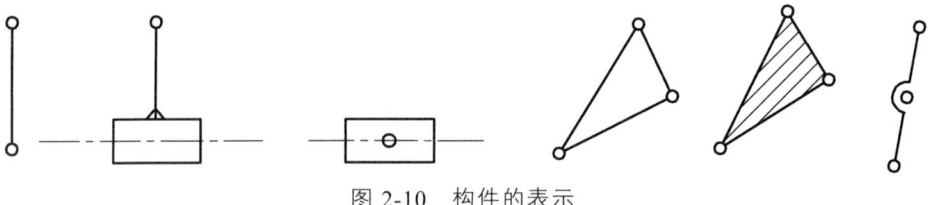

图 2-10 构件的表示

例：试绘制如图 2-11（a）所示抽水唧筒的机构运动简图。

解：（1）分析机构运动，判别构件类型及其数目。

如图 2-11 所示，抽水唧筒由手柄、杆件、活塞杆和抽水筒等构件组成。其中，抽水筒是固定件（机架），手柄是原动件，其余为从动件。

（2）分析运动副的类型与数目。

手柄绕固定件 A 点转动形成转动副，同理手柄和杆件在 B 点以及活塞杆在 C 点形成转动副，活塞杆和抽水筒壁构成移动副。

（3）视图选择。

图中位置已清楚地表达出各构件的运动关系，即以该平面作为视图平面。

（4）按比例绘制机构运动简图。

选择适当的比例尺，从固定件抽水筒开始，依次确定转动副 A、B、C 和移动副的位置，最后绘出如图 2-11（b）所示的机构运动简图。

（5）标出各构件和转动副 A、B、C 以及原动件的运动方向。

其运动方向如图 2-11（b）所示。

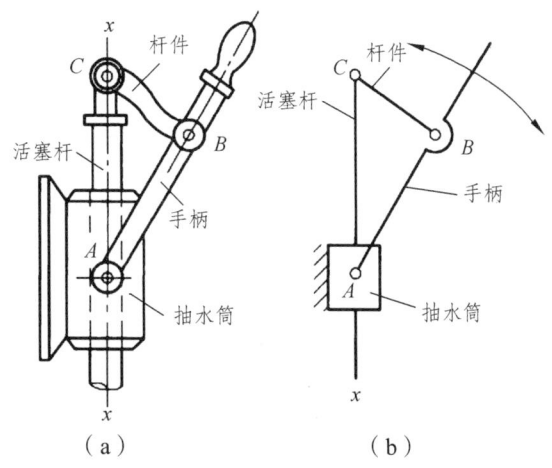

（a） （b）

图 2-11　抽水唧筒及机构运动简图

【技能训练】

一、训练内容

转动铁路货车 C_{70} 型车门铰链（见图 2-12），分析为什么车门铰链形成的运动副是转动副，并找出 C_{70} 型敞车车体其他位置的转动副。

图 2-12　C_{70} 型车门铰链

二、需要器材

C_{70} 型铁路货车。

三、操作步骤

（1）打开车门，来回转动车门，观察车门铰链的运动情况。
（2）转动车门铰链，观察铰链的哪个位置是转动副。
（3）记录车体其他位置的转动副。

【课程思政】

新时代·铁路榜样——张华：用实力"秒杀"故障的劳模工长

张华1997年成为一名铁路职工，2009年进入上海动车段高级修基地，成为动车组高级修的先行者，2014年获得全国五一劳动奖章和全国铁路技术能手称号，2016年获"上海工匠"称号和上海市五一劳动奖章，2018年获全国铁路工匠和全国铁路优秀共产党员称号，2020年获全国劳动模范称号。

"越是精密的仪器设备，越是需要专注忘我，用心去捕捉、倾听设备的'哭泣声'"

1997年7月，张华中专毕业，进入铁路行业从事普速客车电气检修工作。2009年年底，他加入上海动车段高级修基地，随后作为技术骨干被派往动车组生产厂家学习高级修调试技术。白天，他登车顶、钻车底、进车厢，追着厂方师傅学，遇到不明白的问题就打破砂锅问到底。晚上，他翻图纸、查资料、悟原理，很少在零点前睡觉。不到一个月，张华就走坏了一双绝缘鞋，鼻梁上架起了一副近视眼镜。也是在这段时间里，张华初步掌握了CRH2型动车组高级修调试技术。

回到上海后，张华几乎把所有空闲时间都用在了钻研技术上。CRH2系列9种车型的近千张电气图纸、上万张配线图纸和相关技术原理，上万个电器元件的位置、功能、状态，都清晰地印刻在他的大脑里。

2013年，在全国铁路动车组机械师职业技能竞赛中，经过理论和实作多场竞赛，张华从96名选手中脱颖而出，以优异成绩一举夺魁，摘得个人全能第一名。

"检修动车就像登山，修程越往上，检修难度越大，越需要创新"

在经济发达的长三角地区，进入21世纪的第二个10年，高铁快速发展，越来越多的动车组列车进入高级修修程。动车高级修调试主控的重担落到了张华肩上。

2017年春运期间，一列动车组正在进行上线前的最后调试。张华发现这列动车组的主回路绝缘状态接近临界值。复查随即展开，可并未有新收获。有人当场建议：指标仍是合格的，可以放行。

要么继续扣车检查，但春运期间列车交路紧张，隐患一旦短时间内查不出来，就有可能影响旅客出行；要么放行，但动车组如果"带病上线"，途中随时可能引发动力丢失，列车在春运繁忙的线路上"趴窝"，后果不堪设想。

"原因不清楚、问题不解决，就绝不放过！"张华带领应急小组连夜彻查牵引传动系统的每根配线和每个部件。断电状态下的车厢温度已降至0 ℃以下，为了钻进钻出方便，张华脱去厚厚的棉服，手指冻僵了，就赶紧搓一搓，对着手哈口热气，再跺跺脚接着查。凌晨时分，问题终于水落石出。第二天一大早，值乘司机准点来到接车地点，连续工作了近20个小时的张华和司机办理了交接手续，内心充满了成就感和自豪感。

动车组高级修产能紧张，为高效开展自主修，从业者除了要有专业的技能和强烈的责任心之外，还要有敢于创新的勇气和本领。张华调整工作重心，摸索着开展技术创新，处处留心生活中的细节，捕捉创新灵感，开展工艺优化、逻辑原理等攻关。

"在现代化的动车检修生产中，仅我一身是铁，不如人人是钉"

张华深知团队的力量。他常说："在现代化的动车检修生产中，仅我一身是铁，不如人人是钉。"

2015年1月，以张华名字命名的动车技术创新工作室正式成立，重点解决"疑难杂症"、开展科技创新、帮带青年成才。在张华的"传道授业"下，"心中有章法，眼中有标准，手眼心同步"的调试理念已经深深印在班组职工的脑海中。多年来，张华通过言传身教，以师带徒的方式培养出近百名第二代、第三代动车检修人才，许多"80后""90后"已成长为动车检修的中坚力量。

众人划桨，合力远航。在张华的带领下，团队成员拧成一股绳，研发出20余种新型工具装备，攻克37项关键技术，获得24项国家专利，构建起一套具有独立知识产权的部件检测维修体系，零差错优质调试动车组500余列。

【课后练习】

1. 举例说明C_{70}型货车上的低副结构（至少2例）。
2. 举例说明C_{70}型货车上的高副结构。

任务二　认识铰链四杆机构

【学习目标】

目标类型	目标要求
知识目标	（1）了解铰链四杆机构的组成和基本形式； （2）熟悉铰链四杆机构中曲柄存在的条件； （3）了解铰链四杆机构在轨道交通车辆上的应用
能力目标	通过自己制作电力机车受电弓简化模型和蒸汽机车驱动轮联动机构简化模型，加深对铰链四杆机构的认识
素质目标	培养学生严肃谨慎的工作态度、做事认真的良好作风

【理论知识】

平面连杆机构由若干个刚性构件用低副连接而成，且各构件均在同一平面或互相平行的平面内运动，因此又称平面低副机构。低副连接使构件间接触面上的压强小、磨损轻、易润滑；另外，两构件接触表面都是圆柱面或平面，制造比较简单。因此，平面连杆机构在各种机械及仪器设备中得到广泛应用。其缺点是：低副中存在较大的间隙，运动时产生较大的累积误差，所以不容易精确实现复杂的运动规律，且构件运动时所产生的惯性力也难以平衡。因此，平面连杆机构常用于速度较低的运动场合。

平面连杆机构中最常见的是由4个构件组成的平面四杆机构。在平面四杆机构中，铰链四杆机构是最基础的形式，其他各种平面连杆机构都可以由它演化而来。

因此，本任务主要研究铰链连杆机构的类型、特点和应用。

一、铰链四杆机构的组成

所有运动副都是转动副的平面四杆机构，称为铰链四杆机构，如图2-13所示。固定不动的构件4称为机架，与机架相连的构件1、3称为连架杆，连架杆中能够绕机架做整周运动的构件1称为曲柄,只能在某一范围内绕机架做往复摆动的构件3称为摇杆,与两连架杆连接的构件2称为连杆,连杆做复杂的平面运动。

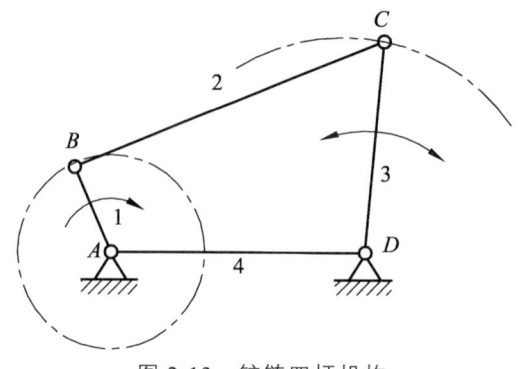

图 2-13　铰链四杆机构

二、铰链四杆机构的类型

根据两连架杆是曲柄还是摇杆,可将铰链四杆机构分为3种基本类型:曲柄摇杆机构、双曲柄机构和双摇杆机构。

1. 曲柄摇杆机构

如图2-14(a)所示的铰链四杆机构中,构件1为曲柄,可绕固定链 A 做整周转动杆;3为摇杆,只能绕固定铰链 D 做往复摇动,故称之为曲柄摇杆机构。

在曲柄摇杆机构中,若取曲柄为原动件,可将曲柄的连续转动转变成摇杆的往复摆动,例如,图2-15所示的雷达天线俯仰角调整机构,图2-16所示的刮雨器机构,等等。

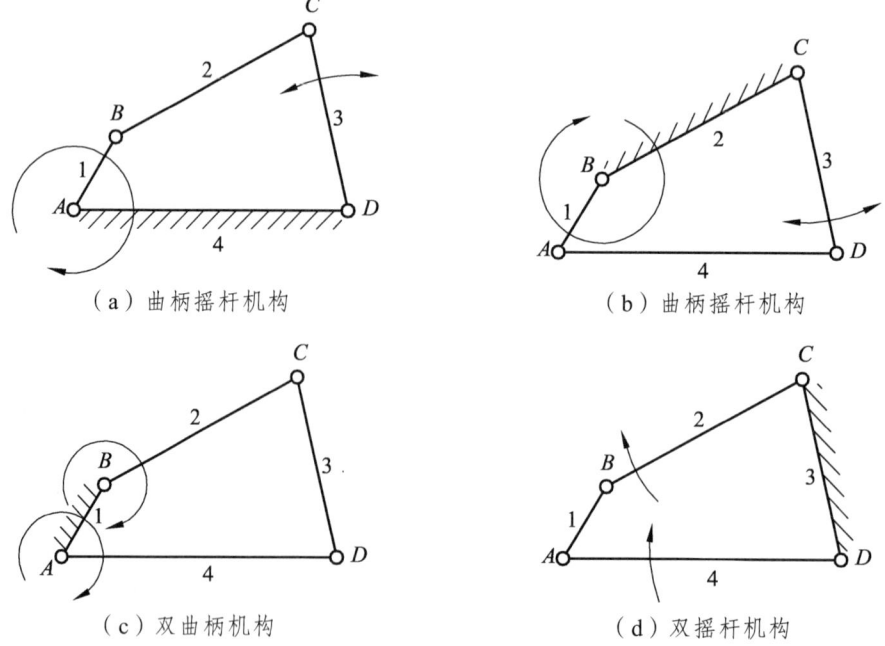

(a) 曲柄摇杆机构　　　　　　　　(b) 曲柄摇杆机构

(c) 双曲柄机构　　　　　　　　(d) 双摇杆机构

图 2-14　铰链四杆机构的类型

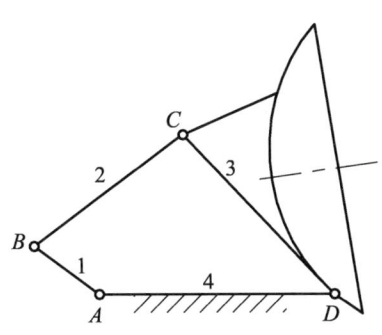
图 2-15　雷达天线俯仰角调整机构

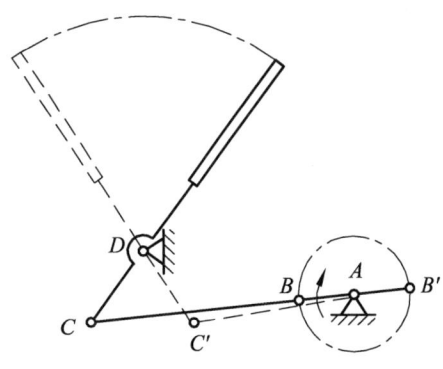
图 2-16　刮雨器机构

在曲柄摇杆机构中,若以摇杆为主动件,则可将摇杆的往复摆动转变成曲柄的整周运动,如图 2-14(b)所示。例如,图 2-17 所示的缝纫机的踏板机构即为这种机构。

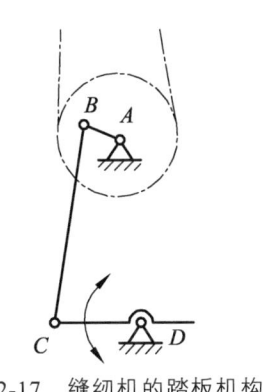
图 2-17　缝纫机的踏板机构

曲柄摇杆机构

双摇杆机构与齿轮传动

刮雨器

2. 双曲柄机构

在铰链四杆机构中,如果两个连架杆都能绕机架做整周运动,则称为双曲柄机构,如图 2-14(c)所示。在双曲柄机构中,主动曲柄一般做等速转动,从动曲柄做变速转动。如图 2-18 所示的惯性筛子机构,当主动曲柄等速回转一周时,从动曲柄变速回转一周,从而使筛子具有较大变化的加速度,筛子中的物料由于惯性作用而被筛选出来。

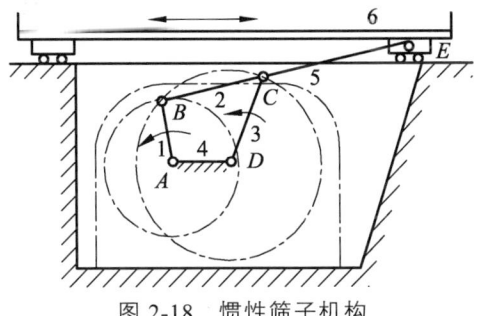
图 2-18　惯性筛子机构

在双曲柄机构中，若其相对两杆平行且相等，则称为正平行四边形机构，如图 2-19 所示。如图 2-20 所示的机车车轮联动机构，即是利用正平行四边形机构来传递运动和动力的。这种机构运动时两曲柄转向相同，角速度相等，连杆做平移运动。图 2-21 所示的摄影平台，图 2-22 所示的铲斗机构都是利用连杆平移运动的例子。

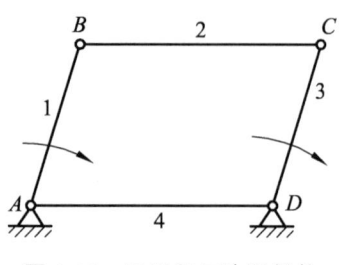

图 2-19　正平行四边形机构

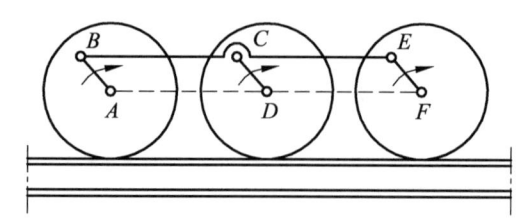

图 2-20　机车车轮联动机构

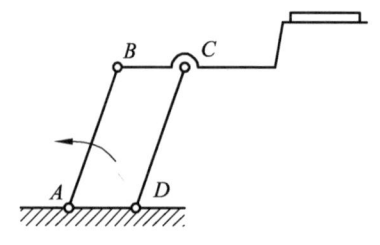

图 2-21　摄影平台

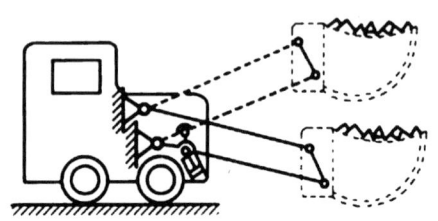

图 2-22　铲斗机构

若另外两杆长度相等但不平行，则称为反平行四边形机构。图 2-23 就是利用两曲柄转向相反的特点，使两扇车门同时敞开或关闭。

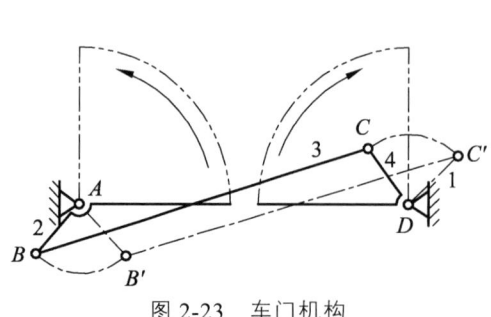

图 2-23　车门机构

双曲柄机构 1

双曲柄机构 2

3. 双摇杆机构

在铰链四杆机构中，两连架杆均为摇杆的铰链四杆机构称为双摇杆机构，如图 2-14（d）所示。如图 2-24 所示的鹤式起重机，当摇杆 AB 摇动时，另一摇杆 CD 也随之摇动，使 E 点的运动轨迹接近水平直线，这样可避免因重物做不必要的升降而消耗能量。

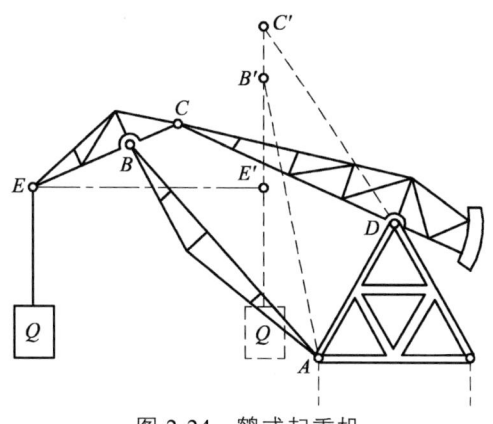

图 2-24 鹤式起重机

三、铰链四杆机构类型的判断

铰链四杆机构 3 种类型的判别取决于连架杆是否为曲柄以及曲柄的数目。

在图 2-25 所示的铰链四杆机构中,设机构中各杆长度为 a、b、c、d,取 AD 为机架,$ABCD$ 为连架杆,欲使 AB 为曲柄,则必须使曲柄 AB 的 B 点能顺利通过 AB_1、AB_2 两个极端位置。当 B 点运动到 B_1 极端位置时,机构形成了三角形 AC_1D;当 B 点运动到 B_2 极端位置时,机构形成了三角形 AC_2D。

由三角形三边关系可知:

在 $\triangle AC_1D$ 中:

$$a+b \leqslant c+d$$

在 $\triangle AC_2D$ 中:

$$b-a+c \geqslant d$$
$$b-a+d \geqslant c$$

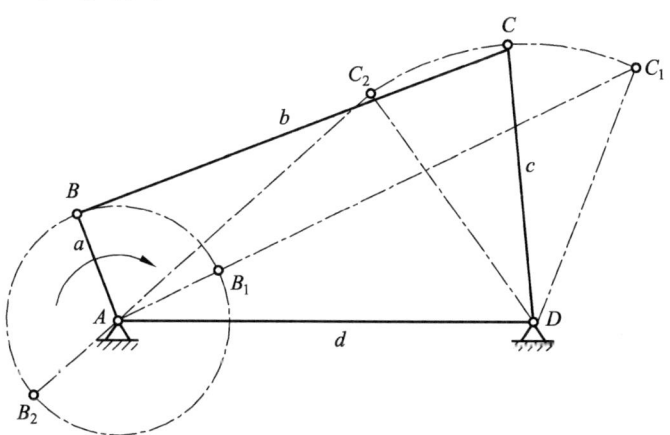

图 2-25 曲柄存在条件

将以上三式整理后,可得此机构的杆长关系:

$$\begin{aligned} a+b &\leqslant c+d \\ a+c &\leqslant b+d \\ a+d &\leqslant c+b \end{aligned} \qquad (2\text{-}1)$$

并且 $a<b$，$a<c$，$a<d$。即铰链四杆机构中，存在曲柄时必要的杆长条件为：最短杆与最长杆长度之和小于或等于其他两杆长度之和。

但这只是必要条件，机构中是否一定存在曲柄，还要看哪个构件为机架。若以最短杆 AB 为连架杆，则 AB 为曲柄，另一连架杆 CD 为摇杆，机构为曲柄摇杆机构，如图 2-14（a）（b）所示；若取最短杆 AB 为机架，则两连架杆 BC 和 AD 都能相对机架做整周转动，该机构为双曲柄机构，如图 2-14（c）所示；若取最短杆 AB 相对的 CD 为机架，则两连架杆 BC 和 AD 相对机架 CD 都只能在一定角度内摆动，该机构为双摇杆机构，如图 2-14（d）所示。

由此可得，铰链四杆机构存在曲柄的充分条件如下：

（1）最短杆与最长杆之和小于或等于另外两杆长度之和。

（2）最短杆为机架或连架杆。

铰链四杆机构中，若最短杆与最长杆的长度之和大于其余两杆的长度之和，则不论取哪个构件为机架，均无曲柄存在，只能得到双摇杆机构。

四、铰链四杆机构的演化

在实际机械中，除了铰链四杆机构外，还广泛采用其他形式的平面四杆机构，这些平面四杆机构都可看作由铰链四杆机构演化而来。

1. 曲柄滑块机构

在图 2-26（a）所示的曲柄摇杆机构中，铰链 C 点的运动轨迹为弧 $\overset{\frown}{mm}$，随着摇杆 3 长度的增加，C 点的运动轨迹弧 $\overset{\frown}{mm}$ 逐渐趋于平缓，当摇杆 3 增加到无限长时，铰链 D 将至无穷远处，则铰链 C 的轨迹变为直线，构件 3 转化为沿直线导路移动的滑块，转动副 D 也转化成了移动副，原机构也就演化成了曲柄滑块机构。曲柄转动中心距导路之间的距离 e 称为偏距。若 $e\neq 0$，则称为偏置式曲柄滑块机构，如图 2-26（b）所示；若 $e=0$，则称为对心式曲柄滑块机构，如图 2-26（c）所示。

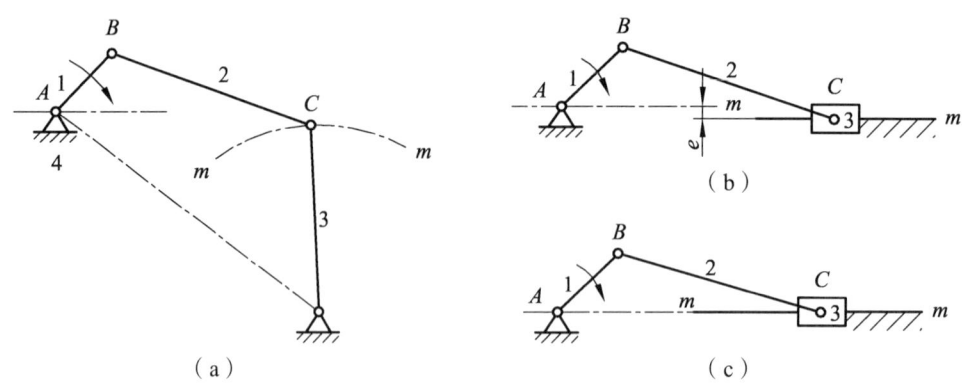

图 2-26 铰链四杆机构向曲柄滑块机构的演化

曲柄滑块机构广泛应用于往复式机械中，如活塞式内燃机、冲床等。如图 2-27 所示为曲柄滑块机构在冲床中的应用。

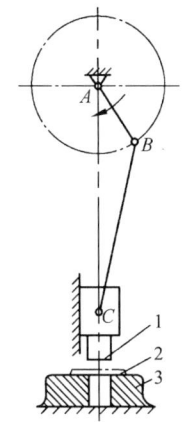

曲柄滑块机构

1—冲头；2—冲件；3—工件。

图 2-27 曲柄滑块机构在冲床中的应用

2. 导杆机构

导杆机构可看成改变曲柄滑块机构中的固定构件演化而来。如图 2-28（a）所示的曲柄滑块机构中，以杆 1 为机架时，即得如图 2-28（b）所示的导杆机构。在机构中，与滑块做相对移动的构件 4 称为导杆。当 $L_1 \leq L_2$ 时，导杆 4 能做整周转动，称为转动导杆机构。如图 2-29 所示的小型刨床机构简图中，采用的就是转动导杆机构。同样以杆 1 为机架，当 $L_1 > L_2$ 时，导杆 4 只能在一定角度内摆动，称为摆动导杆机构。如图 2-30 所示为摆动导杆机构在牛头刨床中的应用。

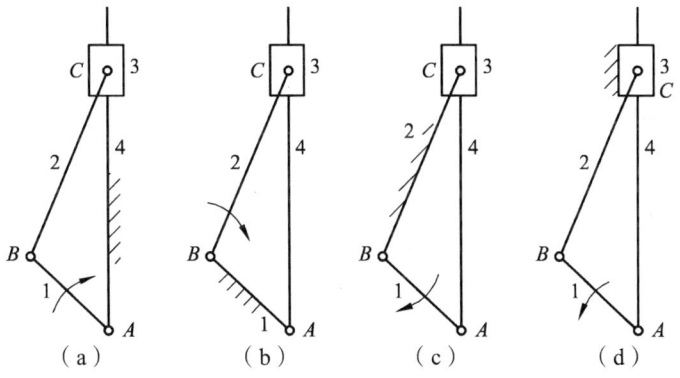

图 2-28 曲柄滑块机构中的固定构件演化

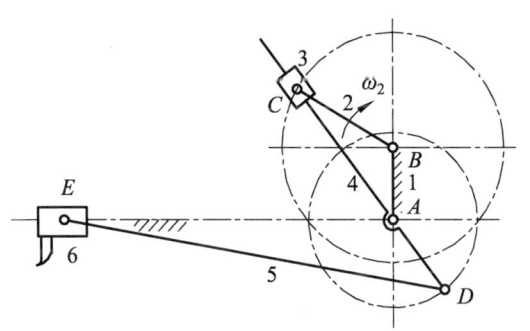
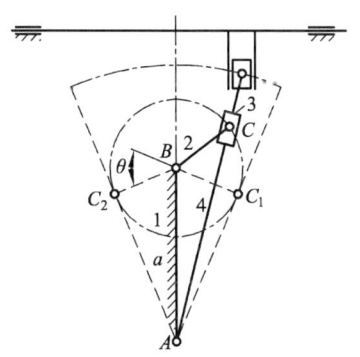

图 2-29 转动导杆机构在小型刨床机构中的应用　　图 2-30 摆动导杆机构在牛头刨床中的应用

3. 摇块机构

若取图 2-28（a）中的构件 2 为机架，便得到如图 2-31（a）所示的摇块机构。如图 2-31（b）所示的货车自卸机构就是摇块机构的应用实例。摆动油缸 3 内的压力油推动活塞杆 4 从油缸中伸出，使车厢 1 绕车身 2 的 B 点翻转将货物自卸下。

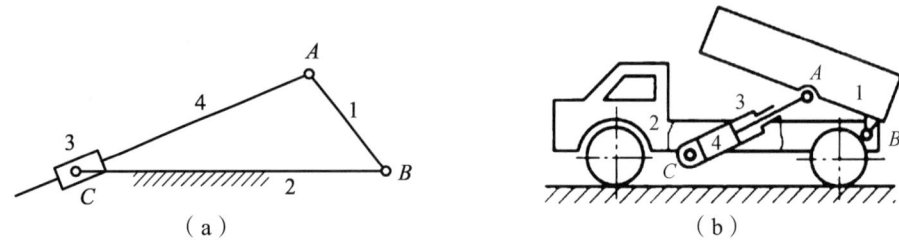

图 2-31 摇块机构在货车自卸机构中的应用

摇块机构 1　　　　摇块机构 2

4. 定块机构

若将曲柄滑块机构中的滑块 3 作为机架，便得到如图 2-28（d）所示的定块机构。该机构一般取杆 1 为原动件，杆 2 绕 C 点做往复摆动，杆 4 相对块 3 仅做往复运动。如图 2-32 所示是定块机构在手压唧水机中的应用。这种机构广泛应用于抽水泵和抽油泵中。

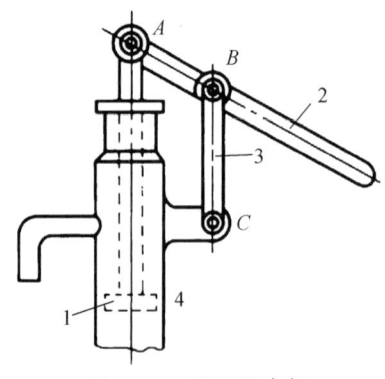

图 2-32 手压唧水机

除此之外，还可通过改变构件的形状和相对尺寸演化出一些其他形式的四杆机构。如图 2-33（a）所示的曲柄滑块机构，当因结构需要使曲柄尺寸过小而不便加工，或因运动需要加大曲柄的质量以增大惯性时，常将曲柄做成偏心轮，用偏心轮的偏心距 e 来代替曲柄的长度，曲柄滑块机构就演变成了偏心轮机构，如图 2-33（b）所示。在偏心轮机构中，只能以偏心轮为主动件，图 2-33（a）和（b）所示的两机构等效；图 2-33（c）和（d）所示的两机构等效。偏心轮机构广泛应用于剪床、冲床、内燃机、颚式破碎机等机械中。

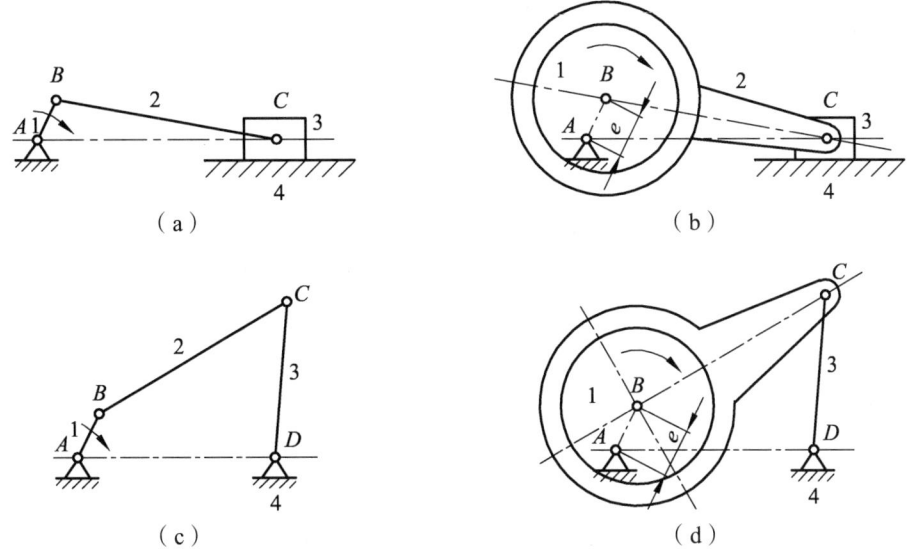

图 2-33 偏心轮机构

由以上分析可知,通过用移动副取代转动副,改变构件的长度,以不同的构件为机架或扩大转动副等方法,均能使铰链四杆机构演化成满足各种运动要求的平面四杆机构。

五、平面四杆机构的基本特性

1. 急回特性

在如图 2-34 所示的曲柄摇杆机构中,曲柄 AB 做整周转动,当它处于两个极限位置时(即 AB 运动到 AB_1、AB_2 时),摇杆 3 分别处于 C_1D 和 C_2D 两个极限位置,其夹角 ψ 称为摇杆 3 的摆角,曲柄 1 在此相应的两个极限位置 AB_1 和 AB_2 之间所夹的锐角 θ 称为极位夹角。

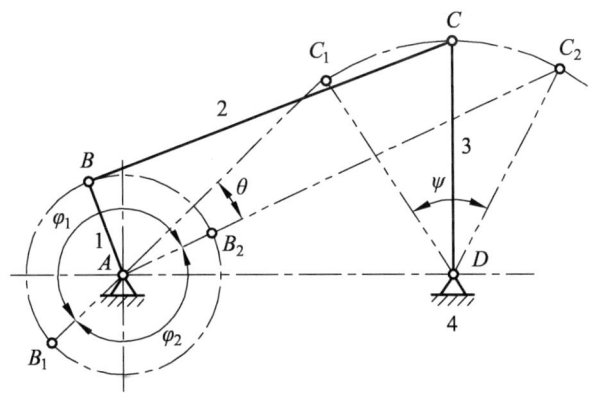

图 2-34 曲柄摇杆机构急回特性

如图 2-34 所示,曲柄 AB 沿顺时针方向由 AB_1 转过 $\varphi_1 = 180°+\theta$ 到达位置 AB_2 时,则摇杆 3 由 C_1D 摆动到极限位置 C_2D,摆角为 ψ;当曲柄 1 继续顺时针再转过 $\varphi_2 = 180° - \theta$ 时,即由位置 AB_2 转回到位置 AB_1 时,摇杆 3 也由位置 C_2D 摆回到位置 C_1D,

摆角仍为 ψ。摇杆往复摆动的角度相等,但对应曲柄的转角 $\varphi_1>\varphi_2$。设曲柄等角速度转过 φ_1、φ_2 所用的时间分别为 t_1、t_2,则 $t_1>t_2$。由此可知,摇杆 3 由 C_1D 摆至 C_2D 时 C 点的平均速度 $v_1=\widehat{c_1c_2}/t_1$ 必小于由 C_2D 摆回至 C_1D 时 C 点的平均速度 $v_2=\widehat{c_2c_1}/t_2$,即 $v_1<v_2$。

将摇杆 3 由位置 C_1D 摆至 C_2D 称为工作行程,则摇杆 3 由位置 C_2D 摆回至 C_1D 为其急回行程。通常把摇杆这种急回行程速度大于工作行程速度的运动特性称为急回特性。为了表示从动件的急回特征,引入速度变化系数 k,即

$$k=\frac{v_2}{v_1}=\frac{\widehat{c_2c_1}/t_2}{\widehat{c_1c_2}/t_1}=\frac{t_1}{t_2}=\frac{\varphi_1/\omega}{\varphi_2/\omega}=\frac{180°+\theta}{180°-\theta} \qquad (2\text{-}2)$$

k 值的大小反映了急回运动的急回程度。显然,θ 角越大,k 值越大,机构急回特性越明显。当 $\theta=0$ 时,$k=1$,机构无急回运动特性。若在设计机构时先给定 k 值,则可得极位夹角为

$$\theta=180°\frac{k-1}{k+1} \qquad (2\text{-}3)$$

为了缩短非工作时间,提高劳动效率,对于要求有急回特性的机械(如插床、牛头刨床等),设计时,常常根据所给定的 k 值,先由式(2-3)求出 θ,然后再根据其他条件进行设计。

对于对心式曲柄滑块机构,由于极位夹角 $\theta=0°$,即 $k=1$,机构无急回特性;而对于偏置式曲柄滑块机构,因其 $\theta\neq0°$,$k>1$,故机构有急回特性;对于摆动导杆机构,当导杆摆至两极限位置时,曲柄处于相应两极限位置时的夹角 θ 为极位夹角,可知 $\theta=\varphi$,$k>1$,故机构具有急回特性。

2. 压力角与传动角

对于机构的设计,不仅要能实现预定的运动规律,还应该有高效率、运转轻便、传动性能良好等特点。如图 2-35 所示的曲柄摇杆机构,曲柄 1 为主动件,摇件 3 为从动件,若忽略构件 2 的重力、惯性力和运动副中的摩擦力,构件 2 则为二力杆,那么,曲柄 1 通过连杆 2 传递给从动件 3 的力 F' 一定沿 BC 方向,受力点 C 的速度 v_C 的方向

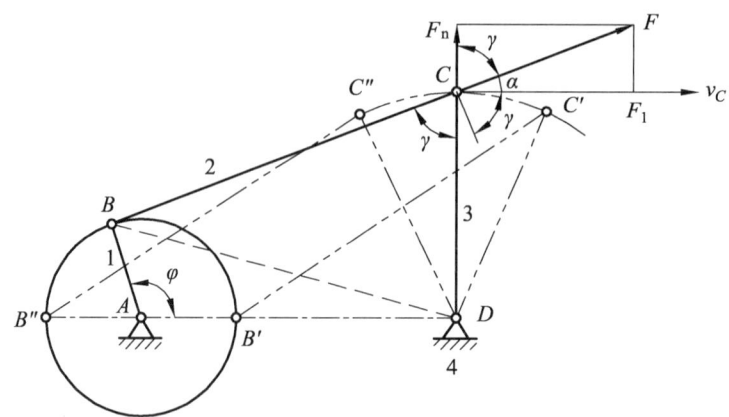

图 2-35 曲柄摇杆机构的压力角与传动角

与 CD 方向垂直。则从动件所受压力 F 的方向与受力点 C 的速度 v_C 的方向之间所夹的锐角 α 称为压力角。由图 2-35 可知，力沿 v_C 方向的分力为 $F_1 = F\cos\alpha$，此力是促使从动件运动的有效分力，沿 CD 方向的分力 $F_n = F\sin\alpha$，此力只会增大运动副的正压力而增大摩擦，所以 F_1 越大，即压力角 α 越小，对机构传动越有利。

在机构设计中，为了度量方便，常用压力角 α 的余角 γ 来判断机构的传力性能，γ 称为传动角。因 $\gamma = 90° - \alpha$，故压力角越小，传动角 γ 越大，机构传力性能越好；反之，机构的传力性能越差。

在机构运动中，传动角是变化的，为了保证机构传力性能良好，对机构的最小传动角 γ_{min} 必须加以限制。对于一般机械传动，通常使 $\gamma_{min} \geq 40°$；大功率机械的 $\gamma_{min} \geq 50°$。为此必须确定 γ_{min} 的位置，并检验 γ_{min} 的值是否符合上述条件。

γ_{min} 的位置可由三角形边角关系来确定，以曲柄为主动件的曲柄摇杆机构，其最小传动角 γ_{min} 必在曲柄转至与机架共线位置时出现。请读者自行证明。

3. 死点位置

在如图 2-34 所示的曲柄摇杆机构中，若以摇杆 CD 为主动件，曲柄 AB 为从动件，当摇杆 CD 运动至极限位置 C_1D 或 C_2D 时，连杆 BC 与曲柄 AB 共线，即出现传动角 $\gamma = 0°$ 的情况。这时，机构通过连杆 BC 作用于从动件 AB 上的力恰好通过 AB 的回转中心，对曲柄的转动力矩均等于零，故从动件此时被卡死。机构的此种位置称为死点位置。在以滑块为主动件的曲柄滑块机构中也同样有这种现象。机构处于死点位置时，机构将静止不动，因此，在传动机构中必须设法使机构能顺利通过死点位置。

工程中常用的方法如下：

（1）采用机构错位排列，即将两组以上的机构组合起来，而使各组机构的死点相互错开；

（2）安装飞轮，借助飞轮的惯性闯过死点位置。

工程实际中，也常利用机构的死点位置来实现一定的工作要求。如图 2-36 所示的工件夹紧机构，抬起手柄，夹头抬起，将工件放入工作台，如图 2-36（a）所示，然后用力按下手柄，夹头向下夹紧工件，如图 2-36（b）所示，这时 BC 与 CD 共线，机构处于死点位置。撤去作用力 F 后，无论工件对夹头的作用力有多大，也不能使 CD 转动。因此，可保证工件在加工时不会松脱。

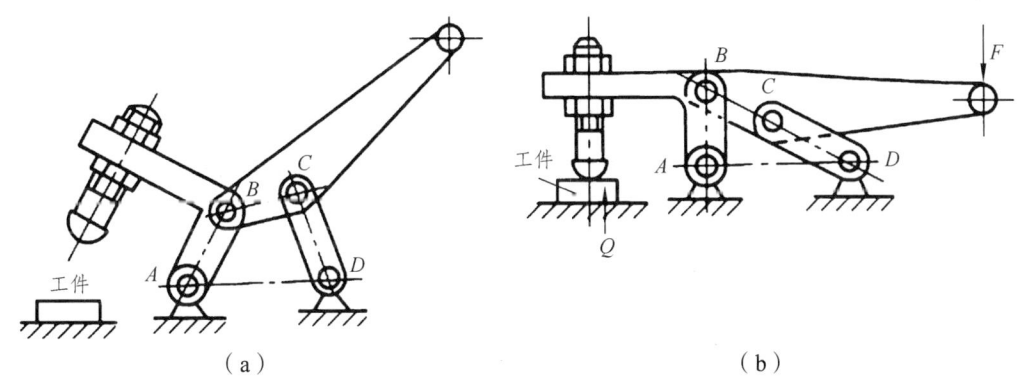

（a）　　　　　　　　　　　　（b）

图 2-36　工件夹紧机构

【技能训练】

一、训练内容

通过观察电力机车受电弓的升降过程（见图2-37）和蒸汽机车驱动轮的工作过程（见图2-38），自己制作电力机车受电弓简化模型和蒸汽机车驱动轮联动机构简化模型，加深对铰链四杆机构的认识。

图2-37　电力机车受电弓

图2-38　蒸汽机车驱动轮

二、操作步骤

1. 器材准备

材料：若干塑料条、塑料块、木条、木块、小螺栓、螺母、垫片。

工具：钢直尺、钻子、螺钉旋具。

2. 观察动作过程

（1）参观机车模拟控制实训室，在实验老师的帮助下，进行受电弓的升降实验，观察并记录受电弓升降过程中的动作原理。

（2）通过网络查找蒸汽机车驱动轮联动装置的工作视频或者动画，观察并记录车轮联动装置的动作过程。

3. 模型制作

参照图2-37所示的电力机车受电弓和图2-38所示的蒸汽机车驱动轮联动装置简化模型，动手制作二者的模型，并分析它们存在的铰链机构情况。

注：本技能训练内容为模型制作，学生可分组以团队形式完成训练。

【课程思政】

新时代·铁路榜样——徐建涛：能"隔空问诊"的排障专家

徐建涛，中共党员，中国铁路成都局集团有限公司贵阳机务段运用科机车调度员，他先后获得贵州省劳动模范、火车头奖章等荣誉。

"人在台中坐，故障千里除。"说起徐建涛，同事们总把他比作运筹帷幄的谋士张良。手里的电话，就是徐建涛处置故障的"指挥棒"，他只用几分钟就能准确诊断出机车的故障原因，并及时指导机车乘务员排除故障，确保机车安全运行。

40年来，他熟练掌握了9种电力机车的故障处理方法，推出"立听诊、明故障、准部位、快排除"工作法，"徐建涛110工作法"在局集团公司广泛应用。

一、从业零事故，严守安全是他的信条

1981年12月，徐建涛成为一名火车司机学徒工。穿上铁路制服，登上梦寐以求的机车，这名年轻的学徒工，萌生了更大的梦想。

熟记一组组线号，熟悉一个个联锁，理清一条条电路，辨认一个个部件……一有空闲他就钻进机车，白天练，晚上也练，从每个零部件的名称到尺寸限度，从检查的顺序到故障的查找，他一遍又一遍地反复记忆、练习。

为了早日熟练掌握机车操纵要领，他一点一滴地学，一本书一本书地啃。跑车时，他乘务包里总是装着书和笔记，一有时间就拿出来学习。他告诉自己，火车司机安全责任重大，旅客的生命财产安全都系于手中的闸把，想要干好这项工作，必须刻苦、刻苦、再刻苦。

经过无数次的挑灯夜战和对自己始终如一的严格要求，徐建涛逐步从学徒成长为一名称职的机车乘务员。在岗位上，徐建涛和搭档没有一次简化作业、放低标准，每一次都按标出乘、安全退勤，在担任机车乘务员的18年中，从未发生过责任行车事故。

2002年，徐建涛先后担任机车保养指导和专检组工长。他更加严格要求自己，无论严寒酷暑，每天都要登上20多台入库机车检查，将每台机车的电器、线路、代号等记在心中。经过刻苦钻研，他牢牢记住了各种型号机车的电器安装方法和控制电路接线的准确位置，提升了一般常见故障的应急处理能力。

铁路工作不分寒暑和昼夜，徐建涛就像上满发条的闹钟，不论从事哪一项工作，总是冲锋在前。在专检组担任工长期间，他带领职工一道检查机车6万多台次，报修故障13.4万余件，未发生一起责任事故。"能吃苦，工作起来是个拼命三郎"，这是身边同事对徐建涛的评价。

二、手机变热线，他把调度室搬到家里

机会总是青睐有准备的人。2008年1月，贵阳机务段成立机车故障应急处理"110"调度台，由于工作出色，徐建涛被推选为调度长。他面向全段公开手机号，每名机车乘务员在行车途中遇到问题都可以随时向他求助。

调度台的工作性质特殊，不分白天黑夜，24小时不间断，需要值班人员具备娴熟的业务技能和准确的判断能力。

刚上任，徐建涛就遇到了百年一遇的冰雪凝冻灾害，应急工作变得忙碌起来，他常常顾不上吃饭，就靠方便面、鸡蛋充饥。徐建涛带领同事夜以继日高效处置故障，终于取得了抗击冰雪凝冻灾害的胜利，确保了运输安全畅通。

2008年2月13日凌晨3时42分，睡梦中的徐建涛被急促的手机铃声惊醒，上海南至昆明K79次旅客列车司机打来求助电话，称SS_3型电力机车走行部有异音。

他立即要求司机监听声音处所，确认异音是从第五轮传出后，果断命令司机切除第五牵引电机，并以不超过10 km/h的速度维持运行到前方站，同时向行车调度请求救援。待检修人员赶到现场，拆开第五牵引电机齿轮箱，发现大齿轮已经断裂，如果继续运行，后果将不堪设想。正是徐建涛的准确判断，避免了一起重大事故的发生。

十几年来，他通过电话指导机车乘务员排除故障率达98%，保障了贵州山区铁路安全畅通。

如今，"徐建涛110服务热线"已成为"反应速度快捷、技术指导有效、安全保障有力"的安全品牌窗口。

三、奋斗结硕果，他毫无保留传递薪火

"特别能吃苦，特别让人信任，特别能奉献"，是这位"铁路工匠"日常工作的真实写照。

多年来，徐建涛常常牺牲节假日时间，奔波于各教学点的第一现场，毫无保留地将技术传授给大家。他还把自己多年总结出来的机车故障案例及处理方法编制成小册子，发放到各公寓点供乘务员学习。

全路优秀共产党员、火车头奖章、成都局集团公司优秀共产党员、贵州省劳动模范……2007年至今，徐建涛收获了许多荣誉，也将这些荣光散播到了更多地方。

2011年，贵阳机务段"徐建涛110服务热线"获得全国铁路党内优质品牌荣誉称号；2016年，中华全国铁路总工会授予徐建涛劳模工作室"火车头劳模创新工作室"荣誉称号；2017年，徐建涛被授予"2017年度铁路工匠"荣誉称号。

自创建劳模工作室以来，通过"师带徒""匠带兵"等方式，徐建涛带头总结推出"重点环节示范法""模拟仿真训练法"等培训方式，推动职工素质提升"学练比用"一体化，先后培养出多名劳模、先进工作者、铁路工匠、局集团公司首席技师，创新创效集聚效应、辐射效应、品牌效应逐渐呈现。

"我愿意做一粒优良的种子，撒到哪里，都将长出一片绿荫。"徐建涛感慨地说。

【课后练习】

1. 铰链四杆机构的基本形式有哪些？如何判定？
2. 举例说明铰链四杆机构在轨道交通车辆上的应用。

任务三 认识间歇运动机构

【学习目标】

目标类型	目标要求
知识目标	（1）了解运动副的概念及分类； （2）能够识读常用机构运动简图的名称与符号
能力目标	通过C_{70}型货车手制动机掌握棘轮机构的运动原理
素质目标	培养学生严肃谨慎的工作态度、做事认真的良好作风

【理论知识】

在机器工作时，当主动件做连续运动时，常需要从动件产生周期性的运动和停歇，实现这种运动的机构，称为间歇运动机构。最常见的间歇运动机构有棘轮机构、槽轮机构、不完全齿轮机构和凸轮式间歇机构等，它们广泛应用于轨道车辆的手制动装置、自动机床的进给机构、送料机构、刀架的转位机构、精纺机的成形机构中。本任务将扼要介绍这几类间歇运动机构的组成和运动特点。

一、棘轮机构

1. 棘轮机构的工作原理

图 2-39 所示为棘轮机构，它主要由摇杆 1、驱动棘爪 2、棘轮 3、制动棘爪 4 和机架 5 等组成。摇杆 1 和棘轮 3 的回转轴线重合。

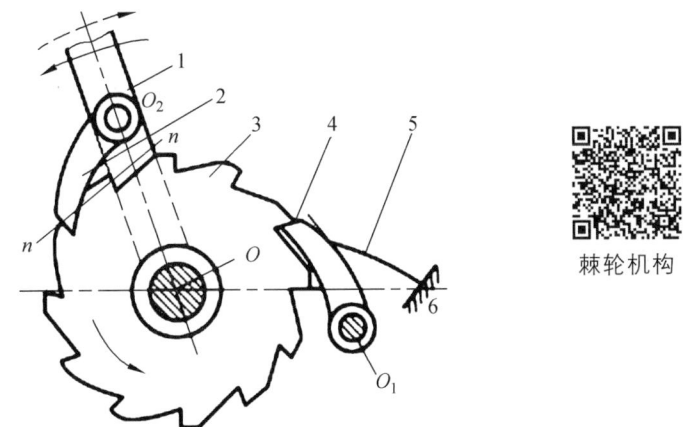

1—摇杆；2—驱动棘爪；3—棘轮；4—制动棘爪；5—弹簧；6—机架。
图 2-39 外啮合棘轮机构

当摇杆 1 逆时针摆动时，驱动棘爪 2 插入棘轮 3 的齿槽中，推动棘轮转过一定角度，而制动棘爪 4 则在棘轮的齿背上滑过。当摇杆顺时针摆动时，驱动棘爪 2 在棘轮的齿背上滑过，而制动棘爪 4 则阻止棘轮做顺时针转动，使棘轮静止不动。因此，当摇杆做连续往复摆动时，棘轮将做单向间歇转动。

图 2-40 所示为双动式棘轮机构，可使棘轮在摇杆往复摆动时都能做同一方向的转动。驱动棘爪可做成钩头[见图 2-40（a）]或直头[见图 2-40（b）]。

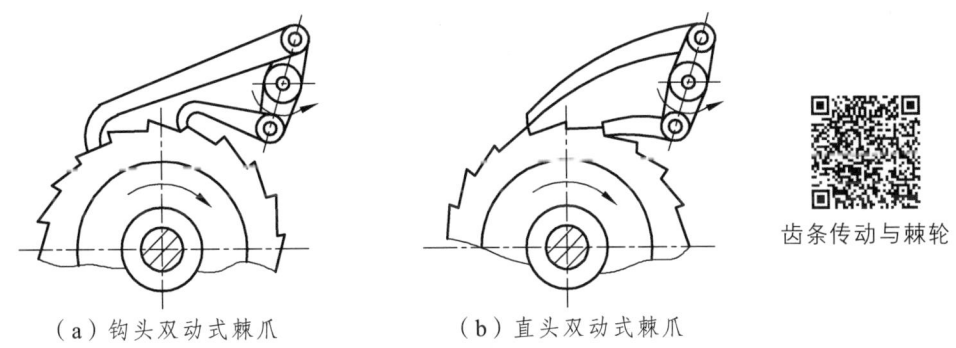

（a）钩头双动式棘爪　　　　（b）直头双动式棘爪
图 2-40 双动式棘轮机构

图 2-41 所示为双向棘轮机构,可使棘轮做双向间歇运动。图 2-41(a)采用具有矩形齿的棘轮,当棘爪 1 处于实线位置时,棘轮 2 做逆时针间歇转动;当棘爪 1 处于虚线位置时,棘轮则做顺时针间歇运动。图 2-41(b)采用回转棘爪,当棘爪 1 按图示位置放置时,棘轮 2 将做逆时针间歇转动。若将棘爪提起,并绕本身轴线转 180°后再插入棘轮齿槽时,棘轮将做顺时针间歇转动。若将棘爪提起并绕本身轴线转动 90°,棘爪将被架在壳体顶部的平台上,使棘轮与棘爪脱开,此时棘轮将静止不动。

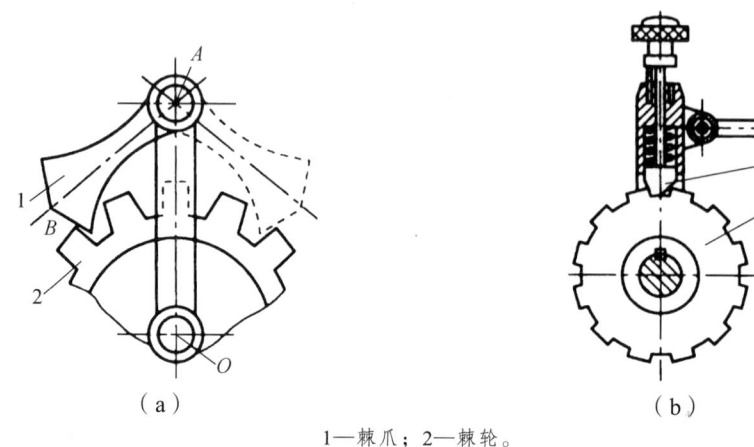

1—棘爪;2—棘轮。

图 2-41 双向棘轮机构

2. 棘轮转角的调节

(1)调节摇杆摆动角度的大小,控制棘轮的转角。

图 2-41 所示的棘轮机构是利用曲柄摇杆机构带动棘轮做间歇运动的。可利用调节螺钉改变曲柄长度 r 以实现摇杆摆角大小的改变,从而控制棘轮的转角。

(2)用遮板调节棘轮转角。

如图 2-42 所示,在棘轮的外面罩一遮板(遮板不随棘轮一起转动),使棘爪行程的一部分在遮板上滑过,不与棘轮的齿接触,通过变更遮板的位置即可改变棘轮转角的大小。

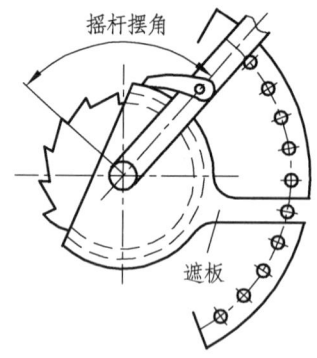

图 2-42 用遮板调节棘轮转角

3. 棘轮机构的特点与应用

棘轮机构结构简单、制造容易、运动可靠,而且棘轮的转角可在很大范围内调节;

但它工作时有较大的冲击与噪声、运动精度不高，所以常用于低速、轻载的场合。

棘轮机构在轨道车辆中经常用作防止机构逆转的停止器——手制动装置。图 2-43 所示为 C_{70} 敞车的手制动装置。

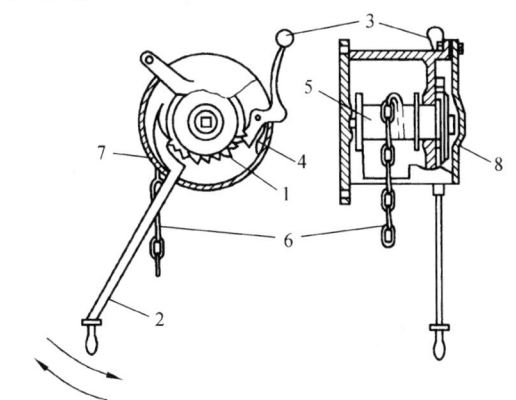

1—棘轮；2—制动手把；3—缓解手把；4—棘爪弹簧；5—棘轮轴；
6—手制动链；7—盒体；8—盒盖。

图 2-43 C_{70} 敞车的手制动装置

槽轮机构

二、槽轮机构

1. 槽轮机构的工作原理

图 2-44 所示为槽轮机构，它由主动拨盘 1、从动槽轮 2 及机架 3 等组成。拨盘 1 以等角速度做连续回转，槽轮 2 做间歇运动。当拨盘上的圆柱销 4 没有进入槽轮的径向槽时，槽轮 2 的内凹锁止弧面被拨盘 1 上的外凸锁止弧面卡住，槽轮 2 静止不动。当圆柱销 4 进入槽轮的径向槽时，锁止弧面被松开，则圆柱销 4 驱动槽轮 2 转动。当拨盘上的圆柱销离开径向槽时，下一个锁止弧面又被卡住，槽轮又静止不动。由此将主动件的连续转动转换为从动槽轮的间歇转动。

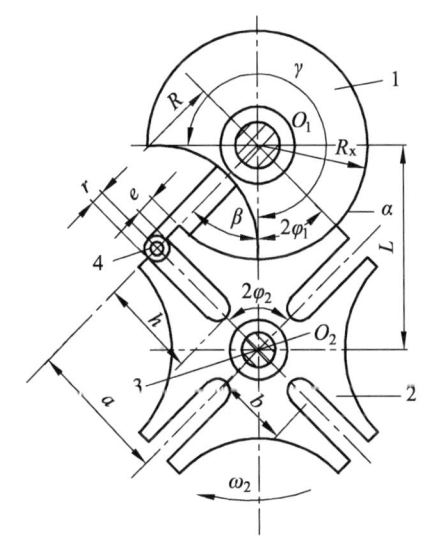

1—主动拨盘；2—从动槽轮；3—机架；4—圆柱销。

图 2-44 槽轮机构

2. 槽轮机构的类型、特点及应用

槽轮机构有外啮合槽轮机构（见图2-44）和内啮合槽轮机构（见图2-45），前者拨盘与槽轮的转向相反，后者拨盘与槽轮的转向相同，它们均为平面槽轮机构。此外，还有空间槽轮机构，如图2-46所示。对于空间槽轮机构，本书不予讨论。

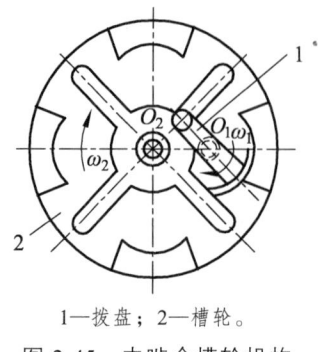

1—拨盘；2—槽轮。

图2-45 内啮合槽轮机构

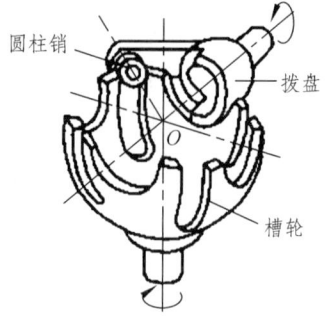

图2-46 空间槽轮机构

槽轮机构中拨盘（杆）上的圆柱销数、槽轮上的径向槽数以及径向槽的几何尺寸等均可视运动要求的不同而定。圆柱销的分布和径向槽的分布可以不均匀，同一拨盘（杆）上若干个圆柱销离回转中心的距离也可以不同，同一槽轮上各径向槽的尺寸也可以不同。

槽轮机构的特点是结构简单、工作可靠、机械效率高，能较平稳、间歇地进行转位。但因圆柱销突然进入与脱离径向槽，传动存在柔性冲击，不适用于高速场合。此外，槽轮的转角不可调节，故只能用于定转角的间歇运动机构中。

三、不完全齿轮机构和凸轮式间歇运动机构

1. 不完全齿轮机构

（1）不完全齿轮机构的工作原理和类型。

不完全齿轮机构是由普通渐开线齿轮机构演化而成的间歇运动机构，其基本结构形式分为外啮合与内啮合两种，如图2-47和图2-48所示。不完全齿轮机构的主动轮1只有一个或几个齿，从动轮2具有若干个与主动轮1相啮合的轮齿及锁止弧，可实现主动轮的连续转动和从动轮的间歇转动。

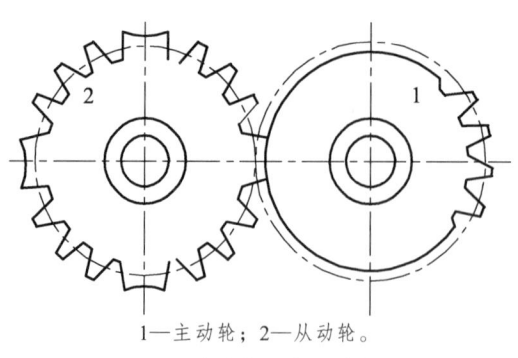

1—主动轮；2—从动轮。

图2-47 外啮合不完全齿轮机构

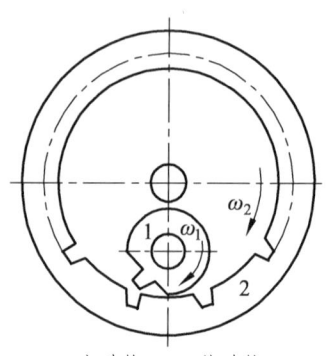

1—主动轮；2—从动轮。

图2-48 内啮合不完全齿轮机构

在图 2-48 所示的机构中，主动轮 1 每转 1 转，从动轮 2 转 1/4 转，从动轮 2 转 1 转，停歇 4 次。停歇时，从动轮上的锁止弧与主动轮上的锁止弧密合，保证了从动轮停歇在确定的位置上而不发生游动现象。

（2）不完全齿轮机构的特点及用途。

不完全齿轮机构结构简单、制造方便，从动轮的运动时间和静止时间的比例不受机构结构的限制。但因为从动轮在转动开始及终止时速度有突变，冲击较大，一般仅用于低速、轻载场合，如计数机构及在自动机、半自动机中用作工作台间歇转动的转位机构等。

2. 凸轮式间歇运动机构

凸轮式间歇运动机构是利用凸轮的轮廓曲线，推动转盘上的滚子，将凸轮的连续转动变换为从动转盘的间歇转动的一种间歇运动机构。它主要用于传递轴线互相垂直交错的两部件间的间歇转动。

图 2-49 所示为圆柱凸轮式间歇运动机构，主动件是带有螺旋槽的圆柱凸轮 1，从动件是端面上装有若干个均匀分布的滚子的圆盘 2，其轴线与圆柱凸轮的轴线垂直交错。

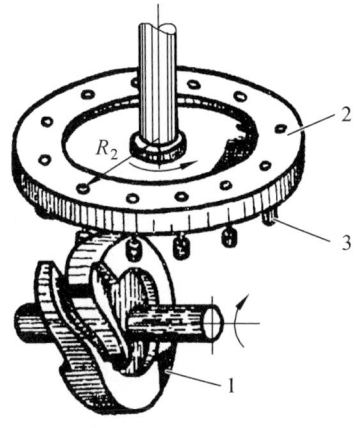

1—凸轮；2—圆盘；3—滚子。

图 2-49 凸轮式间歇运动机构

凸轮式间歇运动机构的优点是结构简单、运转可靠、传动平稳、无噪声，适用于高速、中载和高精度场合，故在轻工机械、冲压机械和其他自动机械中得到了广泛应用。其缺点是凸轮加工比较复杂，装配与调整要求也较高，因而使它的应用受到了限制。

【技能训练】

一、训练内容

通过进行铁路货车 C_{70} 敞车单车制动试验，了解棘轮机构的工作原理。

二、操作步骤

（1）通过转动手制动轮带动棘轮转动，观察棘轮的工作过程；
（2）检查所有闸瓦是否与踏面贴合；
（3）松开棘爪，反向转动手制动轮；
（4）推回制动缸活塞杆；
（5）检查所有闸瓦是否与踏面分离。

【课程思政】

新时代·铁路榜样——马耀锋：追求卓越的"铁路工匠"

马耀锋：中共党员，中国铁路武汉局集团有限公司武汉动车段动车运用车间地勤机械师，马耀锋技能大师工作室负责人，曾获全国技术能手、全路技术能手、全路首席技师及"铁路工匠"等荣誉称号。

人间最美四月天，江城武汉莺飞草长，樱花烂漫。在位于东湖之滨的中国铁路武汉局集团有限公司武汉动车段内，一列列动车组静静地停靠在检修库里，接受"高铁医生"的"体检"。武汉动车运用车间地勤机械师马耀锋带领同事们手提工具箱，对动车组车上客服设施、车下走行部件等进行全面检查，确保动车组状态良好地上线运行。

对动车组检修岗位，马耀锋投入了满腔热忱。他在专业知识上勤学苦练，在技术革新上精进不休，矢志不渝地全力确保动车组运行安全稳定，为"坐着高铁看中国"的美丽图景增光添彩。

一、破茧成蝶，不学懂弄通决不罢休

2009年7月，马耀锋大学毕业后来到武汉动车段工作。这一年，京广高铁武广段开通，激发了马耀锋对高铁的探索欲。他深知，想要成为一名优秀的动车组机械师，必须不断磨砺提高。于是，他整天扎在检修现场，对照动车组检修技能一项项学，从作业标准到部件原理、从风电图纸到实物构造、从拆卸到安装，不学懂弄通决不罢休。

2011年6月，为备战第三届全国铁道行业职业技能大赛，武汉动车段组建了技能人才专项培训班，马耀锋和其他11名同事光荣入选。技能竞赛讲究"熟、快、稳、准"，参赛选手既要熟悉大量的作业标准、规章制度，又要熟练掌握各项实战技术，迅速判断故障原因、位置并果断处理。

训练是枯燥的、艰苦的。马耀锋每天都要背诵理论知识，练习单车检查步伐，熟悉电路图纸，确保每个技术环节烂熟于心。他还将各个配电柜、转向架部件拍成照片，晚上睡觉前把每张照片看一遍，再闭上眼睛仔细回想。日复一日地训练，让他的技能越来越娴熟。

锋芒闪耀砥砺出。通过勤学苦练、反复打磨，马耀锋终于练就了一身过硬本领，在第三届全国铁道行业职业技能大赛上一举夺得个人全能第一，被授予"全国技术能手"称号。

想到身边还有不少跟他一样求知若渴的工友，马耀锋决定把自己的所学所悟毫无保留地传授给大家。2012年夏季，在一次单车检查时，他发现动车组转向架的牵引电机处夹着一块小石头，若不仔细查看很难发现。这引起了马耀锋的深思。接下来的日子，只要一下班，他就会来到动车组旁检查车底设备，从每一个动作、每一个部件开始研究。

经过不懈努力，马耀锋终于整理出一套"四、三、二"单车检查作业法，检修流程全面准确、可操作性强，得到了全段一致认可，为提高动车组检修质量、确保列车安全运行做出了积极贡献。

二、追求卓越，在技术革新中创造价值

武汉动车段安排马耀锋牵头攻关配件修旧工作。为了弄清原理，他上车开展实景模拟试验，同时购买书籍学习相关知识，夜以继日进行攻关，逐步掌握了其中的原理，并通过实践有效节约了生产成本。

动车组高级修在武汉动车段启动后，面对检修任务重和快速适应生产模式转变的双重考验，如何提高检修效率成了马耀锋苦心攻关的课题。他按照作业条件类似、作业时间接近、作业互不影响的原则对流程进行梳理，从入场预检到整备交车工序，共推广岗位作业法12项，整理岗位作业口诀8条，提出合理化建议21件。这些科学实用的作业法和合理化建议在安全生产中产生了积极作用。由他设计制作的动车组多功能测量尺、更换闸片专用工具等15套工具工装，大大提高了检修效率。

为解决动车组三级修齿轮箱小轴游隙测量工序复杂、成本过高的问题,马耀锋攻坚克难,设计研发了特种测量工装,每年可为段里节约检修成本上百万元。该成果在 2019 年获得第五届全国铁路青年科技创新奖,并获批国家实用新型专利。

十几年来,马耀锋先后设计推广创新成果 30 多项,获得全国铁道行业质量管理小组优胜奖 2 项、国家实用新型专利 4 项,促进了安全生产、提高了生产效率。

三、匠心筑梦,打造国家级技能大师工作室

"一个人浑身都是铁,能打几根钉子?"马耀锋说,个人技艺再高也胜任不了整个动车组的检修工作,只有全员素质提高了,才能齐心协力共同维护好动车组安全。

马耀锋带领团队走上技能成才之路。2015 年 12 月,马耀锋技能大师工作室正式命名成立。让团队中每位队员都能成为大师、工匠,这是马耀锋内心执着的目标。

目前,马耀锋技能大师工作室共有 15 名成员。在这个工作室成立近 7 年时间里,他毫无保留地把技术和经验传授给身边人。这个平均年龄 30 岁的团队先后涌现出 4 名全国技术能手、8 名全路技术能手。他们先后制作了各型动车组标准化作业教学课件 30 件,制定修改了 200 余项作业标准,组织各类技术攻关 57 项,改进生产检修程序、工艺流程 23 项⋯⋯

通过与生产车间建立"1+N"工作模式,马耀锋技能大师工作室还成立了车间级工作室,形成网状扩散的带动效应。马耀锋的团队又先后培养出 26 名局级技术能手,68 名职工获得技师及以上职业技能等级,挖掘创新创效人才 70 人,获得国家专利 5 项。

取得累累硕果的马耀锋技能大师工作室,已成为国家级技能大师工作室,并先后获得全国优秀质量信得过班组、全国铁道团委创新青企工作室、全国铁路先进集体、湖北省工人先锋号等荣誉称号。

【课后练习】

1. 简述间歇运动机构的类型和使用特点。
2. 说明棘轮机构在 C_{70} 型货车上的作用。

任务四　凸轮机构

【学习目标】

目标类型	目标要求
知识目标	(1) 了解凸轮机构的应用、组成、特点及分类; (2) 掌握凸轮机构从动件的常用运动规律
能力目标	能够制作凸轮机构
素质目标	学习中国铁路员工辛勤奋斗的职业精神

【理论知识】

凸轮机构是机械中的常用机构之一,主要由凸轮、从动件和机架三个基本构件组成。凸轮是一个具有曲线轮廓的构件,通常做连续的等速转动、摆动或移动,从动件在凸轮轮廓的控制下，按预定的运动规律做往复移动或摆动，用以实现各种复杂的运动要求。凸轮机构常用作控制机构，特别是在自动化机械中的应用较为广泛。

如图 2-50 所示为内燃机配气凸轮机构，当凸轮 1（主动件）做匀速转动时，其轮廓将驱使气阀 2（从动件）做往复移动，使其按预定的运动规律开启或关闭（关闭靠弹簧的作用），以控制燃气定时进入气缸或废气定时排出。

凸轮传动

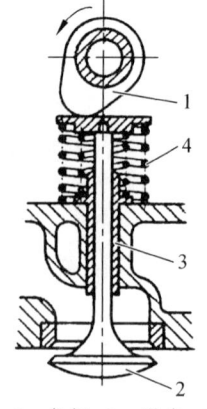
1—凸轮；2—气阀；3—滑套；4—弹簧。
图 2-50　内燃机配气凸轮机构

如图 2-51 所示为仿形车刀架凸轮机构，当从动件 2 随刀架水平移动时，凸轮轮廓驱使从动件 2 带动刀具按相同轨迹移动，从而加工出与凸轮轮廓相同的旋转曲面。

如图 2-52 所示为一自动车床的自动进刀凸轮机构。当具有凹槽的圆柱凸轮匀速转动时，其轮廓驱使从动件 2 绕轴按一定规律往复摆动，再通过扇形齿轮与齿条的啮合运动使刀架做往复运动。

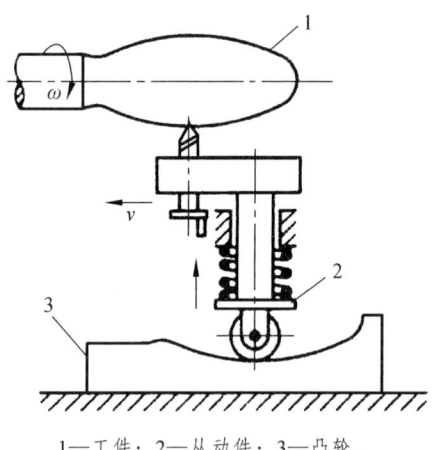

1—工件；2—从动件；3—凸轮。
图 2-51　仿形车刀架机构

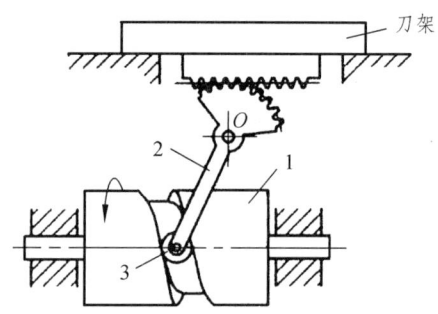

1—圆柱凸轮；2—从动件；3—滚轮。
图 2-52　自动进刀机构

凸轮机构的最大优点是：只要设计出适当的凸轮轮廓，就可以使从动件得到预期的运动规律，并且结构简单、紧凑，易于设计。但由于凸轮轮廓与从动件之间为高副接触，接触应力较大，易于磨损，因此凸轮机构多用于传递动力不大的场合。

一、凸轮机构的分类

凸轮机构的种类繁多，常用的凸轮机构可按下述方法分类。

1. 按凸轮形状分类

1）盘形凸轮

盘形凸轮是一个绕固定轴线回转，具有变化向径的盘形构件，如图 2-53（a）所示。

它是凸轮的基本形式。如图 2-50 所示的配气机构中的凸轮就是盘形凸轮。

2）移动凸轮

当盘形凸轮的回转中心趋于无穷远时，凸轮相对机架做直线运动，这种凸轮称为移动凸轮，如图 2-53（b）所示。有时，也可将移动凸轮固定，而使从动件相对于凸轮移动（如图 2-51 所示的仿形车刀架凸轮机构）。

3）圆柱凸轮

圆柱凸轮是在圆柱端面上做出曲线轮廓，如图 2-53（c）所示，或在圆柱面上开有曲线凹槽（见图 2-52）的圆柱形构件。这种凸轮可以看成是将移动凸轮卷成圆柱体而形成的。

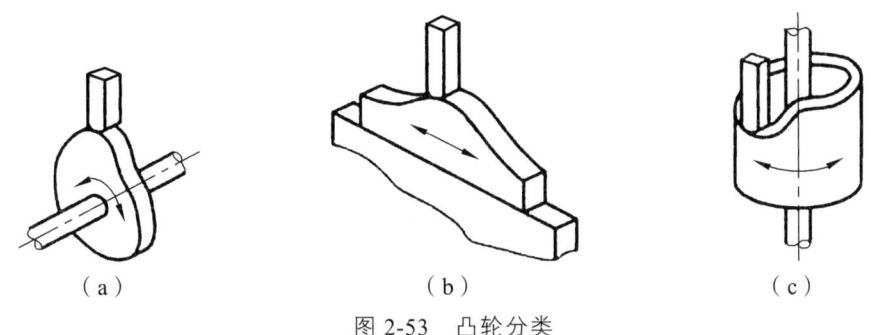

图 2-53 凸轮分类

由盘形凸轮或移动凸轮构成的凸轮机构是平面凸轮机构，而由圆柱凸轮构成的凸轮机构是空间凸轮机构。

2. 按从动件形状分类

根据从动件与凸轮接触处结构形式的不同，从动件可分为三类。

1）尖顶从动件

尖顶从动件是以尖顶与凸轮轮廓接触的从动件，如图 2-54（a）（b）和（f）所示。这种从动件结构简单，尖顶能与任意复杂的凸轮轮廓保持接触，以实现从动件的任意运动规律。但尖顶易于磨损，故只适用于传力不大的低速凸轮机构，如仪表机构等。

2）滚子从动件

滚子从动件是以铰接的滚子与凸轮轮廓接触的从动件，如图 2-54（c）（d）和（g）所示。铰接的滚子与凸轮轮廓间为滚动摩擦，不易磨损，可承受较大的载荷，因而应用最为广泛。

3）平底从动件

平底从动件是以平底与凸轮轮廓接触的从动件，如图 2-54（e）（h）所示。它的优点是凸轮对从动件的作用力方向始终与平底垂直，传动效率高，工作平稳，且平底与凸轮接触面间易形成油膜，利于润滑，故常用于高速传动中。其缺点是不能与具有内凹轮廓的凸轮配对使用，也不能与移动凸轮和圆柱凸轮配对使用。

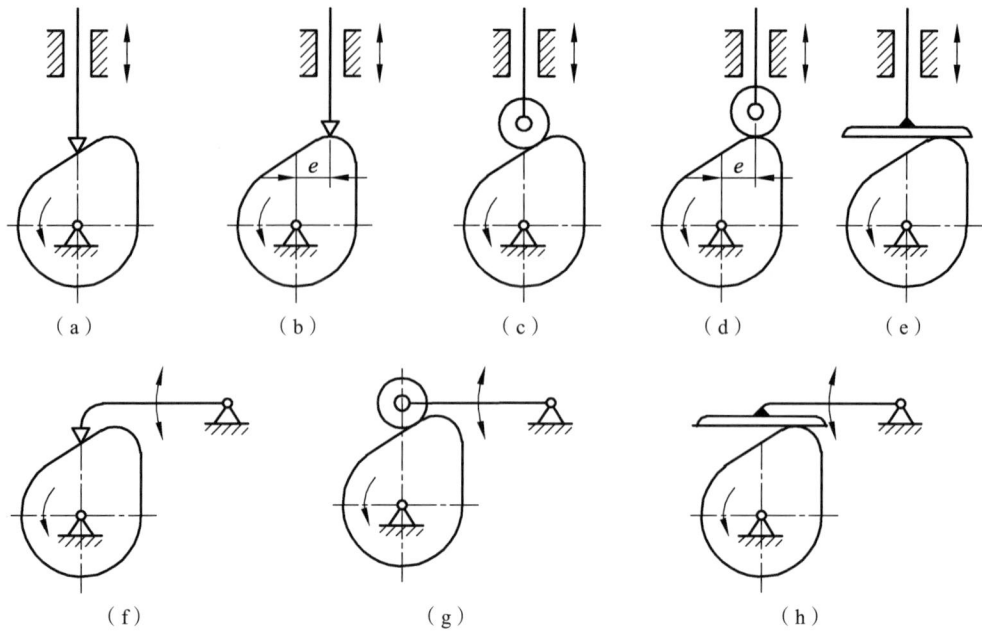

图 2-54 从动件的分类

3. 按从动件运动形式分类

1）移动从动件

移动从动件相对机架做往复直线运动。若从动件导路通过盘形凸轮回转中心，称为对心移动从动件，如图 2-54（a）（c）和（e）所示。若从动件导路不通过盘形凸轮回转中心，则称为偏置移动从动件，如图 2-54（b）（d）所示。从动件导路与凸轮回转中心的距离称为偏距，用 e 表示。

2）摆动从动件

摆动从动件相对机架做往复摆动，如图 2-54（f）（g）和（h）所示。

4. 按凸轮与从动件保持接触的方式分类

在凸轮机构的传动过程中，应设法保证从动件与凸轮始终保持接触，其保持接触方式有：

1）力封闭

在这类凸轮机构中，主要利用弹簧力、从动件自重等外力使从动件与凸轮始终保持接触，如图 2-50 和图 2-51 所示的凸轮机构即采用力封闭的接触方式。

2）形封闭

在这类凸轮机构中，利用凸轮和从动件的特殊几何结构使两者始终保持接触，如图 2-52 所示的自动进刀凸轮机构即采用形封闭的接触方式。

将不同类型的凸轮和从动件组合起来，就可得到各种不同形式的凸轮机构。

二、从动件的常用运动规律

从动件的运动规律是指其运动参数（位移 s、速度 v 和加速度 a）随时间 t 变化的规律，常用运动线图来表示。因凸轮一般做匀速转动,其转角 δ 与时间 t 成正比($\delta = \omega t$),此时从动件的运动规律也可用从动件的运动参数随凸轮转角的变化规律来表示,即 $s = s(\delta)$,$v = v(\delta)$,$a = a(\delta)$。

现以对心移动尖顶从动件盘形凸轮机构为例进行运动分析。如图 2-55 所示,凸轮轮廓由非圆弧曲线 AB、CD 以及圆弧曲线 BC 和 DA 组成。以凸轮轮廓曲线的最小向径 r_0 为半径所做的圆称为凸轮的基圆,r_0 为基圆半径。点 A 为凸轮轮廓曲线的起始点。当凸轮与从动件在点 A 接触时,从动件处于距凸轮轴心 O 最近位置。当凸轮以匀角速度 ω_1 顺时针转动 δ_0 时,凸轮轮廓 AB 段的向径逐渐增大,推动从动件以一定的运动规律到达最高位置 B',此时从动件处于距凸轮轴心 O 最远位置,这个过程称为推程,即推程是从动件远离轴心的行程。这时从动件移动的距离 h 称为升程,对应的凸轮转角 δ_0 称为推程运动角。当凸轮继续转动 δ_s 时,凸轮轮廓 BC 段向径不变,此时从动件处于最远位置停留不动,相应的凸轮转角 δ_s 称为远休止角。当凸轮继续转动 δ_h 时,凸轮轮廓 CD 段的向径逐渐减小,从动件在重力或弹簧力的作用下,以一定的运动规律回到起始位置,这个过程称为回程,即回程是从动件移向凸轮轴心的行程。对应的凸轮转角 δ_h 称为回程运动角。当凸轮继续转动 δ_s' 时,凸轮轮廓 DA 段的向径不变,此时从动件在最近位置停留不动,相应的凸轮转角 δ_s' 称为近休止角。当凸轮再继续转动时,从动件重复上述运动循环。

此时,若以直角坐标系的纵坐标代表从动件位移 s_2,横坐标代表凸轮的转角 δ,则可画出从动件位移 s_2 与凸轮转角 δ 之间的关系线图,如图 2-55(b)所示。这种曲线则称为从动件位移曲线,可用它来描述从动件的运动规律。

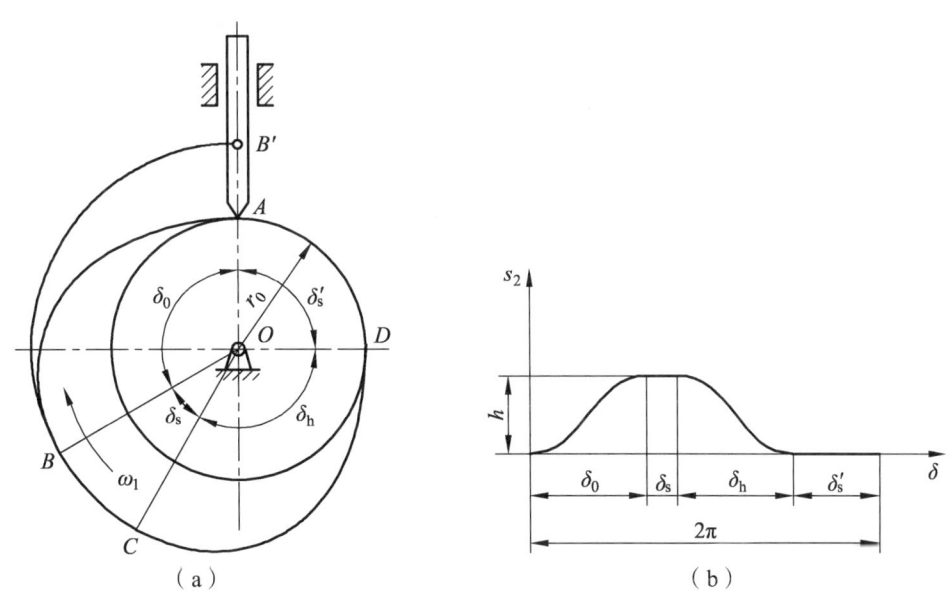

图 2-55 凸轮结构运动分析

由上述分析可知,从动件位移曲线取决于凸轮轮廓曲线的形状。反之,要设计凸轮的轮廓曲线,则必须首先知道从动件的运动规律。下面对从动件的常用运动规律进行讨论。

1. 等速运动规律

从动件速度为定值的运动规律称为等速运动规律。当凸轮以等角速度 ω_1 转动时，从动件在推程或回程中的速度为常数。

推程时，设凸轮推程运动角为 δ_0，从动件升程为 h，相应的推程时间为 t_0，则从动件的位移 s_2、速度 v_2 和加速度 a_2 随凸轮转角 δ 的变化线图如图 2-56 所示。因从动件等速移动，所以 v_2-δ_1 图线为水平直线，加速度为零。由图可知，从动件在推程开始和终止的瞬时，速度产生突变，其加速度在理论上为无穷大，导致极大的惯性力，从而产生强烈的冲击、噪声和磨损。这种从动件在某瞬时速度突变，其加速度及惯性力在理论上均趋于无穷大时所引起的冲击称为刚性冲击。

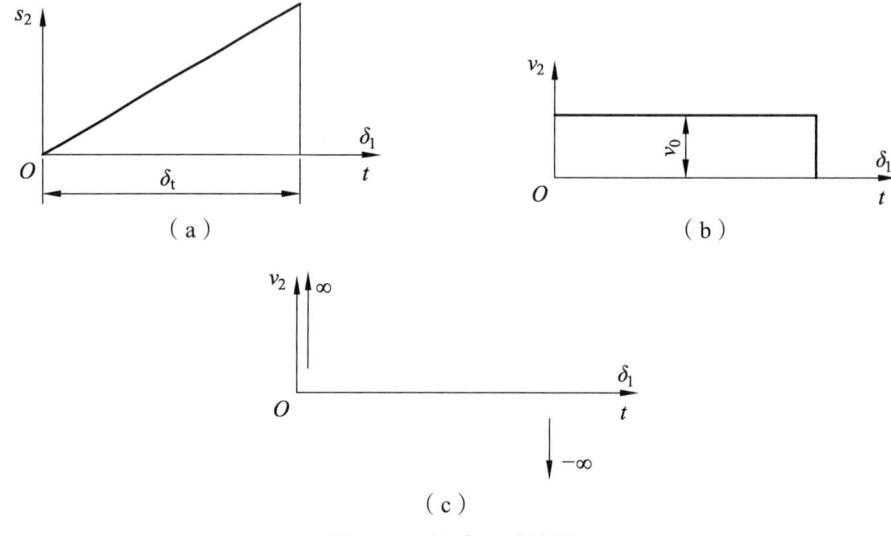

图 2-56 等速运动线图

因此，等速运动规律只适用于低速、轻载的凸轮机构。在实际应用中，为避免刚性冲击，常将这种运动规律的开始和终止两段加以修正，使速度逐渐增大和减小。

2. 等加速等减速运动规律

从动件在一个行程（推程或回程）的前一阶段为等加速而后一阶段为等减速的运动规律，称为等加速等减速运动规律。如图 2-57 所示，从动件在推程中，先做等加速运动，后做等减速运动，且通常取加速度和减速度的绝对值相等。由于从动件等加速段的初速度和等减速段的末速度为零，故两段升程所需的时间必相等，即各为 $t_0/2$；与之相应的凸轮的转角也相等，即各为 $\delta_0/2$；两段升程也必相等，即均为 $h/2$。可推出从动件等加速段的位移方程为

$$s_2 = \frac{2h}{\delta_0^2}\delta^2 \qquad (2\text{-}4)$$

由位移关系式（2-4）可知，等加速段位移曲线为抛物线。当从动件做等减速运动时，其位移曲线仍为抛物线，只是开口方向相反。故该运动规律又称为抛物线运动规律。如图 2-57 为按运动方程做出的等加速等减速运动线图。

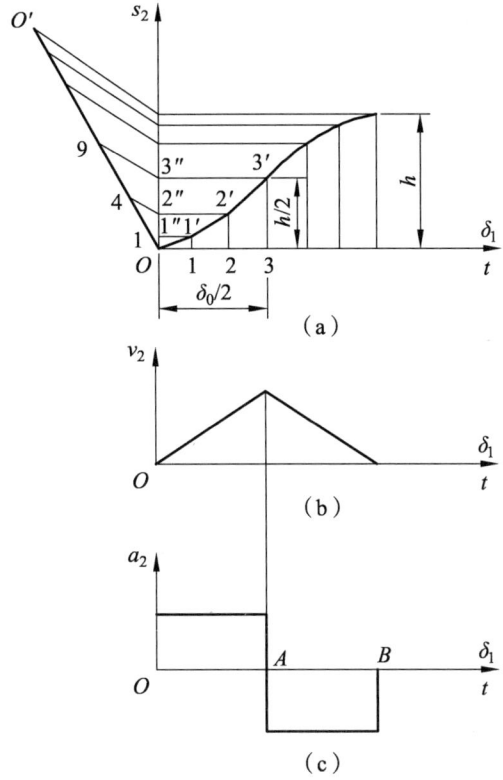

图 2-57 等加速等减速运动线图

由于位移 $s_2 = K\delta^2$（$K = 2h/\delta_0$，为比例常数），若将转角 $\delta_0/2$ 分成若干等分，则对应各转角等分点处位移 s_2 的比值为 $1:4:9\cdots$，所以位移曲线可以方便地用作图法画出。其步骤如下：

（1）根据所选比例尺在两坐标轴上分别截取角 δ_0 和 $\delta_0/2$，h 和 $h/2$，再将 $\delta_0/2$ 的线段分成若干等分（图中为三等分），得 1、2、3 各点，过这些点作横轴垂线，如图 2-57（a）所示。

（2）过 O 点作辅助斜线 OO'，在其上以适当的单位长度自点 O 按 $1:4:9$ 量取对应长度，得 1、4、9 各点。连接 9、3″两点，并分别过 4、1 两点作其平行线交 s_2 轴于 2″、1″点。

（3）由 1″、2″、3″分别向过 1、2、3 各点的垂线投影，得 1′、2′、3′点，将这些点连成光滑曲线即为等加速度段抛物线，如图 2-57（a）所示。用同样的方法可得到等减速度段抛物线。

由加速度线图[见图 2-57（c）]可知，从动件在升程始、末以及等加速过渡到等减速的瞬时（即 O、A、B 三处），加速度出现有限值的突然变化，这将产生有限惯性力的突变，从而引起冲击。这种从动件在某瞬时加速度发生有限值的突变时所引起的冲击称为柔性冲击。因此，等加速等减速运动规律不适用于高速，仅用于中、低速的凸轮机构。

3. 简谐运动规律

当一质点在圆周上做匀速运动时，它在该圆直径上投影所形成的运动称为简谐运

动。以推程为例，从动件做简谐运动时的参数表达式为

$$s_2 = \frac{h}{2}\left(1 - \cos\frac{\pi}{\delta_1}\delta_1\right)$$

$$v_2 = \frac{\pi h \omega_1}{2\delta_1}\sin\frac{\pi}{\delta_1}\delta_1$$

$$a_2 = \frac{\pi^2 h \omega_1^2}{2\delta_1^2}\cos\frac{\pi}{\delta_1}\delta_1$$

由 a_2-δ_1 关系式可知，它们之间是余弦关系，简谐运动规律又称余弦加速度运动规律。

与上列式子对应的运动线图及位移曲线如图 2-58 所示，其加速度曲线为余弦曲线，速度曲线为正弦曲线，而位移曲线为简谐运动曲线。用图解法绘制位移线图方法为：以从动件 h 的升程为直径画半圆，再将半圆分成若干等分（图上分 6 等分），得 1″、2″、3″、4″、5″、6″各点。把凸轮的推程运动角 δ_t 分成相应的等分，过各等分点作横坐标的垂直线。然后将圆上的等分点投影到相应横坐标的垂直线上得 1′、2′、3′、4′、5′、6′各点。将这些点连成光滑的曲线即得所求的简谐运动位移曲线。

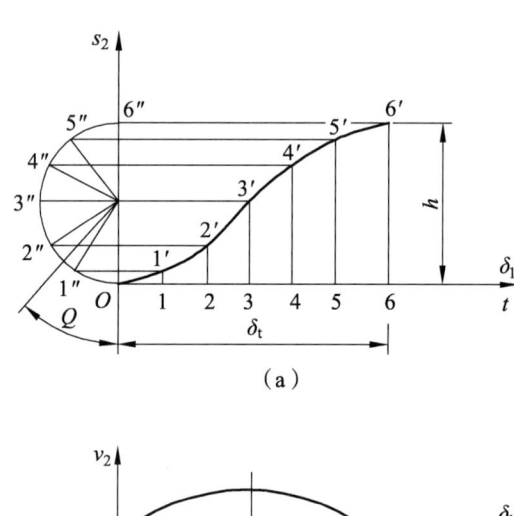

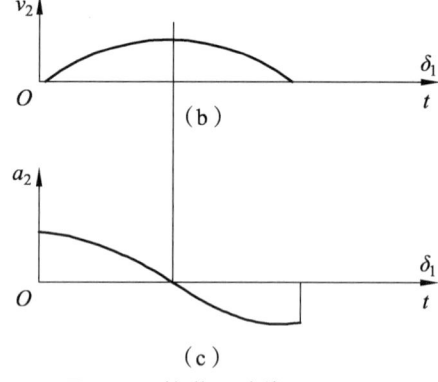

图 2-58 简谐运动线图

由图 2-58 可知，在推程的始、末两点处加速度仍为有限值的突变，故这种运动规律仍具有柔性冲击，因此可用于较高速的凸轮运动场合。

除此之外，为了避免或减小柔性冲击及减小磨损，工程上还采用其他形式的运动规

律,如正弦加速度运动规律、高次多项式运动规律或将几种常用运动规律组合起来运用的组合运动规律等。

三、从动件运动规律的选择

在选择从动件运动规律时,必须首先满足机器的工作过程对从动件的工作要求,同时还应使凸轮机构具有良好的动力特性以及使所设计的凸轮便于制造等。下面仅对凸轮机构的工作情况作简要说明。

(1)机器的工作过程只要求凸轮转过一定角度时,从动件实现一定的位移,而对从动件的运动规律无严格要求。如图 2-59 所示的夹具,只需保证从动件的位移达到要求即可,运动规律的确定从便于凸轮加工来考虑,在此情况下,可考虑采用圆弧、直线等简单的曲线作为凸轮的轮廓曲线。

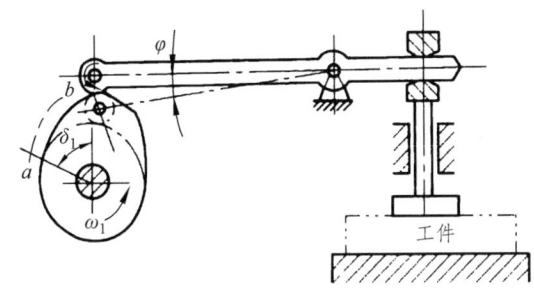

图 2-59 夹具用凸轮机构

(2)机器的工作过程对从动件的运动规律有特殊的要求。如图 2-60 所示的控制刀架进刀的凸轮机构,为使机床载荷稳定,加工出表面光滑的零件,进刀行程应选择等速运动规律;为使退刀时刀具快速离开工件,并减小冲击,退刀行程选择等加速等减速运动规律。

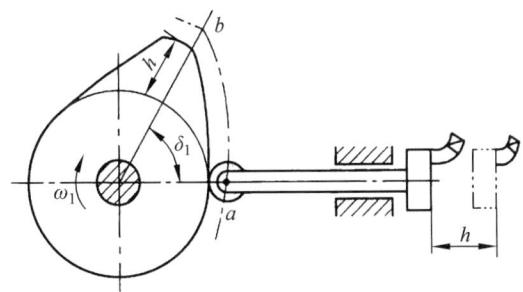

图 2-60 控制刀架进刀的凸轮机构

(3)在高速运转下工作的凸轮机构,选择从动件运动规律时,特别要考虑它的动力特性、加速度变化情况,力求避免过大的惯性力,减小冲击和振动。为此,需要限制从动件的最大加速度 a_{max},所选的运动规律,还应避免刚性冲击,减小柔性冲击,以保证机构工作的平稳性。

四、凸轮机构设计简介

在凸轮机构的设计过程中,当根据工作条件的要求,选定了凸轮机构的形式、凸轮转向、凸轮的基圆半径和从动件的运动规律后，就可以进行凸轮轮廓曲线的设计。凸轮轮廓曲线的设计方法有图解法和解析法。图解法简便易行，比较直观，但设计精度较低，一般适用于低速或对从动件的运动规律要求不太严格的凸轮机构设计。解析法设计精度较高，常用于运动精度较高的凸轮（如仪表中的凸轮或高速凸轮等）设计，由于其计算工作量较大，适宜在计算机上计算。这两种设计方法的基本原理是相同的，下面仅讨论图解法。

如图 2-61 所示为一对心移动尖顶从动件盘形凸轮机构，当凸轮以等角速度 ω_1 绕轴心 O 逆时针转动时，将推动从动件沿其导路做往复移动。为便于绘制凸轮轮廓曲线，设想给整个凸轮机构（含机架、凸轮及从动件）加上一个绕凸轮轴心的公共角速度 $-\omega_1$，根据相对运动原理，这时凸轮与从动件之间的相对运动关系并不发生改变，但此时凸轮将静止不动，而从动件一方面和机架一起以角速度 $-\omega_1$ 绕凸轮轴心 O 转动，同时又以原有运动规律相对于机架导路做预期的往复运动并与凸轮轮廓保持接触，所以其尖顶的轨迹就是凸轮轮廓曲线。这种利用相对运动原理设计凸轮轮廓曲线的方法称为"反转法"。

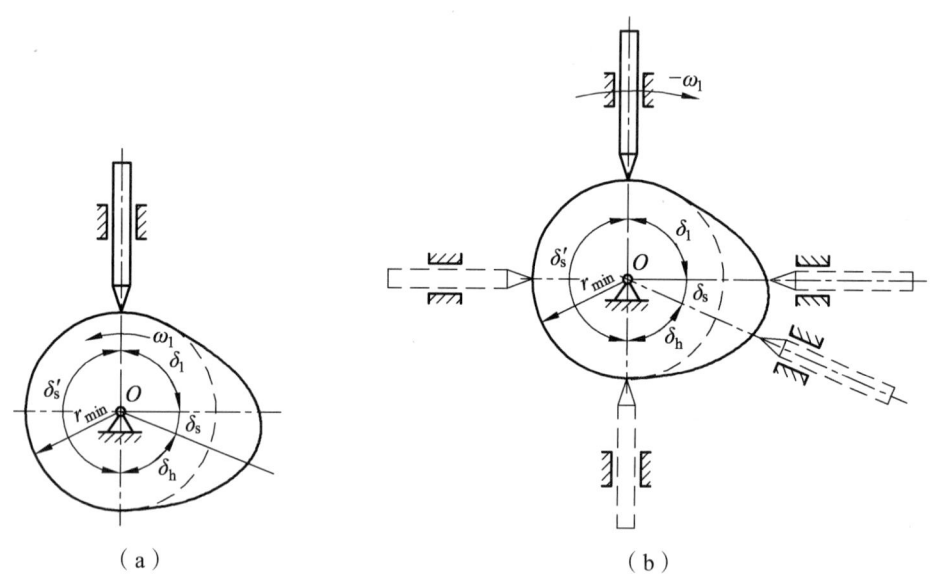

图 2-61 用反转法求盘形凸轮轮廓的原理

【技能训练】

一、训练目的

（1）增强动手能力，理解凸轮机构的工作原理。

（2）提升制图能力。

二、训练器材

内燃机车柴油机气门控制机构、测量工具一套、制图工具一套、纸板若干张。

三、训练内容

（1）观察分析柴油机气门控制机构——凸轮机构动作过程。
（2）测量凸轮机构各部件尺寸。
（3）根据测量尺寸绘制机构简图。
（4）制作柴油机气门控制机构模型。

【课程思政】

李向前：让机车乘务员开上放心车

烈日炙烤着大地。在中国铁路郑州局集团有限公司洛阳机务段宝丰检修车间，首席技师、内燃机车钳工李向前手拿检车锤挨个检查各个零部件，一个半小时下来，他弯腰下蹲无数次，工作服被汗水浸透了。参加工作20多年来，他凭借一套独创的"锤敲、眼看、手摸、鼻闻、耳听"看家本领，创造了检修内燃机车5 300余台零故障，维修、复检内燃机车10 000余台零质量问题的纪录。"作为一名钳工，我的职责就是让机车乘务员开上放心车。"抱着这一信念，李向前锲而不舍、追求卓越，用实际行动诠释工匠精神的内涵。

1995年，从铁路中等专业学校毕业的李向前进入洛阳机务段宝丰检修车间，开启钳工生涯。

书到用时方恨少，到了现场之后，李向前渐渐感觉所学知识远远不够。于是他暗下决心，不能在业务上丢人，一定要对得起自己的名字，一定要向前，决不能落后。

几十斤到几百斤的配件，李向前拆装了一遍又一遍，配件数据、故障现象、处理过程和组装情况记满了厚厚4大本。

经过不断磨炼，李向前的业务技能得到了工友和师傅们的高度称赞。2005年，他代表郑州局集团公司参加首届全国铁道行业职业技能竞赛，获内燃机车钳工组第一名，被授予"全国技术能手"称号。

【课后练习】

1. 凸轮机构中，刚性冲击是指什么？列举出一种存在刚性冲击的运动规律。
2. 凸轮机构中，柔性冲击是指什么？列举出一种具有柔性冲击的从动件常用运动规律。
3. 凸轮机构有哪些特点？常用于何种场合？

轨道交通车辆常用连接

项目三

【项目描述】

通过本项目的学习,了解机械中常见机械连接方式的组成、工作原理、特点和应用范围;掌握螺纹连接的类型、预紧、防松措施和轨道交通车辆常见螺纹连接的类型、预紧、防松措施,为学好轨道交通车辆专业核心课程打下基础。学生学习后,需完成对应的技能训练,然后完成课后练习,以强化对知识的掌握程度。

任务一 螺纹连接

【学习目标】

目标类型	目标要求
知识目标	螺纹连接的主要类型
能力目标	能够更换制动软管
素质目标	学习铁路先进典型,树立爱岗敬业的信念

【理论知识】

一、概 述

通常,连接可分为可拆连接和不可拆连接两类。可拆连接是不损坏连接中任一零件就可拆开的连接,故多次装拆不影响其使用性能,常见的有螺纹连接、键连接、花键连接、销连接等。不可拆连接是拆开连接时至少要损坏连接中某一部分才能拆开的连接,常见的有焊接、铆接和黏接等。

此外,过盈配合也是常用的连接手段,它介于可拆连接和不可拆连接之间。很多情况下,过盈配合都是不可拆的,原因是拆开这种连接将会引起表面损坏和配合松动;但在过盈量不大的情况下,如对于滚动轴承内圈与轴的连接,多次装拆轴承对连接的损伤不大,则可视为可拆连接。

设计中选用何种连接,主要取决于使用要求和经济性要求。一般来说,采用可拆连接是由于结构、安装、维修和运输方面的需要;而采用不可拆连接,多数是由于工艺和经济方面的要求。

1. 螺纹连接的组成

根据螺旋线所在表面的位置,螺纹可分为外螺纹和内螺纹。螺纹连接中的螺栓具有外螺纹，如图3-1所示；螺母具有内螺纹，如图3-2所示；螺纹连接就是由螺栓与螺母的配合组成，如图3-3所示。

图3-1 外螺纹螺栓

图3-2 内螺纹螺母

图3-3 螺纹连接

2. 常用的螺纹类型

1）三角螺纹

如图3-4所示，三角螺纹（即普通螺纹）的牙型为等边三角形，牙型角 $\alpha = 60°$，牙侧角 $\beta = 30°$。牙根强度高、自锁性好、工艺性能好，主要用于连接。同一公称直径的螺纹按螺距 P 大小分为粗牙螺纹和细牙螺纹。粗牙螺纹用于一般连接；细牙螺纹升角小、螺距小、螺纹深度浅、自锁性较好、螺杆强度较高，适用于受冲击、振动和变载荷的连接，以及细小零件、薄壁管件的连接和微调装置，但细牙螺纹耐磨性较差，牙根强度较低，易滑扣。

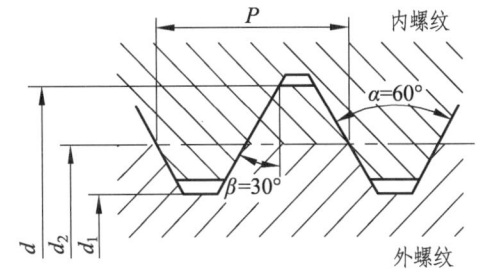

图3-4 三角螺纹

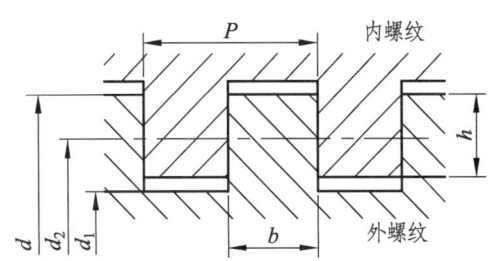

图3-5 矩形螺纹

2）矩形螺纹

如图3-5所示，矩形螺纹的牙型为正方形，牙厚是螺距的一半，牙型角 $\alpha = 0°$，$\beta = 0°$。矩形螺纹当量摩擦因数小，传动效率高，主要用于传动。但其牙根强度较低，难以精确加工，磨损后间隙难以修复，补偿、对中精度低。

螺旋传动

3）梯形螺纹

如图3-6所示，梯形螺纹的牙型为等腰梯形，牙型角 $\alpha = 30°$，牙侧角 $\beta = 15°$。梯形螺纹比三角螺纹当量摩擦因数更小，传动效率更高；比矩形螺纹牙根强度更高，承载能力更高，且加工容易，对中性能好，可补偿磨损间隙，故综合传动性能好，是常用的传动螺纹。

4）锯齿形螺纹

如图 3-7 所示，锯齿形螺纹牙型为不等腰梯形，牙型角 $\alpha = 33°$，工作面的牙侧角 $\beta = 3°$，非工作面的牙侧角 $\beta' = 30°$。锯齿形螺纹综合了矩形螺纹传动效率高和梯形螺纹牙根强度高的特点，但只能用于单向受力的传动。

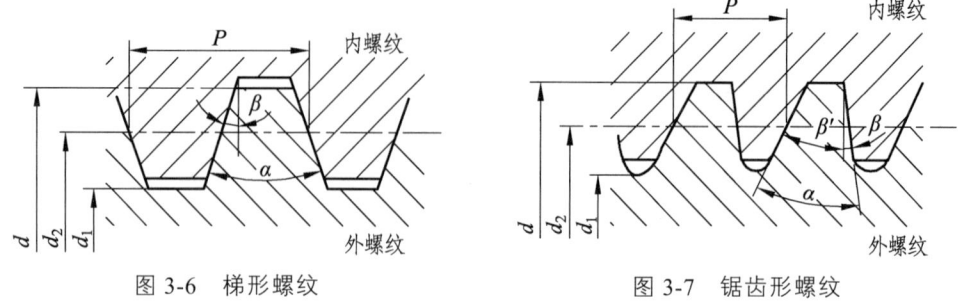

图 3-6　梯形螺纹　　　　图 3-7　锯齿形螺纹

5）管螺纹

如图 3-8 所示，管螺纹的牙型为等腰三角形，牙型角 $\alpha = 55°$，牙侧角 $\beta = 27.5°$，公称直径近似为管子孔径，以 in（英寸）为单位。由于牙顶呈圆弧状，内、外螺纹旋合相互挤压变形后无径向间隙，多用于有紧密性要求的管件连接，以保证配合紧密；也适用于压力不大的水、煤、气、油等管路连接。锥管螺纹与管螺纹相似，但螺纹绕制在 1∶16 的圆锥面上，紧密性更好，适用于水、气、润滑、电气，以及高温、高压的管路连接。

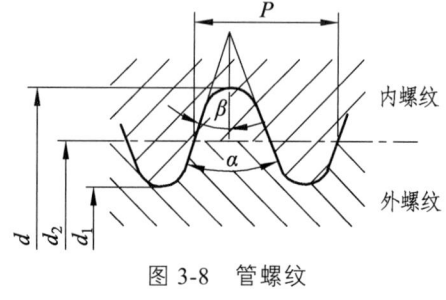

图 3-8　管螺纹

上述各类型螺纹，除了矩形螺纹外，其余都已标准化。

3. 螺纹的代号

螺纹代号由特征代号、尺寸代号、公差代号及其他有必要进一步说明的个别信息组成。螺纹特征代号用字母"M"表示。单线螺纹的尺寸代号为"公称直径×螺距"，公称直径和螺距数值的单位为毫米。对于粗牙螺纹，可以省略标注其螺距项。对于左旋螺纹，应加注"LH"代号，右旋螺纹不标注旋向代号。

M40 表示公称直径为 40 mm 的单线粗牙普通螺纹。

M40×1.5 表示公称直径为 40 mm、螺距为 1.5 mm 的细牙普通螺纹。

M40×1.5-LH 表示公称直径为 40 mm、螺距为 1.5 mm 的左旋细牙普通螺纹。

二、螺纹连接

1. 螺纹连接的主要类型

1）螺栓连接

图 3-9 所示为螺栓连接，适用于被连接件不太厚又需经常拆装的场合。螺栓连接有两种连接形式：一种是被连接件上的通孔和螺栓杆间留有间隙的普通螺栓连接，如图 3-9（a）所示；另一种是螺栓杆与孔是基孔制过渡配合的铰制孔螺栓连接，如图 3-9（b）所示。

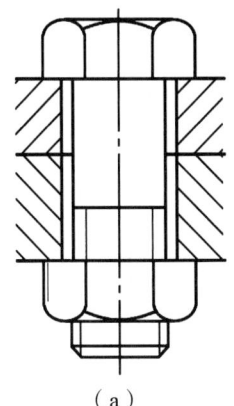
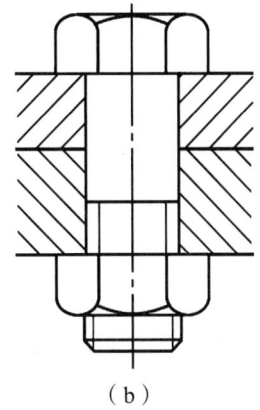

（a） （b）

图 3-9 螺栓连接

2）双头螺柱连接

图 3-10 所示为双头螺柱连接。这种连接适用于被连接件之一太厚而不便于加工的通孔，并需经常拆装的场合。其特点是被连接件之一制有与螺柱相配合的螺纹，另一被连接件则制有通孔。

3）螺钉连接

图 3-11 所示为螺钉连接。这种连接的适用场合与双头螺柱连接相似，但多用于受力不大，不需经常拆装的场合。其特点是不用螺母，螺钉直接旋入被连接件的螺纹孔中。

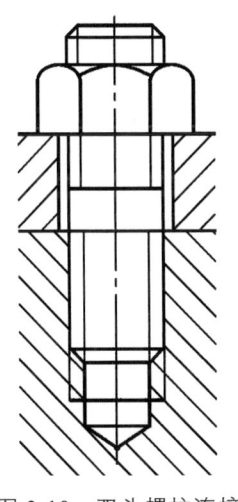
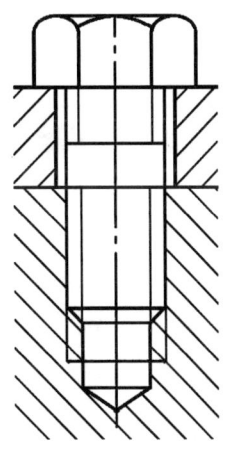

图 3-10 双头螺柱连接　　　图 3-11 螺钉连接

4）紧定螺钉连接

图 3-12 所示为紧定螺钉连接。这种连接适用于固定两零件的相对位置，并可传递不大的力和转矩。其特点是将螺钉旋入被连接件之一的螺纹孔中，末端顶住另一被连接件的表面或顶入相应的坑中，以固定两个零件的相对位置。

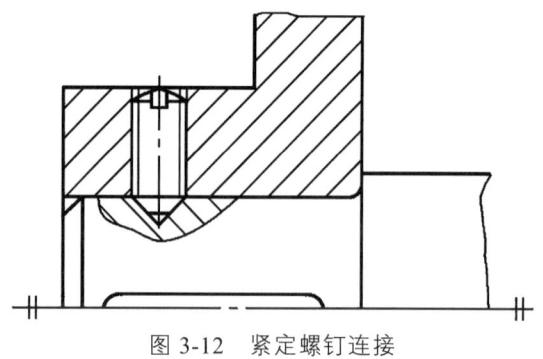

图 3-12 紧定螺钉连接

2. 常用螺纹连接件

机械制造中常用的螺纹连接件有螺栓、双头螺柱、螺钉、紧定螺钉、螺母、垫圈等，对应的具体结构如图 3-13～图 3-17 所示，这些零件的结构和尺寸都已标准化，可根据实际需要按标准选用。

螺纹连接件的常用材料为 Q215A、Q235A、10、35 和 45 钢，对于重要和特殊用途的螺纹连接件，可采用 15Cr、40Cr 等力学性能较高的合金钢。

图 3-13 双头螺柱

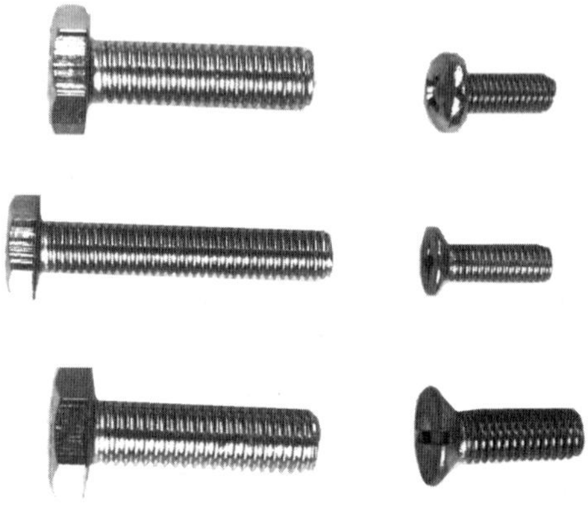

图 3-14 螺钉

图 3-15 紧定螺钉

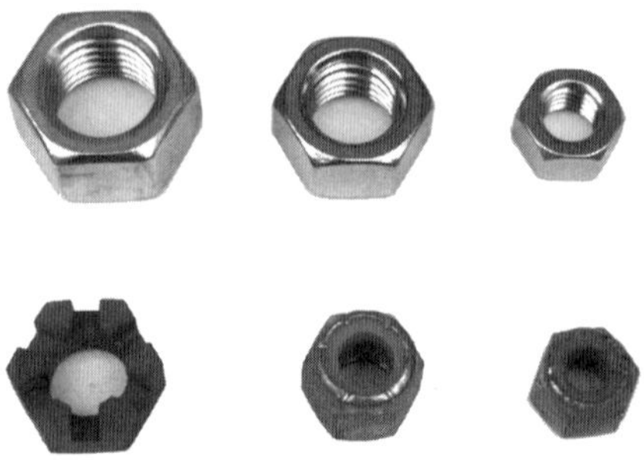

图 3-16 螺母

图 3-17 垫圈

【技能训练】

一、训练目的

（1）认识螺纹连接。
（2）掌握铁道车辆制动软管的更换方法。

二、训练器材

红旗、管钳、制动软管、生料带等。

三、训练内容

拆卸不良制动软管，安装良好制动软管。
具体操作步骤如下：
（1）插设安全防护。
（2）关闭折角塞门，要求关闭到位。
（3）卸下不良的制动软管。
① 摘解两连接的软管，摘解时手抓紧软管，防止软管内余风伤人。
② 使用管钳卸下故障软管，卸软管时管钳要卡住，均匀用力，防止伤人。
（4）安装良好软管，连接软管，开放折角塞门。
① 检查软管，确认检修标记清晰、不过期。
② 在良好软管丝扣连接处须缠生料带，安装软管时，管钳要卡住，均匀用力，防止脱落伤人；软管安装不得松劲，软管连接器角度正确。
③ 检查连接器密封垫圈，应齐全，作用良好，并不得反装。
④ 连接两软管，软管连接应牢固，并用检查锤进行检查，连接器的连接平面须与轨面垂直，无漏泄、不扭劲。
⑤ 先开放靠近风源一侧车辆的折角塞门，确认无漏泄后，再开放另一侧折角塞门。开放折角塞门时，须轻缓，以防引起紧急制动。
（5）车底或列车制动机试验。
① 更换完软管并开放折角塞门后，须进行全列车制动试验，确认全列车通风保压良好。
② 严禁通过关闭某辆车的折角塞门进行分段试风作业。
（6）做好记录，撤出安全防护。

【课程思政】

春运幕后的"火车医生"

"YZ25T 357298 车 2 位缓冲器脱出,需要更换,其他车辆正常检修。"库检甲班工长张福林正向班组职工布置客车检修作业重点任务。

张福林所在的库检班组,承担着"草原铁路"呼和浩特铁路局集团有限公司部分普速列车的整备和检修工作。随着春运大幕的开启,列车检修任务增加,衔接紧密的作业计划,作为工长的张福林几乎每个当班日都 24 小时"连轴转"。他不停地奔走于各个检修库和车辆停留场之间,故障处置、质量检查,到处都是他忙碌的身影,检车、排水、换轮、试风……

班组其他职工的工作也是细致而繁重,列车走行部有大大小小近千个配件,客车检车员们都要逐一进行检查。他们同时从列车两侧出发,相互呼唤应答,利用手中的检点锤、手电筒,逐一检查列车各部件,日行十公里早已是家常便饭。

冬季气温寒冷,列车制动管系极易出现漏风故障,检查列车制动管系是重要的工序。检车员们用肥皂水均匀涂抹到制动管路的各个活接上,以此来检验活接的气密性能。零下 20 多摄氏度的天气,肥皂水涂到金属管路会立即结冰。为了确保试验效果,他们只能脱下手套去感触,摘掉帽子贴近耳朵去聆听。

试风是库检作业的最后一道工序,一道道明亮的手电光闪烁,传递着试风信息。"管路漏泄合格,感度试验合格,安定试验合格",对讲机微机试验台传来的数据播报,为检修完毕的客车,打上了合格、安全的印记。来不及休息片刻,他们又奔向下一列客车。

忙碌是这里的工作常态,春运期间,平均每天有 15 列 240 多辆客车从这里安全"体检"后发出,运送万千旅客踏上温暖的回家路。

【课后练习】

1. 可拆连接和不可拆连接分别应用于什么场合?各举一个例子。
2. 如何区分粗牙螺纹与细牙螺纹?简述粗牙螺纹与细牙螺纹的区别和应用场合。

任务二 螺纹连接的预紧和防松

【学习目标】

目标类型	目标要求
知识目标	(1) 了解预紧的概念、作用及控制预紧力的方法; (2) 了解常用的防松方法和应用场合
能力目标	能够安装纵向牵引拉杆
素质目标	学习铁路先进典型,树立无私奉献的信念

【理论知识】

一、螺纹连接的预紧

在生产实践中,大多数螺纹连接在安装时都需要预紧。连接件在工作前因预紧所受到的力，称为预紧力。预紧可以增强连接的刚性、紧密性和可靠性，防止受载后被连接件间出现缝隙或发生相对移动。

对于普通场合使用的螺纹连接，为了保证连接所需的预紧力，同时又不使螺纹连接件过载，通常由工人用普通扳手凭经验决定。对于重要场合，如气缸盖、管路凸缘等紧密性要求较高的螺纹连接，预紧时应控制预紧力。

控制预紧力的方法很多，通常借助测力矩扳手和预置式扭力扳手。图 3-18 所示为测力矩扳手，通过控制拧紧力矩来控制预紧力的大小。测力矩扳手的工作原理是：扳手长柄在拧紧时产生弹性弯曲变形，但和扳手头部固连的指针不发生变形，当扳手长柄弯曲时，和长柄固连的刻度盘（见图 3-19）配合指针显示拧紧力矩的大小。

图 3-18　测力矩扳手

图 3-19　刻度盘

图 3-20 所示为预置式扭力扳手。图 3-21 所示为扳手的头部，头部带齿的小圆盘是调整手轮，转动手轮，可改变扳手的拧紧方向。因头部内有棘轮机构，此扳手在拧紧时只需连续往复摆动，即可拧紧螺母。手柄的尾部（见图 3-22）有预设扭矩数值的套筒，可转动套筒，调节标尺上的数值至所需扭矩值。预置式扭力扳手具有声响装置，当紧固件的拧紧扭矩达到预设数值时，扳手会自动发出"咔嗒"的声响，提示完成工作。

图 3-20　预置式扭力扳手

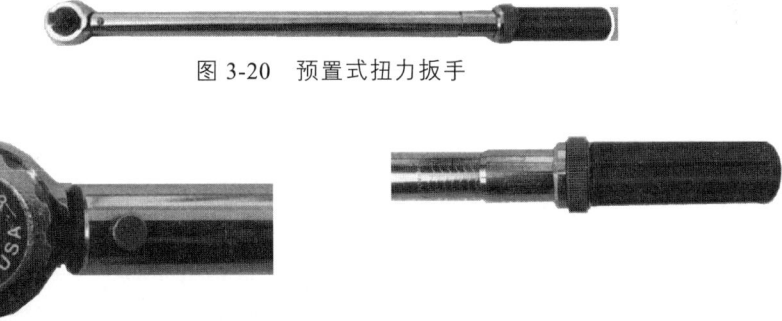

图 3-21　头部　　　　　　　　　　图 3-22　尾部

由于摩擦因数不稳定，且施加在扳手上的力有时难以准确控制，可能使螺栓拧得过紧，甚至将螺栓拧断。因此，对于重要连接，不宜采用直径小于 M12 的螺栓，并应在装配图上注明预紧的要求。

二、螺纹连接的防松

连接用的螺纹连接件，一般采用三角形粗牙普通螺纹。正常使用时，螺纹连接本身具有自锁性，螺母和螺栓头部等支承面处的摩擦也有防松作用，因此在静载荷作用下，连接一般不会自动松脱。但在冲击、振动或变载荷作用下，以及当温度变化很大时，螺纹中的摩擦阻力可能瞬间减小或消失，这种现象多次重复出现就会使连接逐渐松脱，甚至会引起严重事故。因此，在生产实践中使用螺纹连接时，必须考虑防松措施，常用的防松方法有以下几种：

1. 对顶螺母

如图 3-23 所示，两螺母对顶拧紧后使旋合螺纹间始终受到附加的压力和摩擦力，从而起到防松作用。该方式结构简单，适用于平稳、低速和重载的固定装置上的连接，但轴向尺寸较大。

2. 弹簧垫圈

如图 3-24 所示，螺母拧紧后，靠垫圈被压平而产生的弹性反力使旋合螺纹间压紧，同时垫圈的斜口尖端抵住螺母与被连接件的支承面，起到防松作用。该方式结构简单，使用方便。但在存在冲击、振动的工作条件下，其防松效果较差，一般用于不重要的连接。

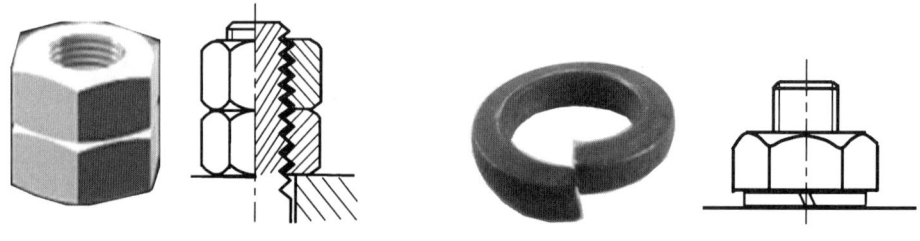

图 3-23　对顶螺母　　　　　　　　图 3-24　弹簧垫圈

3. 开口销与六角开槽螺母

如图 3-25 所示，螺母拧紧后，将开口销穿入螺母槽和螺栓尾部小孔内，并将开口销尾部分开与螺母侧面贴紧，依靠开口销阻止螺栓与螺母相对转动以防松。该方式适用于存在较大冲击、振动的高速机械。

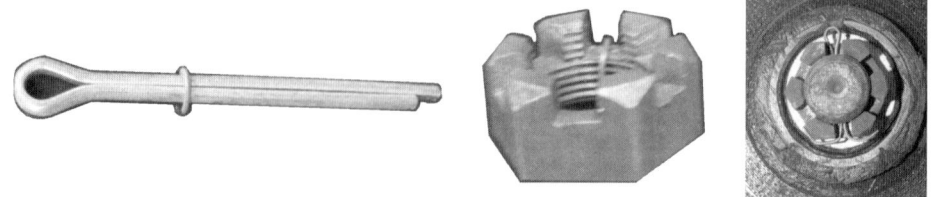

图 3-25　开口销与六角开槽螺母

4. 圆螺母与止动垫圈

如图 3-26 所示，垫圈的内圆有一内舌，垫圈的外圆有若干外舌，螺杆（轴）与圆螺母上开有槽。使用时，先将止动垫圈的内舌插入螺杆的槽内，当螺母拧紧后，再将止动垫圈的外舌之一折嵌入圆螺母的沟槽中，使螺母和螺杆之间不发生相对运动。该方式防松效果较好，多用于轴上滚动轴承的轴向固定。

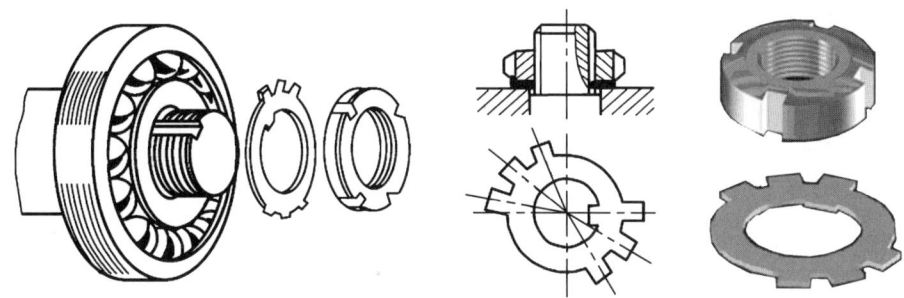

图 3-26　圆螺母与止动垫圈

5. 止动垫圈

如图 3-27 所示，螺母拧紧后，将单耳或双耳止动垫圈上的止耳分别向螺母和被连接件的侧面折弯贴紧，即可将螺母锁住。该方式结构简单，使用方便，防松可靠。

图 3-27　止动垫圈

6. 串联钢丝

如图 3-28 所示，将低碳钢丝穿入各螺钉头部的孔内，使各螺钉串联起来而相互制约，使用时必须注意钢丝的穿入方向。该方式适用于螺钉组连接，其防松可靠，但装拆不方便。

7. 冲　点

如图 3-29 所示，在螺纹连接件旋合好后，用冲头在旋合缝处或在端面上进行冲点防松。该方式防松效果很好，但此时螺纹连接成了不可拆连接。

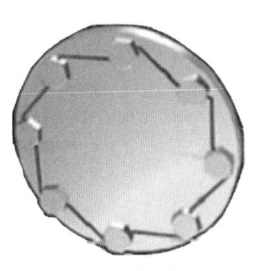 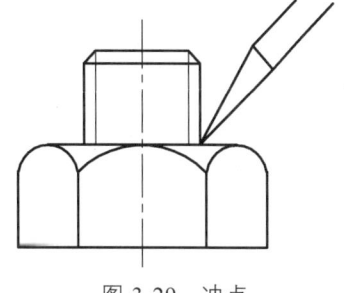

图 3-28　串联钢丝　　　　　　　　图 3-29　冲点

8. 黏结剂

如图 3-30 所示，用黏结剂涂于螺纹旋合表面，拧紧螺母后黏结剂能自行固化。该方式防松效果良好，但不便于拆卸。

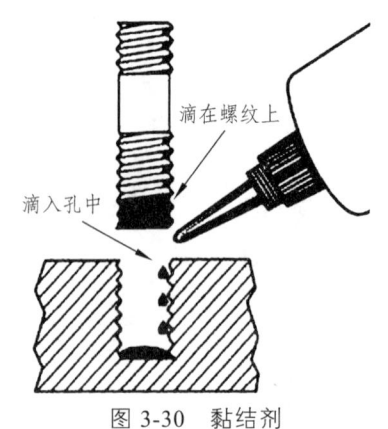

图 3-30 黏结剂

【技能训练】

一、训练目的

（1）通过安装牵引拉杆理解预紧、防松。
（2）掌握牵引拉杆的安装方法。

二、训练材料

管钳、手锤、开销器。

三、训练内容

1. 安装牵引拉杆组成

将牵引拉杆与内端调节主备螺母、止退垫圈、隔套、内外夹板及橡胶垫，外端主备螺母及止退垫圈组成的固定端安装在摇枕上，内端无调节螺母的调节端安装在构架上，但不进行紧固，等落车后摇枕中心线与构架横向中心线一致后再紧固。

2. 紧固牵引拉杆

（1）使车体处于缓解状态，先检查间隙，再紧固牵引拉杆。
（2）牵引拉杆应先紧固构架上的固定端，然后再紧固摇枕上的活动端。
（3）紧固完毕后，摇枕两侧到构架的距离要均匀，保证摇枕与构架两侧间隙之差不大于 5 mm。
（4）使用管钳紧固牵引拉杆，并用手锤对角卷起止退垫圈，然后在牵引拉杆两端的插孔中装入 6 mm 的开口销，使用手锤和开销器将开口销劈开至 60°～70°。

【课程思政】

新时代·铁路榜样——杜海宽

杜海宽，现任包头西机务段包头运用车间电力机车司机。他始终坚持把标准养成习惯、让习惯符合标准，学在先、冲在前，练就了"起车客不知、停车客不晓"的操作手法，总结出的内燃机车"风源故障20秒快速处理法"和电力机车"察、检、验"三字故障处理法被广泛推广。他36年如一日坚守在火车司机岗位上，创造了连续36年零违章、零违纪、零机破、零晚点、零投诉的"五零"纪录，取得了安全行车 5 500 多趟、160 多万千米的好成绩。他曾荣获"全国劳动模范""全国五一劳动奖章""火车头奖章""内蒙古自治区优秀共产党员""第七届道德模范""内蒙古好人"等荣誉称号。

【课后练习】

1. 为什么螺纹连接要预紧？预紧时应注意什么？
2. 简述"开口销与六角开槽螺母"与"圆螺母与止动垫圈"应用场合不同的原因。

任务三　其他连接

【学习目标】

目标类型	目标要求
知识目标	键连接、花键连接、销连接等的类型和应用场合
能力目标	能够更换 13 型上作用车钩钩舌及钩腔内部配件
素质目标	学习铁路先进典型，增强个人使命感

【理论知识】

一、键连接

键连接在机器中应用极为广泛，常用于轴与轮毂之间的周向固定，以传递运动和转矩。其中有些还能实现轴向移动，用作动连接。根据键连接装配时的松紧程度，键连接分为松键连接和紧键连接两大类。

1. 松键连接的类型、标准及应用

松键连接可分为平键连接、半圆键连接两种。

1）平键连接

平键连接具有结构简单、装拆方便、对中性好等优点，故应用广泛。平键又分为普通平键、导向平键和滑键。

（1）普通平键

图 3-31 所示为普通平键连接的结构形式。普通平键用于静连接，根据其端部形状的不同分为 A 型（圆头）、B 型（平头）及 C 型（单圆头）三种，如图 3-32 所示。

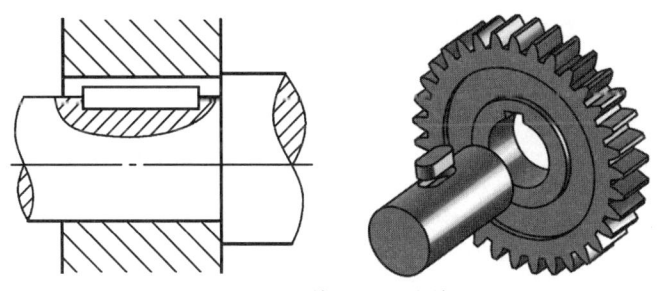

图 3-31　普通平键连接

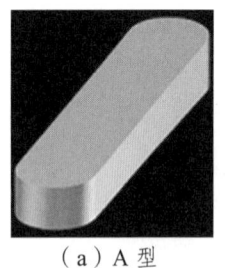 

(a) A型　　　　　　　(b) B型　　　　　　　(c) C型

图 3-32　普通平键的类型

（2）导向平键和滑键

导向平键和滑键用于动连接。当轮毂在轴上需沿轴向移动时，可采用导向型平键或滑键。导向型平键（见图 3-33）用螺钉固定在轴上的键槽中，轮毂可沿着键做轴向滑动。

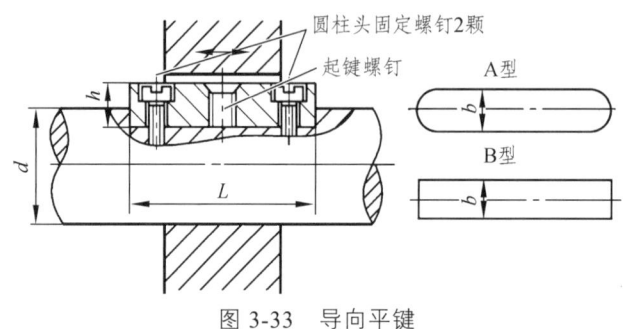

图 3-33　导向平键

当被连接零件滑移的距离较大时，宜采用滑键（见图 3-34）。滑键固定在轮毂上，与轮毂同时在轴上的键槽中做轴向滑移。

图 3-34　滑键

2）半圆键连接

图 3-35 所示为半圆键连接。键槽呈半圆形，键能在键槽内自由摆动以适应轴线偏转引起的位置变化。其缺点是键槽较深，对轴的强度削弱大，故一般多用于轻载或锥形结构的连接中。

2. 紧键连接的类型、标准及应用

紧键连接有楔键连接和切向连接两种。紧键连接的特点是：键的上、下两表面都是工作面；装配时，将键楔紧在轴、毂之间；工作时，依靠键与轴、毂之间的摩擦力来传递转矩。

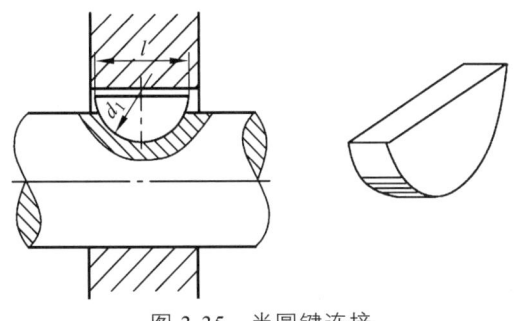

图 3-35 半圆键连接

1）楔键连接

图 3-36 所示为楔键连接的结构形式。楔键连接的对中性差，仅适用于对中性要求不高、载荷平稳、速度较低的场合（如某些农业机械及建筑机械中）。楔键分为普通楔键[图 3-36（a）]及钩头楔键[图 3-36（b）]两种。为便于安装与拆卸，楔键最好用于轴端。使用钩头楔键时，拆卸较为方便，但应加装安全罩。

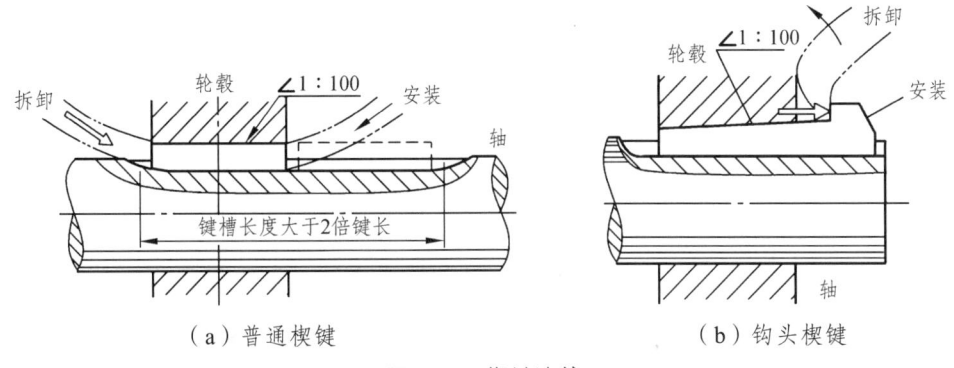

（a）普通楔键　　　　　　　　　　（b）钩头楔键

图 3-36 楔键连接

2）切向键连接

如图 3-37 所示，切向键由两个斜度为 1∶100 的楔键组成。装配时，把一对楔键分别从轮毂的两端打入，使其斜面相互贴合，共同楔紧在轴、毂之间。使用一组切向键时，只能传递单向转矩；如需传递双向转矩，则要使用两组切向键并按 120°～135°分布。切向键对轴的强度削弱较大，故只适用于速度较低、对中性要求不高、轴径大于 100 mm 的重型机械中。

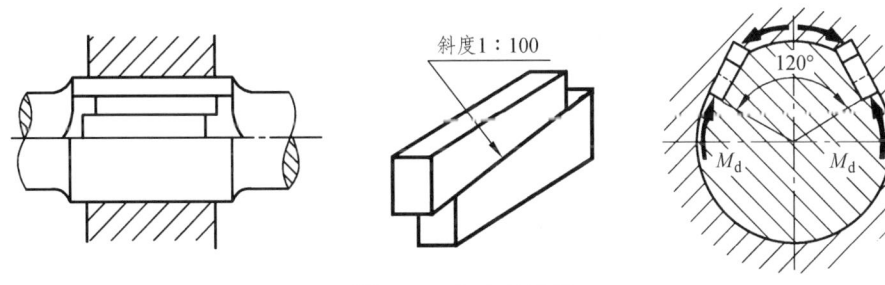

图 3-37 切向键连接

二、花键连接

花键连接是由周向均布多个键齿的花键轴与带有相应键槽的花键毂组成,如图3-38所示。与平键连接相比,由于键齿与轴为一体,故花键连接的承载能力高,定心性和导向性好,对轴的强度削弱较小,因此适用于承载较大和对定心精度要求较高的静连接和动连接,特别是在飞机、汽车、拖拉机、机床及农业机械中应用较广。其缺点是齿根仍有应力集中,加工需专用设备和量刃具,制造成本较高。

图 3-38　花键连接

根据齿形的不同,常用的花键连接可分为矩形花键连接和渐开线花键连接两种。

1. 矩形花键连接

如图 3-39 所示,矩形花键的齿侧边为直线,廓形简单,一般采用小径定心。这种定心方式的定心精度高、稳定性好,但花键轴和花键毂上的齿均需在热处理后进行磨削,以消除热处理变形。

2. 渐开线花键连接

如图 3-40 所示,渐开线花键的两侧齿廓为渐开线。标准规定,渐开线花键的标准压力角有 30°和 45°两种。受载时,齿上有径向分力,能起自动定心作用,有利于各齿受力均匀,因此多采用齿形定心。渐开线花键可用加工齿轮的方法进行制造,工艺性好,易获得较高的精度和互换性;且齿根强度高,应力集中小,寿命长。因此,渐开线花键常用于载荷较大、定心精度要求较高以及尺寸较大的连接。

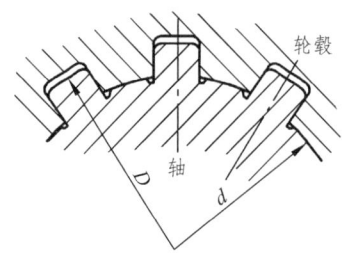

图 3-39　矩形花键连接　　　　图 3-40　渐开线花键连接

三、销连接

销连接主要用于固定零件之间的相对位置,如图 3-41(a)所示;也可用于轴与毂的连接或其他零件的连接，以传递不大的载荷，如图3-41（b）所示；在安全装置中，销还常用作过载剪断元件，称为安全销，如图3-41（c）所示。

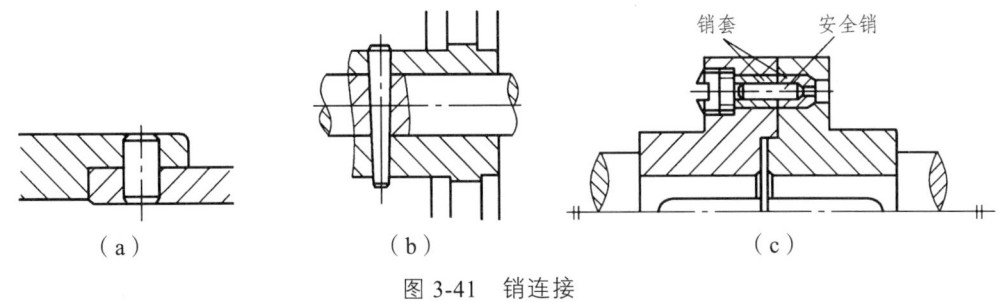

图 3-41　销连接

销按其外形可分为圆柱销（见图3-42）、圆锥销（见图3-43）及异形销（见图3-44）等类型，这些销都有对应的国家标准。与圆柱销、圆锥销相配的被连接件孔均需铰光和开通。对于圆锥销连接，因有微量过盈，故多次装拆后定位精度会降低。圆锥销连接的销和孔均制有1∶50的锥度，装拆方便，多次装拆对定位精度影响较小，故可用于需经常装拆的场合。特殊结构形式的销统称为异形销。用于安全场合的销称为安全销，如图3-45所示。

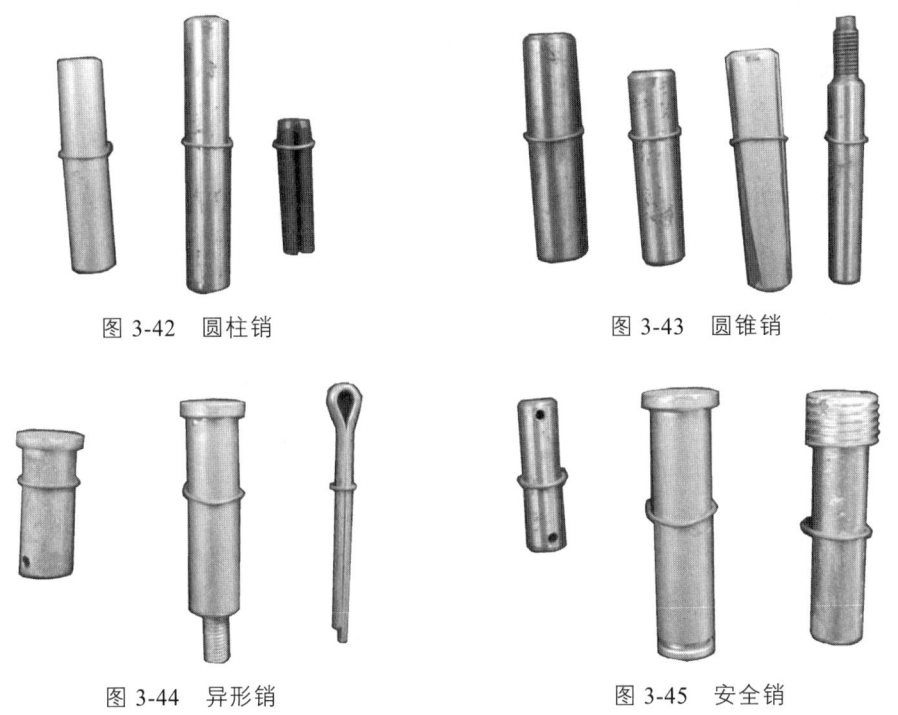

图 3-42　圆柱销　　　　　　　图 3-43　圆锥销

图 3-44　异形销　　　　　　　图 3-45　安全销

四、过盈配合连接

过盈配合连接是利用两个被连接件间的过盈配合来实现的连接。图3-46所示为两光滑圆柱面的过盈配合连接，这种连接可做成可拆连接（过盈量较小），也可做成不可拆连接（过盈量较大）。装配后，由于结合处的弹性变形和过盈量，在配合表面将产生很大的正压力；工作时，靠配合表面产生的摩擦力来传递载荷。这种连接结构简单，对中性好，对轴的强度削弱小，耐冲击性能强，但配合表面的加工精度要求较高，装配不方便。

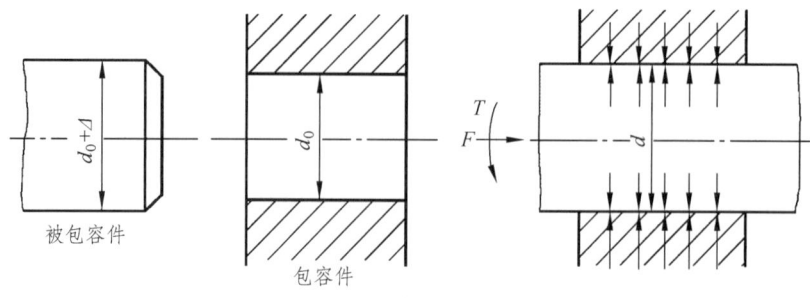

图 3-46 过盈配合连接

【技能训练】

一、训练目的

（1）通过更换钩舌理解销连接。
（2）掌握钩舌更换的方法。

二、训练材料

手锤、钩引、开销器、车钩检查样板、润滑剂、良好车钩配件、车钩圆销开口销。

三、训练内容

1. 作业程序

（1）设置防护信号。
（2）提动钩提杆，使车钩至开锁位置。
（3）分解钩舌及钩腔内部配件。拆除车钩圆销开口销，抽出车钩圆销，搬下钩舌，拿出钩锁铁、上锁销、钩舌推铁。
（4）组装良好的钩舌及钩腔内部配件。
① 清扫、检查钩腔内部配件，检查钩舌、车钩圆销。
② 将润滑剂涂在各配件的转动配合面上（钩舌推铁转轴及孔、上锁销孔、钩锁铁挂钩及两侧壁、上锁销马蹄环圆销孔、钩舌承台、钩舌圆销孔、车钩圆销处）。
③ 依次装上良好的钩舌推铁、上锁销、钩锁铁、钩舌、车钩圆销及开口销。
（5）试验车钩三态及防跳作用。
① 组装后试验车钩三态作用良好、防跳作用良好。
② 各部尺寸符合规定限度。
（6）撤出防护信号。

2. 质量要求

（1）各配件不得漏装，车钩三态作用良好，防跳作用良好。
（2）钩舌与钩腕内侧距离闭锁位置时不大于 135 mm，全开位置时不大于 250 mm。

（3）提钩杆链松余量为 45～55 mm。

（4）钩圆销开口销必须两边劈开夹角 60°～70°。

（5）安装马蹄环时，圆销不能反位，开口销须卷起。

【课程思政】

草原"绿巨人"的"保驾员"——敬业奉献好人：闫剑

闫剑是中国铁路呼和浩特局集团有限公司包头车辆段技术科工程师，负责"绿巨人"——速度 160 km/h 动力集中型动车组列车的运用维修技术管理工作。2022 年，闫剑因爱岗敬业，获评第一季度"内蒙古好人榜"敬业奉献好人。

2015 年，闫剑硕士研究生毕业。彼时，"和谐号"动车组刚刚开进内蒙古，怀揣着建设草原铁路的梦想，他义无反顾地回到了家乡。刚入职时，理论与实践"断层"，很难将书本中学到的知识落实到工作实践当中。经过多年的工作积累，闫剑成为动车技术骨干。在此期间，闫剑带领团队从动车组运用开发大数据入手，挖掘动车组设备规律，开发了数据分析预测技术，攻克了难题，杜绝了行车安全隐患，并获得了内蒙古自治区质量创新项目优秀奖和第七届全国铁路青年科技创新奖。

2021 年 12 月 26 日，呼和浩特至临河首次开行"绿巨人"。按照计划，乌兰察布、鄂尔多斯、乌海也将陆续开行动车组列车。由于内蒙古西部地区首次配属开行"绿巨人"，在运用维修等方面的规章制度都是"从零起步"。作为技术专职，闫剑深知建章立制对动车组列车运行安全的影响，便主动请战，誓要啃下"绿巨人"基础制度这块"硬骨头"。为了尽快完成制度编制，确保"绿巨人"如期开行，他一次又一次深入火车站、动车所仔细勘察、调研，一边在脑中模拟演练列车开行各环节，一边逐一复核编撰的各项制度初稿，针对发现的问题及时查漏补缺、修改完善。

在"绿巨人"开行前夕，闫剑梳理出相关规章制度 17 项、作业指导书 24 项，为"绿巨人"重联解编、试运行、日常检修及生产管理提供了完备的指导依据，确保了"绿巨人"的第一声汽笛能够按时拉响，草原钢城和周边城市的"距离"更拉近了一步。

奋斗路正长，行者方致远。闫剑说："虽然付出很多，也失去很多陪伴家人的时间，但通过我的努力工作，换来'绿巨人'的平稳运行和旅客的便捷出行，一切辛苦和劳累都是值得的。"

【课后练习】

1. 简述普通平键连接与花键连接的特点和应用场合。
2. 简述销连接的特点和应用场合。

轨道交通车辆常用传动

项目四

机械传动是指利用各种传动构件的相对运动,来传递动力和运动的一种形式。机械传动可分为带传动、链传动、齿轮传动、蜗轮蜗杆传动等。为了使机械能按人们的意愿进行传递,就必须用合适的形式将动力或运动传送到工作机构中去。在轨道交通车辆中,传动装置也起着至关重要的作用。

任务一 带传动装置

【学习目标】

目标类型	目标要求
知识目标	(1) 了解带传动的工作原理、特点、类型及应用; (2) 了解V带的结构和标准; (3) 了解V带轮的材料和结构; (4) 掌握摩擦型带传动的受力分析、弹性滑动及打滑现象和传动比的计算
能力目标	掌握带传动的选用、安装、张紧和维护
素质目标	感受中国铁路车辆的发展历程,增强民族自豪感

【理论知识】

一、带传动的类型、特点及应用

1. 带传动的工作原理

带传动由主动带轮、从动带轮和传动带组成。带传动是一种结构简单、使用广泛的机械传动方式。它是利用环状的挠性传动带紧箍两个带轮,在传动带与带轮之间产生摩擦力,将主动带轮的运动和动力传递给从动带轮,如图4-1所示。

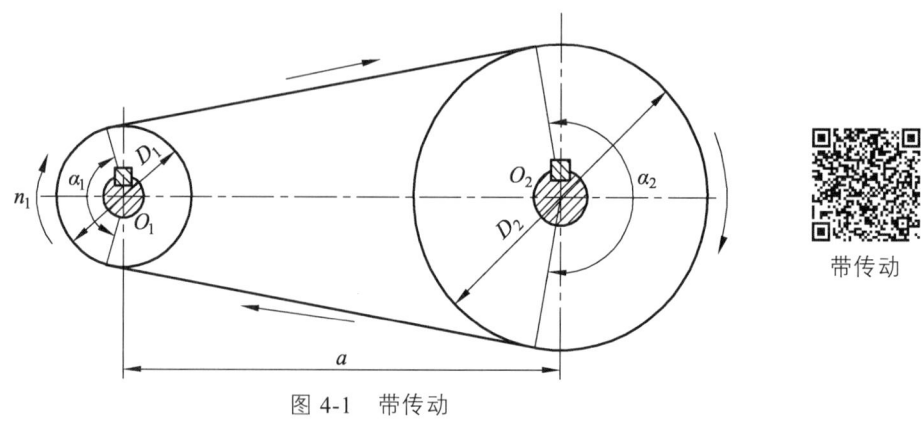

图4-1 带传动

2. 带传动的主要类型

根据工作原理的不同，带传动分为摩擦型和啮合型两大类。啮合带传动是靠齿形带或齿孔带与带轮轮齿的相互啮合来传递运动和动力的，摩擦带传动是靠带与带轮间的摩擦力来传递运动和动力的。摩擦带传动按带的截面形状不同又可分为平带传动[见图 4-2（a）]、V 带传动[见图 4-2（b）]、多楔带传动[见图 4-2（c）]及圆形带传动[见图 4-2（d）]等类型。

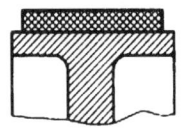 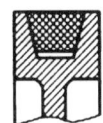  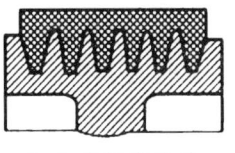 

（a）平带传动　　（b）V 带传动　　（c）多楔带传动　　（d）圆形带传动

图 4-2　带传动类型

1）平带传动

平带传动结构简单，带及带轮制造方便，平带质轻且挠性好，故多用于中心距较大的传动。常用的平带有皮革平带、帆布芯平带、编织平带及复合平带等。其中，以帆布芯平带使用最为广泛。

2）V 带传动

V 带的横截面为梯形，两侧面为工作面[见图 4-2（b）]，工作时 V 带与带轮槽两侧面接触，在同样压力的作用下，V 带传动的摩擦力约为平带传动的三倍，故能传递较大的载荷。

3）多楔带传动

多楔带是若干 V 带的组合[见图 4-2（c）、图 4-3、图 4-4]，可避免多根 V 带长度不等、传力不均的缺点。

图 4-3　多楔带　　　　　　　图 4-4　J5 感应子发电机多楔带传动

4）圆形带传动

圆形带横截面为圆形[见图 4-2（d）]，常用皮革或棉绳制成，只用于小功率传动。

在机械生产中，V 带使用最为广泛，基于普通 V 带进行多种设计，有窄 V 带、宽 V 带等，如表 4-1 所示。

表 4-1 多种 V 带

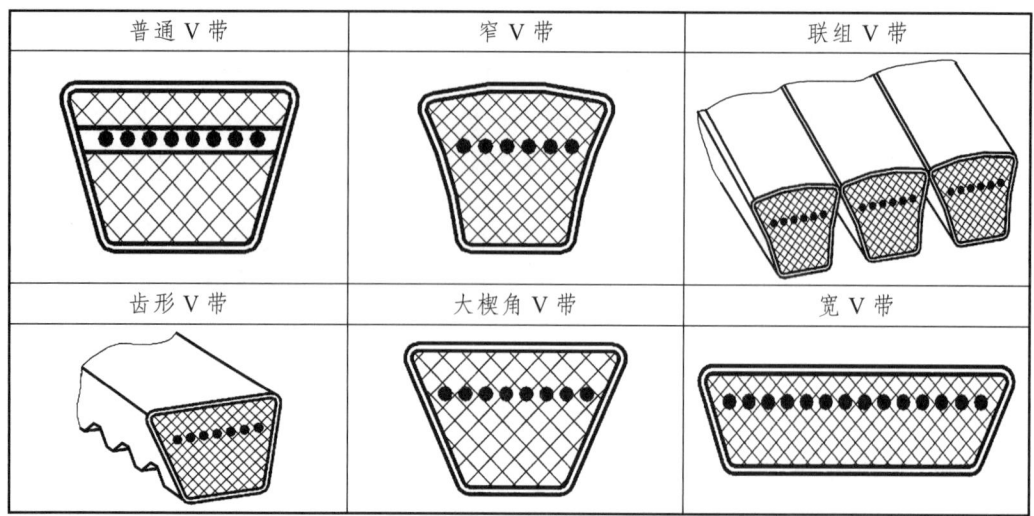

3. 啮合带传动

啮合带传动是依靠带上的齿或孔与带轮上的轮齿直接啮合来传递运动的。啮合带传动既具有传动平稳、无噪声的优点,又具有传动比准确、速度范围大、传动功率较大及效率高的优点。

啮合带传动可分为同步齿形带传动和齿孔带传动两种类型。

1) 同步齿形带传动

同步齿形带传动工作时,带上的齿与轮上的齿相互啮合,以传递运动和动力,如图 4-5、图 4-6 所示。

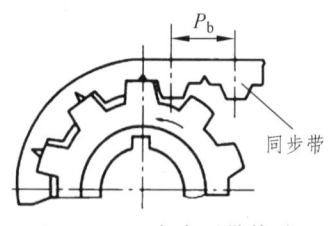
图 4-5 同步齿形带传动

图 4-6 同步齿形带传动实例

同步带传动

2) 齿孔带传动

齿孔带传动工作时,带上的孔与轮上的齿相互啮合,以传递动力,如图 4-7、图 4-8 所示。这种传动也可保证同步运动,如放映机、打印机采用的就是齿孔带传动。

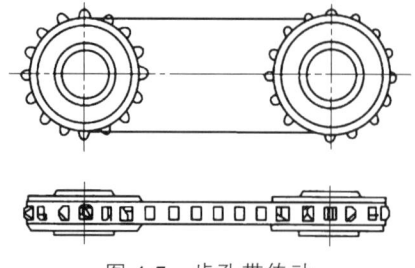
图 4-7 齿孔带传动

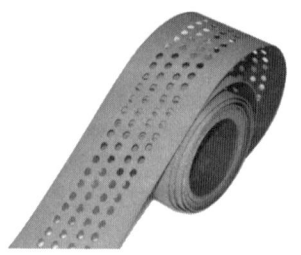
图 4-8 齿孔带传动实例

4. 带传动的特点

1）摩擦型带传动的优点

① 适用于中心距较大的传动。

② 带具有弹性，能缓和冲击，吸收振动，传动平稳，无噪声。

③ 过载时，带与带轮会出现打滑，此时传动虽然不能正常进行，但可防止其他零件损坏，起到过载保护的作用。

④ 结构简单，维护方便，无须润滑，且制造和安装精度要求不高，成本低廉。

2）摩擦型带传动的缺点

① 由于带的弹性滑动，不能保证准确的传动比。

② 传动效率较低，带的寿命较短。

③ 传动的外廓尺寸、带作用于轴上的压力等均较大。

④ 不适宜在高温、易燃及有油、水的场合使用。

摩擦型带传动一般适用于中小功率、无须保证准确传动比和传动平稳的远距离传动。在多级减速传动装置中，带传动通常置于与电动机相连的高速级。其中 V 带传动应用最为广泛，一般允许的带速 $v = 5 \sim 25 \text{ m/s}$，传动比 $i \leqslant 7$，传动效率 $\eta = 0.90 \sim 0.95$。

二、V 带与 V 带轮

1. V 带的规格和尺寸标准

V 带有普通 V 带、窄 V 带、宽 V 带、大楔角 V 带、汽车 V 带等多种类型，其中以普通 V 带应用最广，窄 V 带的应用也日趋广泛。下面主要介绍普通 V 带传动。

标准 V 带通常制成无接头的环形带，其横截面结构如图 4-9 所示。V 带主要由包布、顶胶、抗拉体和底胶四部分组成。抗拉体是 V 带工作时的主要承载部分，有帘布和线绳两种结构形式。帘布结构的 V 带抗拉体强度较高，制造较方便，而线绳结构的 V 带柔韧性好，抗弯强度高，适用于转速较高、带轮直径较小的场合。现在，生产中较多地采用线绳结构的 V 带。抗拉体上下的顶胶和底胶由橡胶材料制成，分别承受弯曲时的拉伸和压缩。V 带的外层用胶帆布包覆成型。

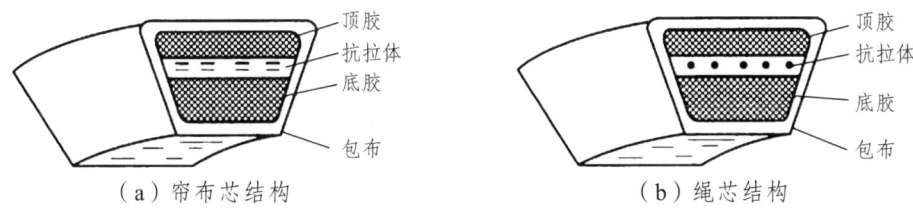

图 4-9 V 带结构

V 带的尺寸已标准化（GB/T 11544—2012），按截面尺寸由小到大，普通 V 带分为 Y、Z、A、B、C、D、E 七种型号，窄 V 带分为 SPZ、SPA、SPB、SPC 四种型号，如表 4-2 所示。在同样的条件下，普通 V 带型号由 Y 到 E 截面逐渐增大，截面尺寸大，则传递的功率就大。

表 4-2　V 带截面尺寸（摘自 GB/T 11544—2012）

V 带截面示意图	型号		节宽 b_p/mm	顶宽 b/mm	高度 h/mm	质量 $q/(kg \cdot m^{-1})$	楔角
	普通V带	Y	5.3	5.0	4.0	0.04	$\alpha = 40°$
		Z	8.5	10.1	5.0	0.06	
		A	11.0	13.0	8.0	0.10	
		B	14.0	17.0	11.0	0.17	
		C	19.0	22.0	14.0	0.30	
		D	27.0	32.0	19.0	0.60	
		E	32.0	38.0	25.0	0.87	
	窄V带	SPZ	8.5	10.0	8.0	0.10	
		SPA	11.0	13.0	10.0	0.12	
		SPB	14.0	17.0	14.0	0.20	
		SPC	19.0	22.0	18.0	0.37	

　　V 带绕在带轮上产生弯曲，外层受拉伸长，内层受压缩短，两层中间存在一长度不变的中性层。中性层面称为节面，节面的宽度称为节宽 b_p，如表 4-2 所示。

　　V 带的截面高度 h 与其节宽 b_p 的比值称为相对高度，普通 V 带的相对高度约为 0.7。

　　在 V 带轮上，与节宽 b_p 相对应的槽形轮廓宽度称为基准宽度。基准宽度处的带轮直径称为基准直径 d_d，普通 V 带轮的基准直径系列如表 4-3 所示。在规定的张紧力下，V 带位于带轮基准直径上的周线长度称为带的基准长度 L_d。普通 V 带的基准长度系列如表 4-4 所示。

表 4-3　普通 V 带轮轮槽尺寸

项目	符号	Y	Z	A	B	C	D	E
基准下槽深	$h_{f\,min}$/mm	4.7	7	8.7	10.8	14.3	19.9	23.4
基准上槽深	$f_{a\,min}$/mm	1.6	2.0	2.7	3.5	4.8	8.1	9.6
槽间距	e/mm	8 ± 0.3	12 ± 0.3	15 ± 0.3	19 ± 0.4	25.5 ± 0.5	37 ± 0.6	44.5 ± 0.7

表 4-4 普通 V 带的基准长度（摘自 GB/T 11544—2012）   单位：mm

截面型号						
Y	Z	A	B	C	D	E
200	405	630	930	1 565	2 740	4 660
224	475	700	1 000	1 760	3 100	5 040
250	530	790	1 100	1 950	3 330	5 420
280	625	890	1 210	2 195	3 730	6 100
315	700	990	1 370	2 420	4 080	6 850
355	780	1 100	1 560	2 715	4 620	7 650
400	820	1 250	1 760	2 880	5 400	9 150
450	1 080	1 400	1 950	3 080	6 100	12 230
500	1 330	1 550	2 180	3 520	6 840	13 750
	1 420	1 600	2 300	4 060	7 620	15 280
	1 540	1 750	2 500	4 600	9 140	16 800
		1 940	2 700	5 380	10 700	
		2 050	2 870	6 100	12 200	
		2 200	3 200	6 815	13 700	
		2 300	3 600	7 600	15 200	
		2 480	4 060	9 100		
		2 700	4 430	10 700		
			4 820			
			5 370			
			6 070			

V 带两侧面工作面的夹角 θ 称为 V 带的楔角。对于普通 V 带，$\theta = 40°$。

窄 V 带的相对高度 h/b_p 约为 0.9。窄 V 带具有普通 V 带的传动特点，由于其抗拉体采用高强度的绳芯，因而较普通 V 带能承受更大的拉力。当窄 V 带与普通 V 带高度相同时，其带宽较普通 V 带约小 1/3，而承载能力可提高 1.5～2.5 倍，适用于传递大功率而又要求传动装置紧凑的场合。

普通 V 带和窄 V 带的标记由型号、基准长度和标准号组成。例如，A 型普通 V 带，基准长度为 1 400 mm，其标记为

A1400 GB/T 11544—2012

又如，SPA 型窄 V 带，基准长度为 1 400 mm，其标记为

SPA1400 GB/T 11544—2012

V 带的标记通常压印在 V 带的顶面，便于选用识别，在顶面也有产品生产单位等信息，如图 4-10 所示。

图 4-10　V 带标记

2. 普通 V 带轮的材料和结构

1）V 带轮的材料

V 带轮的材料常采用铸铁、铸钢、铝合金、工程塑料等，其中灰铸铁应用最广。当带速 v≤25 m/s 时，常用 HT150；当带速 v = 25 ~ 30 m/s 时，常用 HT200。带速更高或特别重要的场合可采用铸钢。铝合金和塑料带轮多用于小功率的带传动。

2）V 带轮的结构

普通 V 带轮一般由轮缘、轮毂和轮辐三部分组成。轮缘上制有槽，槽的结构尺寸和数量应与所用 V 带的型号、根数相对应。V 带横截面的楔角均为 40°，但 V 带在带轮上弯曲时，由于截面变形，将使其楔角减小，为了保证工作时 V 带和带轮槽面接触良好，故将带轮轮槽楔角规定为 32°、34°、36° 和 38° 四种。V 带轮轮槽截面尺寸如表 4-5 所示。

表 4-5　V 带轮轮槽截面尺寸

单位：mm

槽形截面	型别						
	O	A	B	C	D	E	F
b_p		11	14	19	27	32	42
H_{min}	10		16	21		34	43
h_a			5	6		10	
e	12	16	20	26			58
f	8	10		17	24	29	38
δ		6		10	12	15	18

续表

槽形截面		型别						
		O	A	B	C	D	E	F
r		—						
B		$B = (Z-1)e + 2f$ Z——轮槽数						
d_e		$d_e = d + 2h_a$						
φ	34° d	63~80	90~112	125~180				
	34° b_0				200~280	315~475	500~600	
	36° d							
	36° b_0							
	38° d	≥90	≥125	≥200	≥300	≥500	≥630	≥800
	38° b_0							

注：① 尺寸 b_0 的偏差按 h12。
② 槽角 φ 的偏差对 O、A、B 型为 ±1°，对 C、D、E、F 型为 ±30′。
③ 轮槽工作表面光洁度为 ▽5（$d>300$ mm）或 ▽6（$d≤300$ mm）。

轮毂是带轮的内圈部分，它和轴相连接。连接轮缘和轮毂的中间部分称为轮辐。当带轮基准直径 $d_d ≤ 2.5~3d$（d 为轴的直径）时，可采用实心式带轮，如图 4-11（a）所示；当 $d_d ≤ 300$ mm 时，可采用腹板式带轮[见图 4-11（b）]或孔板式带轮[图 4-11（c）]；当 $d_d > 300$ mm 时，则采用轮辐式带轮，如图 4-11（d）所示。各式带轮又按其轮缘与轮辐的相对位置及宽度不同而分型（详见国标 GB/T 10412—2002 和 GB/T 13575.1—2022）。

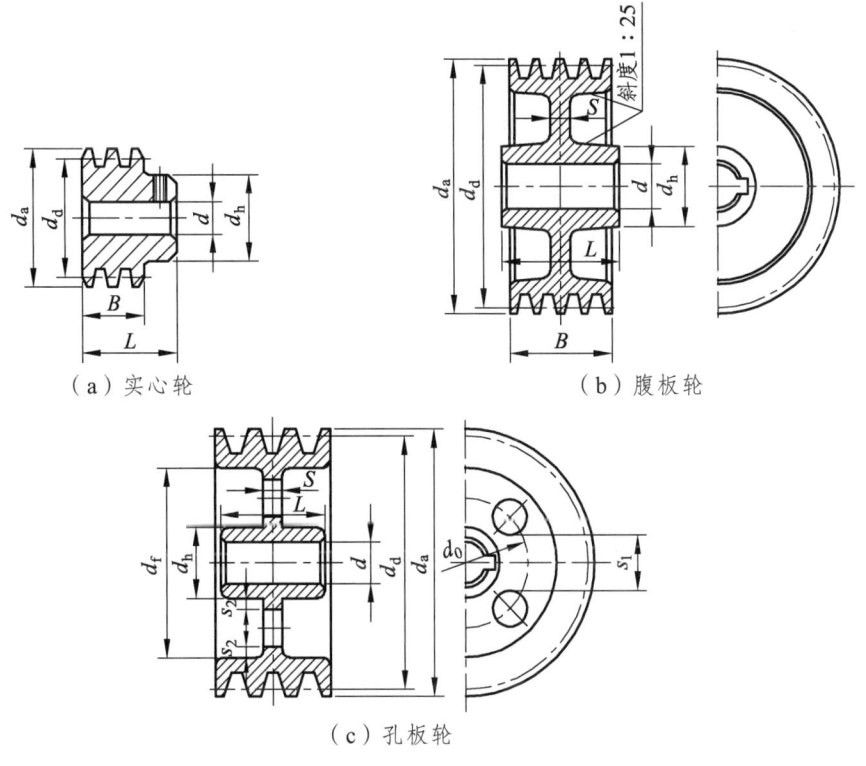

（a）实心轮　　（b）腹板轮

（c）孔板轮

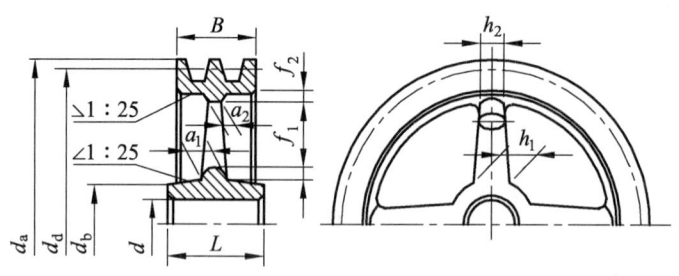

（d）椭圆轮辐轮

图 4-11 轮毂结构

三、带传动的受力分析

为保证带传动正常工作，传动带在安装时必须以一定的张力张紧在两带轮上，此时带两边的拉力相等，称为初拉力 F_0，如图 4-12（a）所示。工作时，由于带与带轮之间摩擦力的作用，带两边的拉力将不再相等，如图 4-12（b）所示，带绕入主动轮的一边被拉紧，称为紧边，其拉力由 F_0 增至 F_1；带绕出主动轮一边被放松，称为松边，拉力由 F_0 降至 F_2。F_1 称为紧边拉力，F_2 称为松边拉力。在带总长不变时，紧边拉力的增加量应等于松边拉力的减少量，即

$$F_1 - F_0 = F_0 - F_2 \quad F_1 + F_2 = 2F_0 \tag{4-1}$$

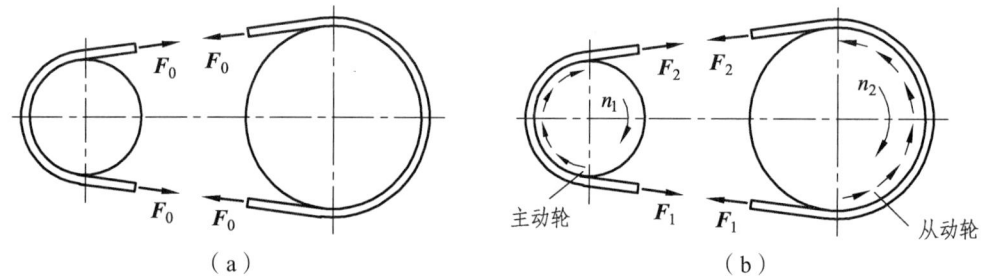

图 4-12 带传动的受力情况

紧边和松边的拉力差即为带传动的有效拉力 F，也就是带所传递的圆周力，它应等于带与带轮接触面间产生的静摩擦力的总和 ΣF_f，即

$$F = F_1 - F_2 = \Sigma F_f \tag{4-2}$$

圆周力 F（N）、带速 v（m/s）和传递功率 P（kW）之间的关系为

$$P = Fv/1\,000 \tag{4-3}$$

当初拉力 F_0 一定时，带与带轮接触面间产生的静摩擦力值的总和 ΣF_f 总有一个 ΣF_{flim}。当带所需传递的圆周力 F 超过极限值时，带将在带轮上发生全面滑动，这种现象称为打滑。打滑将使带的磨损加剧，传动效率显著降低，致使传动失效，所以在正常的传动过程中应避免出现打滑。

当带传动即将出现打滑时，它能传递的最大圆周力 F_{max} 应等于极限摩擦力 ΣF_{flim}，紧边拉力 F_1 与松边拉力 F_2 的差值达到最大，此时 F_1 与 F_2 的关系可用欧拉公式表示为

$$F_1 = F_2 \cdot e^{f\alpha} \tag{4-4}$$

式中，f 为带与轮面间的摩擦系数；α 为带轮的包角（rad）；e 为自然对数的底，$e \approx 2.718$。式（4-4）是挠性体摩擦的基本公式。

由式（4-1）、式（4-2）和式（4-4）可得 V 带传动在不打滑条件下所能传递的最大圆周力为

$$F_{max} = 2F_0 \frac{e^{f\alpha}-1}{e^{f\alpha}+1} = 2F_0\left(1-\frac{2}{e^{f\alpha}+1}\right) \tag{4-5}$$

由式（4-5）可知，影响最大圆周力的因素有：

1. 初拉力 F_0

初拉力 F_0 越大，带与带轮间的压力越大，产生的摩擦力也越大，即最大圆周力越大，带越不易打滑。

2. 包角 α

最大圆周力随包角 α 的增大而增大，这是因为 α 越大，带与带轮的接触面越大，因而产生的总摩擦力就越大，传动能力越强。一般情况下，因为大带轮的包角大于小带轮的包角，所以最大摩擦力的值取决于小带轮的包角 α_1。因此，设计带传动时，α_1 不能过小，对于 V 带传动，应使 $\alpha_1 \geq 120°$。

3. 摩擦系数 f

最大圆周力随摩擦系数的增大而增大，这是因为摩擦系数越大，摩擦力就越大，传动能力越高。而摩擦系数与带及带轮的材料、摩擦表面的状况有关。

四、带传动的弹性滑动与传动比

1. 带传动的弹性滑动

传动带是弹性体，在拉力的作用下会产生弹性变形，其变形量随拉力的增大而增大。传动时，由于紧边拉力 F_1 大于松边拉力 F_2，因此带在紧边的伸长率大于松边的伸长率。当主动轮依靠摩擦力使带一起运转并绕过主动轮时，带的伸长率逐渐减小，也就是说带相对于轮面在向后收缩，从而使带与轮面间产生相对滑动，导致带的运动速度落后于主动轮的圆周速度。类似的现象也出现在从动轮上，只不过是带依靠摩擦力使从动轮一起运转，此时带的伸长率逐渐增大，带相对于轮面在逐渐向前伸长，从而使带的运动速度超前于从动轮的圆周速度。这种由于带的弹性变形而产生的带与轮面间的滑动称为弹性滑动。

弹性滑动和打滑是两个截然不同的概念。打滑是指过载引起的全面滑动，是可以避免的。而弹性滑动是由拉力差引起的，只要传递圆周力，就必然会产生弹性滑动，所以弹性滑动是不可避免的。

2. 带传动的传动比

带的弹性滑动使从动轮的圆周速度 v_2 低于主动轮的圆周速度 v_1。其速度的降低率用滑动率 ε 表示，即

$$\varepsilon = \frac{v_1 - v_2}{v_1} = \frac{d_1 n_1 - d_2 n_2}{d_1 n_1} \tag{4-6}$$

式中，n_1、n_1 分别为主动轮、从动轮的转速（r/min）；d_1、d_2 分别为主动轮、从动轮的直径（mm），对于 V 带传动，则为带轮基准直径 d_{d1}、d_{d2}。

由此得带传动的传动比：

$$i = \frac{n_1}{n_2} = \frac{d_2}{d_1(1-\varepsilon)}$$

由于带传动的滑动率 ε 随所传递圆周力的大小而变化，不是一个定值，故无法得到准确的传动比。正常工作时，带传动的滑动率取 0.01~0.02，一般传动计算时可不予考虑，故

$$i = \frac{n_1}{n_2} = \frac{d_2}{d_1}$$

五、带传动的张紧与维护

1. 带传动的张紧

带传动不仅在安装时需要把带张紧在带轮上，而且在带工作一段时间后，由于带的塑性变形而发生松弛，导致初拉力下降影响其传动能力时，还必须对带重新张紧。常用的张紧方式有以下两类：

1）调整中心距方式

图 4-13、图 4-14 为定期调整中心距的张紧方式；图 4-15 所示是利用电动机的自重，使带轮随电动机一起绕固定的轴转动，以维持张紧力的自动调整中心距的方式。

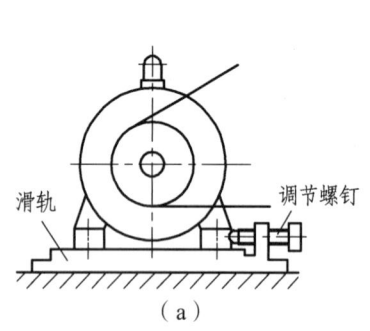
（a）

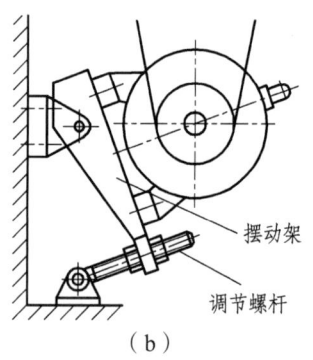
（b）

图 4-13 调整中心距张紧方式

图 4-14 J5 感应子发电机中心距调整

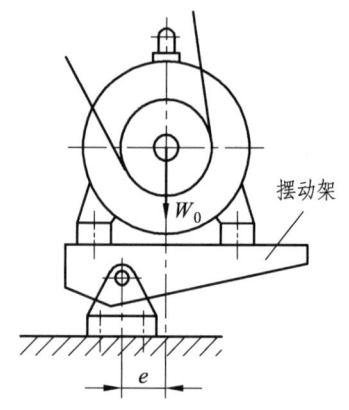

图 4-15 电机自重调整

2）张紧轮方式

如图 4-16 为张紧轮方式，用于中心距不可调整的场合。张紧轮安装在带的松边内侧，使带只受单向弯曲，且应尽可能靠近大带轮，以避免小带轮的包角减小得过多。

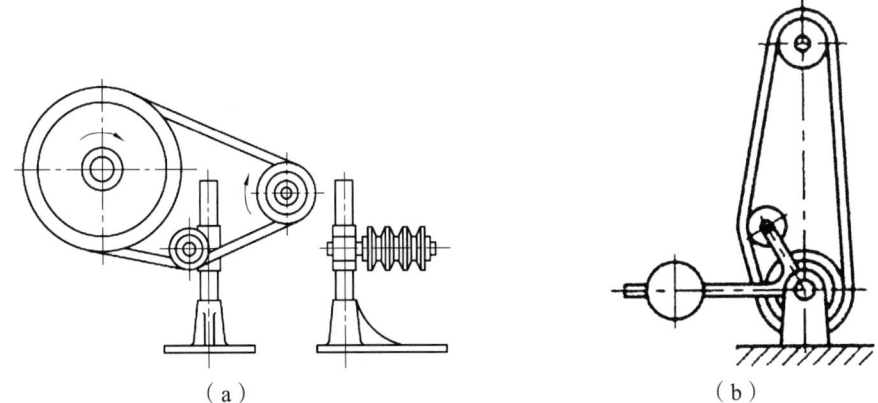

图 4-16　带传动张紧轮张紧装置

2. 带传动的维护

带传动在使用过程中，需要进行正常的维护和保养，以保证其传动能力，延长使用寿命。

（1）为保证安全，带传动装置外面应加装防护罩。

（2）防止带与酸、碱、油接触而腐蚀传动带，带也不宜暴晒。

（3）带传动不需润滑，禁止向传动带或轮槽内加注润滑油或润滑脂。

（4）应定期检查传动带，如有一根松弛或损坏，则应全部更换新带。

（5）安装或拆卸传动带时，应使用调整中心距的方法将传动带套入或取出，严禁用撬棍等工具将带强行撬入或撬出带轮。

（6）严禁在有易燃、易爆气体的环境中使用带传动，以免发生危险。

（7）如果带传动装置需要闲置一段时间后再用，应将传动带放松。存放传动带时，应将传动带悬挂或平放于货架上，以免受压变形。

六、带传动设计简介

1. 设计的原始条件

普通 V 带传动设计的原始条件一般包括传动用途、载荷性质、传递的功率、带轮的转速（或传动比）以及传动的位置要求、外廓尺寸要求、原动机的类型等工作情况。

2. 设计内容

带传动设计计算的主要任务是选择合理的传动参数，确定 V 带的型号、长度、根数，确定带轮的材料、结构和尺寸等。

3. 设计方法和具体步骤

（1）确定计算功率。

（2）选择带型。

主要包括确定 V 带轮的基准直径、验算带速、确定带的基准长度和中心距、验算小带轮的包角、确定 V 带的根数等。

（3）验算带速。

【技能训练】

一、训练目的

（1）J5 感应子发电机悬吊装置检查（见图 4-17）。

（2）理解并掌握带轮的张紧装置。

图 4-17　J5 感应子发电机悬吊装置

二、训练材料

检查锤、红旗、木锤、垫片、油刷、检测量具。

三、训练内容

（1）检查发电机各型吊架销孔与吊销间隙不得大于 2 mm，吊销磨耗不得超过 1 mm；

（2）调整手轮与丝杠，须作用良好；

（3）悬吊装置中，调整杠杆支托与发电机机体磨耗深度，超过 5 mm 时两者间加垫；

（4）检查发电机吊架，应无裂纹、变形；

（5）各活动部须给油。

【课程思政】

电子百科全书——"电霸"劳模陈岗

陈岗是中国铁路南宁局集团有限公司南宁车辆段的一名车辆电工。1991 年，陈岗进入单位，潜心技术研究 30 多年，迄今为止已获得 6 项国家专利，此外还获得过"全国劳动模范""全国五一劳动奖章""火车头奖章"等荣誉。

陈岗这样一个技术能手，曾经却是个名副其实的"门外汉"。陈岗从小就痴迷了电子产品维修，但在学校所学的专业是机械钳工。1991 年陈岗进入南宁车辆段工作，成为一名车辆电工，主要负责客车车辆电子电器的检查和维修。这可让陈岗又惊又喜，热爱归热爱，要胜任车辆电工的工作，摸清里面的原理，并非易事，他知道得从头学起。

陈岗肯干肯学肯钻研,他将"白+黑"的学习模式践行到极致,分秒必争。2003 年,陈岗"小试牛刀",攻破了某型号动车组集便器排污阀典型故障处理方法。2014 年 11 月"陈岗大师工作室"成立,该工作室致力于打造"节支降耗攻难关、示范引领传帮带"的党建新品牌。自 2015 年以来,在工作室的努力下,每年节约维修及新购设备资金 300 多万元,至今已节约 2 000 多万元的检修成本,大大提高了客车的检修质量和效率。

30 多年来,铁路设备不断更新升级,陈岗负责的项目领域越来越广。一路走来,陈岗初心不改,一如既往地热爱工作、痴迷电子。如今,年过半百的他,专注自己所爱,在钻研之路上从未止步。

【课后练习】

1. 带传动的主要类型有哪些?各有何特点?
2. 什么是有效拉力?什么是初拉力?
3. 小带轮包角对带传动有何影响?
4. 带传动的失效形式有哪些?其设计准则是什么?

任务二 链传动

【学习目标】

目标类型	目标要求
知识目标	(1)了解链传动的组成和分类; (2)了解链传动的应用场合; (3)掌握链传动的张紧、安装与维护
能力目标	了解发动机的正时链传动系统及其传动特点
素质目标	培养学生严肃谨慎的工作态度、做事认真的良好作风

【理论知识】

链传动是应用较广的一种机械传动。它由链条和主从动链轮组成,如图 4-18 所示。链轮上制有特殊齿形的齿,依靠链轮轮齿与链节的合力来传递运动和动力。

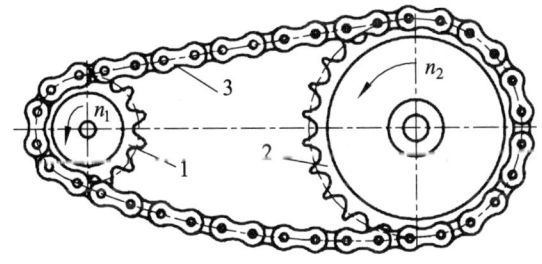

1—主动链轮;2—从动链轮;3—链条。
图 4-18 链传动

链传动 1

链传动 2

链传动是属于带有中间挠性件的啮合传动。与属于摩擦传动的带传动相比,链传动无弹性滑动和打滑现象，因而能保持准确的平均传动比，传动效率较高；又因链条不需要像带那样张得很紧，故作用于轴上的径向压力较小；在同样使用条件下，链传动结构较为紧凑。

一、链传动的类型

根据用途的不同，链传动分为以下三大类。

1. 传动链

传动链用于一般机械上动力和运动的传递，通常都在中等速度（$v \leqslant 20$ m/s）以下工作。

2. 起重链

起重链用于起重机械中提升重物，其工作速度不大于 0.25 m/s。

3. 牵引链

牵引链又称输送链，用于链式输送机中移动重物，其工作速度不大于 4 m/s。

根据结构的不同，常用的传动链又分短节距精密滚子链（简称滚子链）、套筒链、弯板链及齿形链。滚子链结构简单，磨损较轻，故应用较广。齿形链（又称无声链）具有传动平稳、噪声小、承受冲击性能好、工作可靠等优点，但其结构复杂、质量大、价格高、制造较困难，故多用在高速（链速 v 可达 40 m/s）或运动精度要求较高的传动装置中。

二、滚子链传动

1. 滚子链的结构和标准

滚子链由内链板、外链板、销轴、滚子及套筒组成，如图 4-19 所示。其中，内链板与套筒、外链板与销轴均为过盈配合，套筒与销轴、滚子与套筒之间分别采用间隙配合，因此，内外链板在链节屈伸时可相对转动。当链与链轮啮合时，链轮齿面与滚子之间形成滚动摩擦，可减小链条与链轮轮齿的磨损。

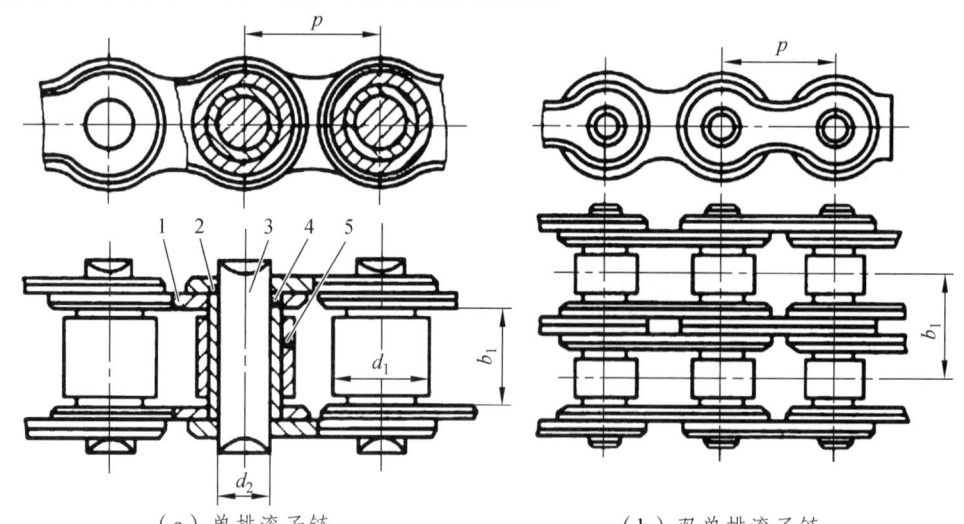

（a）单排滚子链　　（b）双单排滚子链

1—内链板；2—外链板；3—销轴；4—套筒；5—滚子。

图 4-19　滚子链结构及尺寸

滚子链相邻两滚子中心的距离称为链节距,用 p 表示。它是链条的主要参数。节距 p 越大,链条各零件的尺寸越大,所能承受的载荷越大。

滚子链可制成单排链、双排链和多排链,如图 4-19 所示。排数越多,承载能力越大。由于制造和装配精度会使各排链受力不均匀,故一般不超过四排。

滚子链已标准化,滚子链的基本参数与尺寸如表 4-6 所示。表内的链号数乘以 25.4/16 即为节距值。链号中的后缀表示系列。其中,A 系列是我国滚子链的主体,设计时,根据载荷大小及工作条件等选用适当的链条型号;B 系列主要供维修用。

表 4-6 A 系列套筒滚子链的主要参数

链号	节距 p/mm	滚子直径 d_r/mm	内节内宽 b_1/mm	销轴直径 d_s/mm	内链板高 h_2/mm	排距 p_1/mm	抗拉载荷/kN 单排	抗拉载荷/kN 双排
08A	12.7	7.95	7.85	3.96	12.07	14.38	13.8	27.6
10A	15.875	10.16	9.4	5.09	15.09	18.11	21.8	436
12A	19.05	11.91	12.57	5.96	18.08	22.78	31.1	62.3
16A	25.4	15.88	15.75	7.94	24.13	29.29	55.6	111.2
20A	31.75	19.05	18.9	9.54	30.18	35.76	86.7	173.5
24A	38.1	22.23	25.22	11.11	36.2	45.44	124.6	249.1
28A	44.45	25.4	25.22	12.71	42.24	48.87	169	338.1
32A	50.8	28.58	31.55	14.29	48.26	58.55	222.4	444.8
36A	57.15	35.71	35.48	17.46	54.31	65.84	280.2	560.5
40A	63.5	39.68	37.85	19.85	60.33	71.55	347	693.9
48A	76.2	47.63	47.35	23.81	72.39	87.83	500.4	1 000.8

滚子链的标记规定为

链号-排数×整链链节数　国家标准编号

例如:A 系列、节距 25.4 mm、单排、82 个链节长的滚子链标记为

16A-1×82　GB/T 1243—2006

滚子链的接头形成如图 4-20 所示。当链条的链节数为偶数时,连接方式采用可拆卸的外链板连接,接头处用开口销或弹簧卡固定[见图 4-20(a)(b)];当链条的链节数为奇数时,须采用过渡链节[见图 4-20(c)]。由于过渡链板是弯的,承载后其承受附加弯矩,因此,链节数尽量不用奇数。

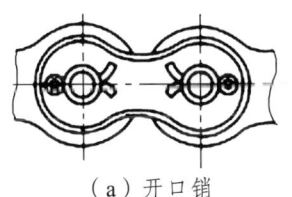

(a)开口销　　　　(b)锁片　　　　(c)过渡链节

图 4-20　滚子链的接头形式

2. 链 轮

1）链轮的基本参数及主要几何尺寸

国家标准中规定了滚子链链轮的端面齿槽形状（见图4-21），即为三圆弧（dc、ba、aa）和一直线（cb）齿形。

由于链轮采用标准齿形，所以在链轮工作图上不必绘制其端面齿形，只需在图的右上角注明基本参数和齿形标准字样即可，但链轮的轴面齿形必须画出并标注，以便于车削链轮毛坯，如图4-22和表4-7所示。

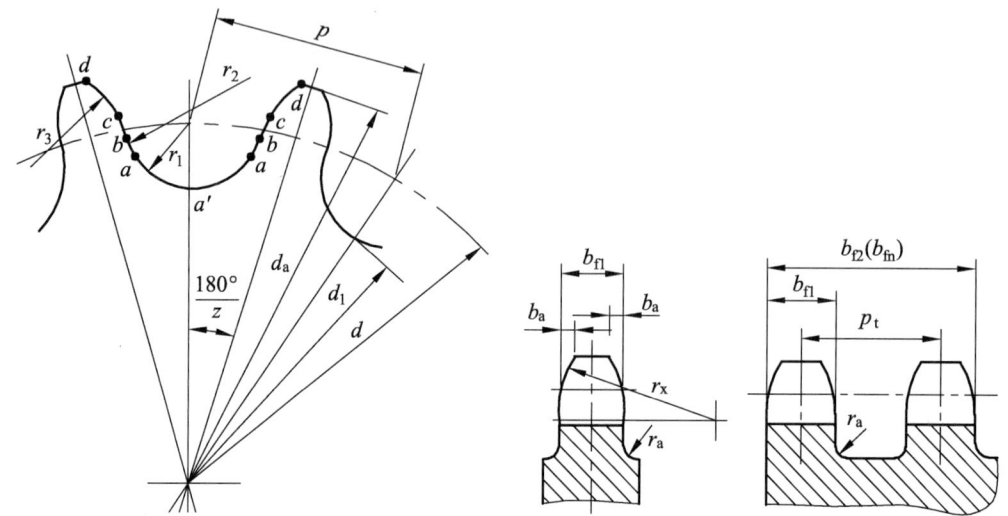

图 4-21 滚子链链轮的端面标准齿形　　图 4-22 滚子链链轮轴向齿形

表 4-7　滚子链链轮的轴平面齿廓尺寸

名 称		代号	计算公式		备 注
			$p \leqslant 12.7$	$p > 12.7$	
齿宽	单排	b_{f1}	$0.93b_1$	$0.95b_1$	当 $p>12.7$ 时，如结构需要，也可经制造厂同意，使用 $p \leqslant 12.7$ 时的齿宽。b_1 为内链节内宽
	双排、三排		$0.91b_1$	$0.93b_1$	
	四排以上		$0.88b_1$	$0.93b_1$	
倒角宽		b_a	$b_a = (0.1 \sim 0.15)p$		
倒角半径		r_x	$r_x \geqslant p$		
齿侧凸缘（或排间槽）圆角半径		r_a	$r_a \approx 0.04p$		
链轮齿总宽		b_{fn}	$b_{fn} = (n-1)p_t + b_n$		n 为排数

链轮上链条销轴中心所在的圆称为分度圆，其直径用 d 表示。链轮的主要尺寸计算公式如下：

分度圆直径为

$$d = \frac{p}{\sin\left(\dfrac{180°}{z}\right)} \tag{4-7}$$

式中 p——节距；
z——齿数。

齿顶圆直径为

$$d_a = p\left(0.54 + \cos\frac{180°}{z}\right) \quad (4-8)$$

齿根圆直径为

$$d_1 = d - d_0 \quad (4-9)$$

式中 d_0——滚子直径。

2）链轮的结构和材料

链轮是链传动的主要零件。滚子链链轮的齿形已标准化。链轮设计主要是确定其结构及尺寸、选择材料和热处理方法。

链轮的典型结构由轮毂、轮辐和轮缘三部分组成。具体结构由链轮直径大小而定，如图4-23所示。直径较小的链轮制成整体式，如图4-23（a）所示；直径中等的链轮制成孔板式，如图4-23（b）所示。直径较大的链轮制成组合式结构，并焊接成一体，如图4-23（c）所示；也可用螺栓连接或铆接将轮缘和轮连成一体，如图4-23（d）所示。

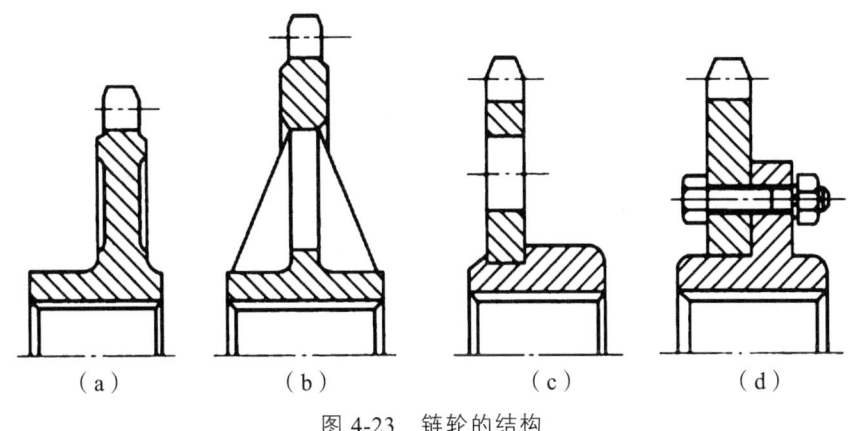

图 4-23 链轮的结构

链轮材料应保证轮齿有足够的强度和耐磨性，故链轮齿面一般都经过热处理，达到一定的硬度要求。传动过程中，小链轮轮齿的受载次数比大链轮轮齿多，磨损和冲击比较严重，因此小链轮的材料应较好，齿面硬度应较高。链轮常用材料适用范围如表4-8所示。

表 4-8 链轮常用材料适用范围

材　料	热处理方式	热处理后硬度	适用范围
15、20	渗碳、淬火、回火	50～60 HRC	$z \leq 25$，有冲击载荷的主、从动链轮
35	正火	160～200 HBS	正常工作条件下齿数较多（$z>25$）的链轮
40、50、ZG310～ZG570	淬火、回火	40～50 HRC	无剧烈振动及冲击的链轮

续表

材　料	热处理方式	热处理后硬度	适用范围
15Cr、20Cr	渗碳、淬火、回火	50～60 HRC	有动载荷及传递较大功率的重要链轮（$z<25$）
35SiMn、40Cr、35CrMo	淬火、回火	40～50 HRC	使用优质链条的重要链轮
Q235、Q275	焊接后退火	140 HBS	中等速度、传递中等功率的较大链轮
普通灰铸铁（不低于HT150）	淬火、回火	260～280 HBS	$z_2>50$ 的从动链轮
夹布胶木	—	—	功率小于 6 kW、速度较高、要求传动平稳和噪声小的链轮

三、链传动的特点

链传动与其他传动相比，主要有以下特点：

（1）由于链传动是有中间挠性件的啮合传动，无弹性滑动和打滑现象，因而能保证平均传动比不变。

（2）链传动无须初拉力，对轴的作用力较小。

（3）链传动可在高温、低温、多尘、油污、潮湿及泥沙等恶劣环境下工作。

（4）由于链传动的瞬时传动比不恒定，传动平稳性较差，有冲击和噪声，且磨损后易发生跳齿，因此不宜用于高速和急速反向传动的场合。

链传动适用于两轴线平行且距离较远、瞬时传动比无严格要求以及工作环境恶劣的场合，广泛用于农业、采矿、冶金、石油、化工及运输等各种机械中。目前，链传动所能传递的功率可达 3 600 kW，常用于 100 kW 以下；链速可达 30～40 m/s，常用 $v \leqslant 15$ m/s；传动比最大可达 15，一般 $i \leqslant 6$；中心距 $a \leqslant 5$～6 m；效率 $\eta = 0.91$～0.97。

【技能训练】

一、训练内容

了解发动机的正时链传动系统及其传动特点。

二、训练器材

训练用发动机一台，相关常用拆装工具和专用工具。

三、操作步骤

拆下发动机正时端零件，观察正时链条的运转情况，并分析正时链条的传动原理。发动机的正时链传动系统如图 4-24 所示。

拆下发动机正时端零件的具体操作步骤如下：

（1）用六角套筒棘轮扳手拧松发动机右悬置支架紧固螺栓；

（2）用六角套筒棘轮扳手拆下发动机右悬置支架紧固螺栓；

（3）用手拆下发动机右悬置支架；

（4）用专用工具机油滤清器棘轮扳手拆下机油滤清器；

（5）用六角套筒棘轮扳手拆下机油滤清器座；

（6）用六角套筒棘轮扳手拧松机油滤清器支架紧固螺栓；

（7）用六角套筒棘轮扳手拆下机油滤清器支架紧固螺栓；

（8）用手拆下机油滤清器支架；

（9）用手拆下2个机油滤清器O形密封圈；

（10）用六角套筒棘轮扳手拧松1号链条（见图4-24）张紧器紧固螺母；

（11）用六角套筒棘轮扳手拆下1号链条张紧器紧固螺母；

（12）用手拆下支架；

（13）用手拆下1号链条张紧器总成及衬垫；

（14）用六角套筒棘轮扳手对角拧松正时链条盖紧固螺栓；

（15）用六角套筒棘轮扳手拆下正时链条盖紧固螺栓；

（16）用头部缠有保护性胶带的一字螺钉旋具拆下正时链条盖分总成；

（17）用手拆下3个正时链条盖O形密封圈；

（18）用手拆下链条张紧器导板；

（19）用六角套筒棘轮扳手拧松1号链条振动阻尼器紧固螺栓；

（20）用六角套筒棘轮扳手拆下1号链条振动阻尼器紧固螺栓；

（21）用手拆下1号链条振动阻尼器。

图4-24 发动机的正时链传动系统

【课程思政】

新时代·铁路榜样——郑小燕：追求"两个100%"的列控专家

郑小燕，中国铁路郑州局集团有限公司郑州高铁基础设施段电务维修技术中心副主任，曾获河南省"五一劳动奖章""五一巾帼奖章"和郑州局集团公司"优秀共产党员"等荣誉，参与研制的高铁列控车载设备检测系统获中国铁道学会科学技术奖二等奖。

在郑州东站一隅的信号机械室内，郑小燕抱着一本厚厚的信号设备技术图册，和一名同事熟练地穿行在一排排布满继电器的组合架间，逐一核对每个继电器后部配线和每层组合架侧面配线的走向及径路。作为郑州高铁基础设施段电务维修技术中心副主任，她要确保联锁关系100%正确、列控数据100%正确。

一、因为爱好，我不断地充实自己并快乐着

郑小燕从小就是"技术迷"。儿时偶然看到邻居家大人组装电视机，她非常羡慕，一颗热爱技术的种子就此在心中埋下。1991年，郑小燕入路成为黄河桥工段黄河桥梁车间的一名桥梁工。工作之余，她还报考了郑州广播电视大学，学习电子信息技术。

1993年，郑小燕来到郑州电务段郑州信号车间海棠寺工区工作，心心念念的"爱好"也有了用武之地。从作业标准到部件原理、从图纸到实物构造、从拆卸到安装，郑小燕学得很快，技术水平也在一次次排除故障中不断提升。2002年至2012年间，她4次获得段6502电气集中联锁故障排除比武第一名，1次获得局级技术比武第一名。

2010年，郑西高铁通车，郑小燕第一次接触到高铁列车运行控制系统（CTCS），她的任务也从"跑电路"变成了"识数据"。2013年，郑小燕被调至段信息技术科，负责高铁列控系统功能验证工作。看不懂列控数据，她就翻看书籍，四处找人请教。那段时间，她没日没夜地对照规范核算数据，其中有一个数据算了整整一周。

凭着不服输的劲头，郑小燕逐渐在列控领域站稳了脚跟。此后几年，郑州至开封、焦作、新郑机场的城际铁路相继开通运营。郑小燕在新线开通中不断积累经验，逐渐成为列控领域的行家里手。

高铁快速发展，郑小燕学习的脚步也从未停歇。她时刻保持"赶考"的清醒，不断更新自己的知识储备，并在44岁时取得北京交通大学工程硕士学位。

人生在勤，勤则不匮。2018年，郑小燕参与研制的高铁列控车载设备检测系统获得铁道科技奖二等奖。

"因为爱好，我不断地充实自己并快乐着。"郑小燕说。

二、事关安全，我只能谨慎再谨慎、小心再小心

在同事眼里，郑小燕是个较真的人。在郑小燕看来，安全可靠的联锁关系是新线、新站顺利开通的前提，这个"真"必须"较"。她说："确保联锁关系100%正确、列控数据100%正确，就是确保旅客生命财产安全。"

每天与单调的数据为伍，需要耐心和细心。"一个车站改了名字，可能就会涉及几十个应答器、上百个软件。"郑小燕说。她带领同事把30多万个数据先后验证了7遍，完成了28个列控中心、4个限速服务器的试验，发现并解决问题127个，2次修改曹古寺线路所列控软件，5次升级郑州东城际场列控程序，为郑徐高铁高质量开通运营打下了良好的安全基础。

试验工作千头万绪，小到每个表格的格式，大到团队分工、核对问题、联系厂家，每个环节都是规范有序的。

在实践中，郑小燕形成了一套列控功能验证工作法。"一是学习资料规范，二是查阅图纸、了解设备情况，三是审核数据、及时纠错，四是分阶段与厂家沟通，五是编制试验表格，六是到厂家验证，七是总结是否存在漏项。"郑小燕认为，列车运行安全离不开数据，从源头上规范做好验证，将大大减轻后期运用维护的压力。

郑小燕还参与了中国国家铁路集团有限公司列控中心、临时限速、无线闭塞中心规范的制定审核，发现了报文编制、数据配置、制式逻辑等隐患，成功处置高铁新线仿真运行试验和联调联试中的重大安全隐患，受到国铁集团通令嘉奖。

为了京广高铁京武段速度 350 km/h 高标运营，郑小燕又 10 余次赴北京进行仿真试验，连续 1 个多月工作在现场。"因为事关安全，我只能谨慎再谨慎、小心再小心、验证再验证、确认再确认。"郑小燕说。

三、一个人的力量是渺小的，我努力让渺小的力量变得强大

郑小燕参与编写的《铁路列车运行控制系统工程检测规程》《郑州铁路局城际铁路信号工程安装施工工艺标准》《信息中心信号设备作业指导书》《高速铁路信号工程施工技术及工艺标准》等书籍，不仅填补了我国高铁信号工程施工技术工艺标准和铁路列车运行控制系统工程检测技术领域的空白，而且成了很好的培训教材。

行之力则知愈进，知之深则行愈达。郑小燕每每带队进京进行联锁试验，厂家工作人员都忍不住问她："你怎么每次带的人都不一样呀？"

按照厂方的推测，进行联锁试验的人相对固定，熟悉程度高，试验效率也高。其实，郑小燕何尝不想如此！"没办法，高铁新线开通多，联锁人员紧缺！"郑小燕说。她带的人学习掌握联锁技术后，差不多都被重用了。近 3 年来，郑小燕带出来的徒弟大多成了技术骨干，其中十几人走上了站段中层管理岗位。

"一个人的力量是渺小的，我努力让渺小的力量变得强大。"专攻技术的郑小燕，也有感性的一面。

中国高铁事业方兴未艾，我们相信，郑小燕发展的天空会更加广阔、蔚蓝！

【课后练习】

1. 链传动的工作原理是什么？
2. 链传动有什么优缺点？
3. 试举例说明链传动在生活中的应用。

任务三　齿轮传动

【学习目标】

目标类型	目标要求
知识目标	（1）理解齿轮传动特点、类型及齿廓啮合基本定律； （2）掌握渐开线及渐开线齿廓； （3）掌握渐开线标准直齿圆柱齿轮各部分名称和几何尺寸计算； （4）掌握渐开线直齿圆柱齿轮传动分析； （5）了解渐开线直齿圆柱齿轮的加工； （6）掌握斜齿圆柱齿轮传动； （7）了解圆锥齿轮传动； （8）掌握齿轮的结构及齿轮传动的润滑
能力目标	能够分解动车组齿轮箱
素质目标	感受中国铁路动车组检修工的工匠精神——细于行

【理论知识】

齿轮传动是机械传动中最主要的一类传动，主要由主动齿轮、从动齿轮和机架组成，广泛应用于传递任意两轴或多轴间的运动和动力。

一、齿轮传动的特点、类型及应用

齿轮传动是一种非常重要的机械传动形式。它借助共轭齿廓的一对齿轮轮齿的相互啮合，来传递两轴间的运动和动力，因而被广泛应用于机床、冶金、车辆、飞机、矿山及其他机械中。

1. 齿轮传动的特点

1）主要优点

齿轮传动与其他机械传动相比，具有以下主要优点：

① 传动比稳定准确。
② 传递的功率和圆周速度范围广。
③ 传动的机械效率高，一般圆柱齿轮的传动效率可达98%。
④ 工作可靠，且使用寿命长。
⑤ 可以实现空间任意两平行轴、相交轴或交错轴间的运动传递。

2）主要缺点

① 不适宜距离较远的两轴间的传动。
② 要求制造和安装精度较高，因而成本较高。

2. 齿轮传动的类型和应用

齿轮传动的类型很多，分类方法也不同。常见的分类方法如下：

（1）按轴的布置情况，可分为平行轴齿轮传动、相交轴齿轮传动和交错轴齿轮传动，如图4-25所示。

（2）按齿轮轮齿形状，可分为直齿轮传动、斜齿轮传动和人字齿轮传动。

（3）按两齿轮啮合方式，可分为外啮合齿轮传动、内啮合齿轮传动和齿轮齿条传动。

（4）按齿轮外观形状，可分为圆柱齿轮传动和圆锥齿轮传动。

（5）按工作条件，可分为开式齿轮传动和闭式齿轮传动。

① 闭式齿轮传动

齿轮密闭在具有足够刚度和良好润滑条件的箱体内，一般用于速度较高或重要的齿轮传动中。

② 开式齿轮传动

齿轮暴露在空气中，不能保持良好的润滑，灰尘、杂质易进入轮齿工作面，齿面容易磨损，一般用于低速或不重要的齿轮传动中。

（6）按齿面硬度（350 HBS），可分为软齿面齿轮传动、硬齿面齿轮传动。

（7）按齿廓曲线，可分为渐开线齿轮传动、圆弧线齿轮传动和摆线齿轮传动等。渐开线齿轮传动应用最广，下面只讨论渐开线齿轮传动。

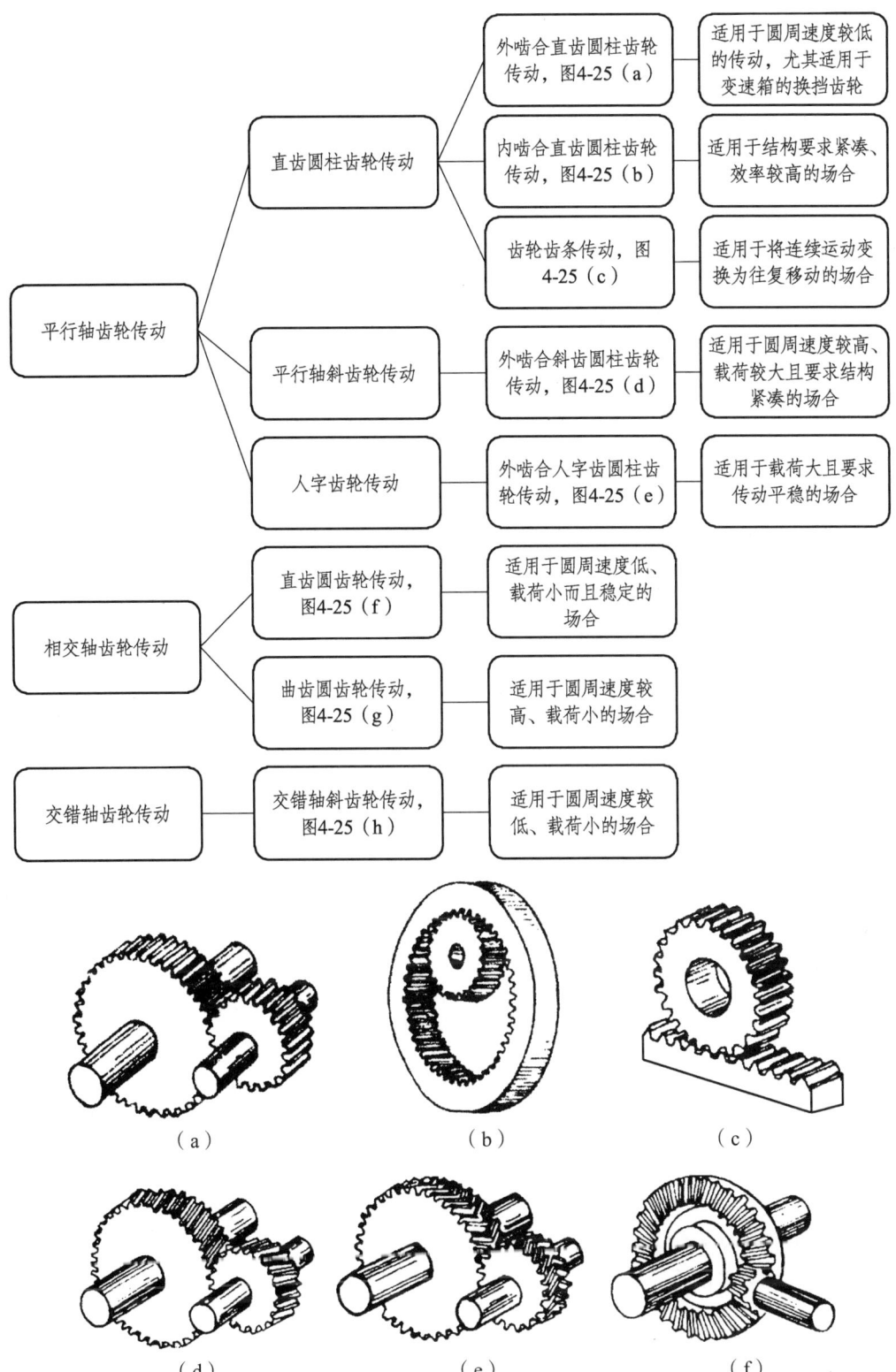

(a) (b) (c)

(d) (e) (f)

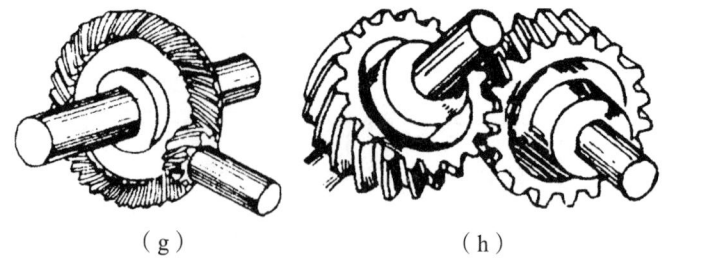

（g）　　　　　　　（h）

齿轮传动

图 4-25　按照齿轮传动轴线相对位置和齿线方向分类

二、渐开线齿轮齿廓及其啮合特性

1. 渐开线的形成及特性

如图 4-26 所示，当一直线 $\overline{BK}$ 沿一圆的圆周做纯滚动时，直线上任意一点 K 的轨迹曲线 AK 称为该圆的渐开线。该直线 $\overline{BK}$ 称为渐开线的发生线，该圆称为渐开线的基圆。渐开线齿轮的齿廓便是由两条反向的渐开线形成的。

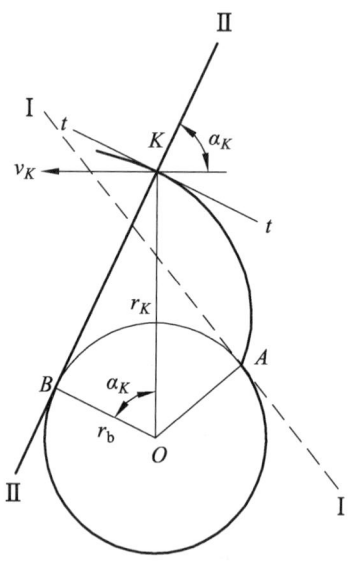

图 4-26　渐开线的形成

由渐开线的形成过程可知，发生线 $\overline{BK}$ 在基圆上做纯滚动，故

$$\overline{BK} = \widehat{AB}$$

发生线 $\overline{BK}$ 与基圆必相切，$\overline{BK}$ 为渐开线上 K 点的曲率半径，因而也是渐开线 K 点的法线。

渐开线上某点 K 的正压力方向 $\overline{BK}$ 与 K 点的圆周速度 $\overline{v_K}$ 方向所夹的锐角 α_K，称为该点的压力角。其值为

$$\alpha_K = \arccos \frac{OB}{OK} = \arccos \frac{r_b}{r_K} \tag{4-10}$$

式中　r_b——基圆的半径，mm；

r_K——K 点的向径，mm。

由式（4-10）可知，渐开线上各点的压力角不相等，离基圆越远，压力角越大，基圆上压力角等于零。

渐开线的形状取决于基圆半径的大小，如图 4-27 所示。基圆半径越大，渐开线越趋于平直。当基圆半径趋于无穷大时，其渐开线变成直线，这就是渐开线齿条的齿廓。

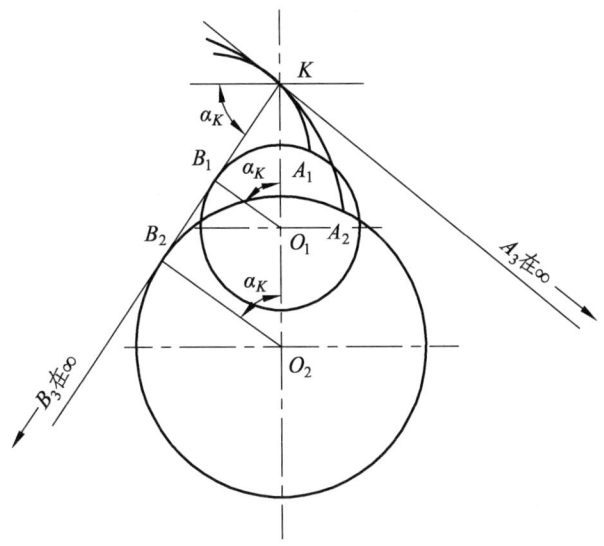

图 4-27　渐开线的形状与基圆大小的关系

2. 渐开线齿轮齿廓的啮合特性

1）瞬时传动比恒定性

如图 4-28 所示，设两个渐开线齿轮的基圆半径分别为 r_{b1} 和 r_{b2}，两齿廓 E_1 和 E_2 在任意点 K 相接触，K 点称为啮合点。过 K 点做两齿廓的公法线 $n—n$ 必与两基圆相切，其切点分别为 N_1 和 N_2，设两齿轮的角速度分别为 ω_1 和 ω_2。

那么两齿轮的瞬时传动比：

$$i = \frac{\omega_1}{\omega_2} = \frac{r_{b2}}{r_{b1}}$$

在图 4-28 中，K 点的公法线 $n—n$ 与两齿轮连心线 O_1O_2 的交点 C 为一定点，C 点称为节点。以 O_1、O_2 为圆心，分别过节点 C 所作的两个圆称为节圆，其节圆半径 $r'_1 = O_1C$，$r'_2 = O_2C$。故有 $v_{1C} = v_{2C}$，两齿轮在节点 C 处啮合时，节点 C 处有相同的周围速度，因此一对齿轮转动时，两节圆做纯滚动。

从上述分析可知，两齿廓在任意点啮合时，过接触点的公法线与两齿轮的连心线交于一定

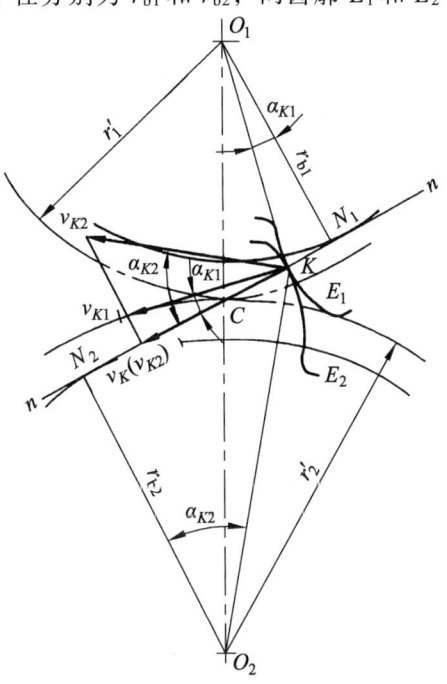

图 4-28　渐开线齿轮齿廓啮合原理

点，则两齿轮传动比为一恒定值，且等于两齿轮节圆半径的反比，或等于两齿轮基圆半径的反比。这就是渐开线齿廓啮合的基本定律。

2）中心距的可分性

由于渐开线齿轮的传动比取决于两齿轮的基圆半径，而当一对渐开线齿轮加工完成后，两齿轮的基圆半径就已确定。即使两齿轮中心距稍有改变，使节圆半径发生变化，而瞬时传动比也不会改变。渐开线齿轮传动的这种特性称为中心距的可分性，它给齿轮的制造与安装带来一定的方便。

3）齿廓间传力方向不变性

在图 4-29 中，无论齿廓在任意点啮合，过啮合点的公法线必与两齿轮的基圆相切，为两基圆的内公切线 N_1N_2。由于两基圆沿一个方向的内公切线只有一条，即两齿廓啮合过程中的啮合点的轨迹一定与基圆内公切线 N_1N_2 重合，故 N_1N_2 线又称理论啮合线。

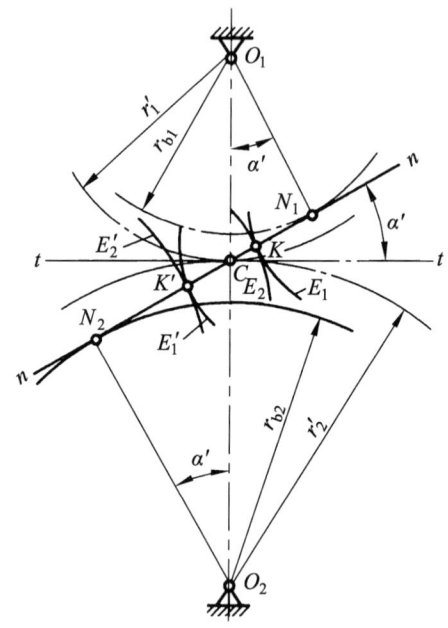

图 4-29　渐开线齿轮齿廓传力方向不变

过节点 C 作两节圆的公切线与啮合线 N_1N_2 所夹的锐角 α'，称为啮合角。它是齿轮副在节点 C 处的压力角，即节圆压力角。

显然，传动时，啮合角的大小和方向均不改变，齿廓之间作用力的方向在不计摩擦时必沿此内公切线 N_1N_2 的方向，说明齿廓间作用力方向不变，故渐开线齿轮传动平稳。

三、渐开线标准直齿圆柱齿轮基本参数和几何尺寸

1. 齿轮的基本参数

如图 4-30 所示，在齿轮任意直径 d_K 的圆周上，齿轮两侧齿廓间的弧长，称为该圆上的齿厚，以 s_K 表示；相邻两轮齿间的空间弧长，称为该圆上的齿槽宽，以 e_K 表示；相邻两齿同侧齿廓间的弧长，称为该圆上的齿距，以 p_K 表示。显然，任意圆周上的齿距等于该圆上的齿厚与齿槽宽之和，即 $p_K = s_K + e_K$。

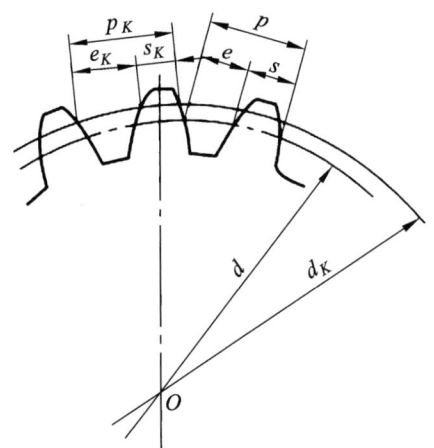

图 4-30　齿轮任意圆上的周节和齿厚

该齿轮的齿数为 z，则任意圆周的直径 d_K 与齿距 p_K 应有关系：

$$\pi d_K = p_K z$$

$$d_K = \frac{p_K}{\pi} z$$

显然，由于不同直径圆周上的 $\frac{p_K}{\pi}$ 值不相同，且含有无理数 π，给齿轮的设计、制造和检验带来不便，因此，将齿轮某一圆周上的 $\frac{p_K}{\pi}$ 值规定为标准值，用 $m = \frac{p_K}{\pi}$ 来表示，称为齿轮的模数，单位为 mm。作为齿轮设计、制造和检验的基本参数，我国的标准齿轮模数系列如表 4-9 所示。

表 4-9　渐开线圆柱齿轮标准模数（GB/T 1357—2008）　　单位：mm

第一系列	0.1、0.12、0.15、0.2、0.25、0.3、0.4、0.5、0.6、0.8、1、1.25、1.5、2、2.5、3、4、5、6、8、10、12、16、20.25、32、40、50
第二系列	0.35、0.7、0.9、1.75、2.25、2.75、(3.25) 5.4.5、5.5、(6.5)、7、9、(11)、14、18、22、28、36、45

注：① 本标准适用于渐开线齿轮，对斜齿轮是指法面模数。
　　② 选用模数时，应优先采用第一系列，其次是第二系列，括号内的模数尽可能不用。

具有标准模数的圆称为分度圆，分度圆的直径 d 可表示为

$$d = mz \tag{4-11}$$

由式（4-11）可知，当齿数一定时，模数越大，齿轮的直径越大（见图 4-31），因而承载能力越高。

由于不同直径圆周上的齿廓压力角不等，给设计计算和制造带来不便。因此，规定分度圆上的压力角为一标准值，以 α 表示，国家标准规定分度圆上的压力角 $\alpha = 20°$。

现在可给分度圆一个完整的定义，即齿轮上具有标准模数和标准压力角的圆，称为分度圆。

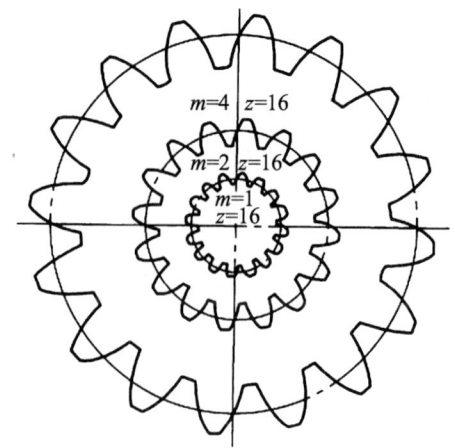

图 4-31 模数和齿轮尺寸关系

2. 标准齿轮基本尺寸的计算

如图 4-32 所示，过齿轮的齿顶所作的圆，称为齿顶圆，分别以 d_a 和 r_a 表示其直径和半径；过齿根所作的圆，称为齿根圆，分别以 d_f 和 r_f 表示其直径和半径；分度圆和齿顶圆之间的径向距离，称为齿顶高，以 h_a 表示；分度圆和齿根圆之间的径向距离，称为齿根高，以 h_f 表示；齿顶圆和齿根圆之间的径向距离，称为全齿高，以 h 表示，$h = h_a + h_f$。

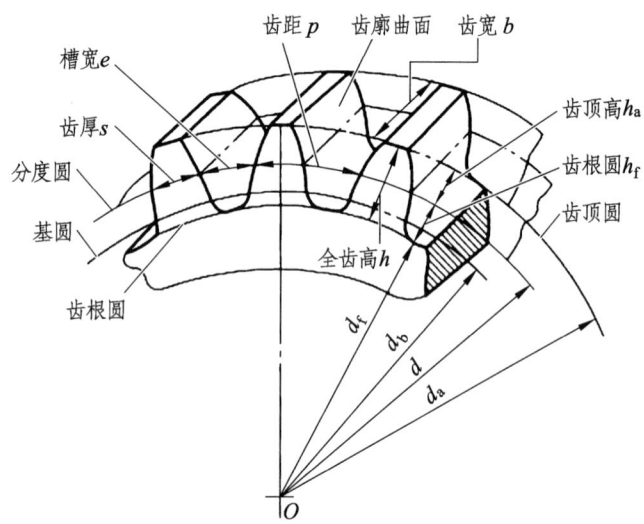

图 4-32 齿轮各部分名称及代号

两齿轮装配后，两啮合齿轮连心线上，一齿轮的齿顶与另一齿轮的齿根之间的径向间隙，称为顶隙，以 c 表示。留有顶隙是为了避免齿顶与齿根顶撞，同时也为了储存润滑油，并保证齿根处有足够的过渡圆角，以减小齿根处的应力集中。

齿轮的齿顶高和顶隙的大小取决于齿轮的模数 m，即与模数成正比，其比例系数分别为齿顶高系数 h_a^* 和顶隙系数 c^*。

圆柱齿轮的齿顶高系数和顶隙系数都已标准化。国家标准 GB/T 1356—2001 规定：

正常齿：
$$h_a^* = 1，c^* = 0.25$$
短齿：
$$h_a^* = 0.8，c^* = 0.3$$

综上所述，标准直齿圆柱齿轮是指模数 m、压力角 α、齿顶高系数 h_a^*、顶隙系数 c^* 均为标准值，且分度圆上的齿厚和齿槽宽相等的齿轮。当上述参数都已知，且知道了齿数 z 时，此标准直齿圆柱齿轮的几何尺寸就可以确定了，如表4-10所示。

表4-10 渐开线标准直齿圆柱齿轮（外啮合）几何尺寸计算公式

名称及符号	齿轮1	齿轮2
分度圆直径 d	$d_1 = mz_1$	$d_2 = mz_2$
齿顶高 h_a	$h_a = h_a^* m$	
齿根高 h_f	$h_f = (h_a^* + c^*)m$	
全齿高 h	$h = h_a + h_f = (2h_a^* + c^*)m$	
顶隙 c	$c = c^* m$	
齿顶圆直径 d_a	$d_{a1} = d_1 + 2h_a = (z_1 + 2h_a^*)m$	$d_{a2} = d_2 + 2h_a = (z_2 + 2h_a^*)m$
齿根圆直径 d_f	$d_{f1} = d_1 - 2h_f = (z_1 - 2h_a^* - 2c^*)m$	$d_{f2} = d_2 - 2h_f = (z_2 - 2h_a^* - 2c^*)m$
基圆直径 d_b	$d_{b1} = d_1 \cos\alpha = mz_1 \cos\alpha$	$d_{b2} = d_2 \cos\alpha = mz_2 \cos\alpha$
齿距 p	$p = \pi m$	
分度圆齿厚 s	$s = \frac{1}{2}\pi m$	
分度圆齿槽宽 e	$e = \frac{1}{2}\pi m$	
齿宽 b	$b = \psi_d d_1$ ψ_d——齿宽系数	
标准中心距 a	$a = \frac{1}{2}(d_1 + d_2) = \frac{1}{2}m(z_1 + z_2)$	

四、渐开线标准直齿圆柱齿轮的啮合传动

1. 正确啮合条件

一对渐开线标准直齿圆柱齿轮的正确啮合条件：
（1）两齿轮的模数相等且等于标准模数，即 $m_1 = m_2 = m$。
（2）两齿轮分度圆上的压力角相等且等于标准压力角，即 $\alpha_1 = \alpha_2 = \alpha = 20°$。
（3）两齿轮的齿顶高系数和顶隙系数分别相等。

2. 标准中心距

如图4-33所示为一对外啮合直齿圆柱齿轮传动。一对正确安装的标准齿轮传动应无齿侧间隙，否则将产生冲击和噪声，并影响齿轮的传动精度。而实际上，由于考虑

到轮齿的热变形和便于润滑，在齿廓间留有很小的间隙，这种齿侧间隙可根据使用场所和精度要求由制造公差来保证。在设计齿轮和计算齿轮名义尺寸时，仍假设没有齿侧间隙存在。两齿轮按无齿侧间隙安装时，必须保证顶隙 $c = c^*m$ 为标准值。又因为标准齿轮在分度圆上的齿厚与齿槽宽相等，所以两齿轮的分度圆相切，且做纯滚动，这时两分度圆与其相应的节圆相重合。由此可得，一对标准直齿圆柱齿轮正确安装时的标准中心距为

$$a = \frac{d_1' + d_2'}{2} = \frac{d_1 + d_2}{2} = \frac{m}{2}(z_1 + z_2)$$

由图 4-33 可知，一对正确安装的标准直齿圆柱齿轮传动的啮合角 α' 等于分度圆的压力角 α，即 $\alpha' = \alpha = 20°$。当实际中心距 $a' \neq a$ 时，则 $\alpha' \neq \alpha$。

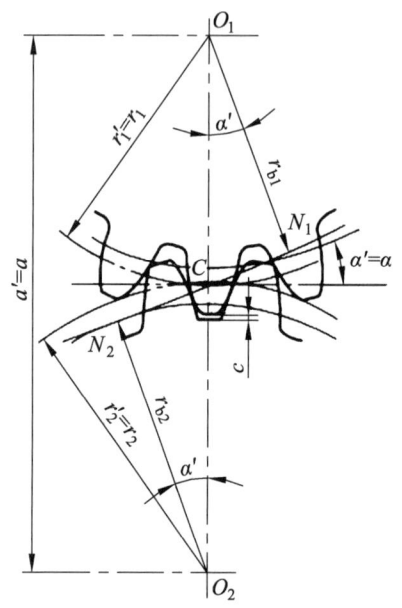

图 4-33 外啮合标准齿轮传动的中心距

必须指出，单独一个齿轮不存在节圆和啮合角，只有当一对齿轮啮合传动时才出现节点，也才有节圆和啮合角。而分度圆和分度圆上的压力角是一个齿轮被加工制成后就已经存在。

由以上分析可知，齿轮传动的传动比又可写为

$$i = \frac{\omega_1}{\omega_2} = \frac{d_{b2}}{d_{b1}} = \frac{d_2'}{d_1'} = \frac{d_2}{d_1} = \frac{z_2}{z_1}$$

3. 渐开线直齿圆柱齿轮连续传动的条件

如图 4-34 所示，一对渐开线齿轮的啮合传动是由主动轮的齿根与从动轮的齿顶处的接触点 B_1 开始的。随着齿轮的转动，接触点在主动齿轮齿廓上将由齿顶向齿根转移。当接触点转移到 B_2 点时，两齿廓将开始脱离接触。线段 B_1B_2 是一对齿轮开始啮合到脱离啮合的实际啮合线的长度。由于基圆内无渐开线，线段 N_1N_2 是理论上的最长啮合线段，称为理论啮合线段。

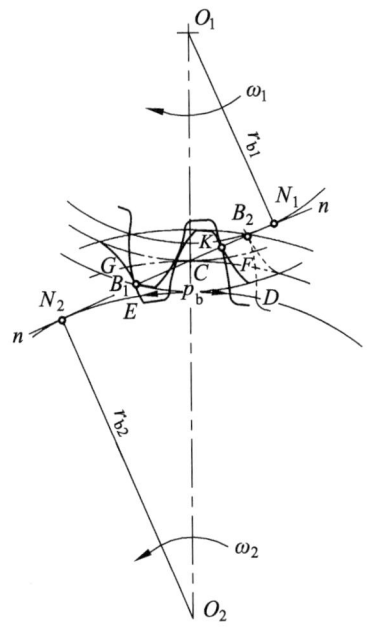

图 4-34 齿轮传动的重合度

要保证连续传动,必须使前一对齿在 B_1 点将要脱离啮合时,后一对轮齿已在 K 点提前进入啮合,即 $B_1B_2 > B_1K$。由渐开线的特性可知,线段 B_1K 等于渐开线齿轮基圆的齿距 p_b。由此可知,保证齿轮连续传动的条件为 $B_1B_2 > p_b$,则

$$\varepsilon = \frac{B_1B_2}{p_b} > 1$$

式中,ε 称为齿轮传动的重合度。重合度越大,则表明同时啮合的轮齿对数越多,齿轮传动越平稳,该齿轮传动的承载能力也越大。对于标准齿轮传动,其重合度恒大于 1,故不必进行验算,重合度的详细计算可查阅有关资料。

五、渐开线齿轮的加工方法及变位齿轮的概念

1. 渐开线齿轮的轮齿加工

齿轮的加工方法有铸造、热轧、冲压及切削加工。最常用的是切削加工。切削加工按其原理可分为成形法和范成法两种。

1)成形法

采用渐开线齿形的成形刀具直接切制出渐开线齿形的方法,称为成形法。成形法加工齿轮常在万能铣床上用成形铣刀加工。成形铣刀分盘状铣刀和指状铣刀两种,如图 4-35 所示。两种刀具的轴向剖面均做成渐开线齿轮槽的形状。加工时,齿轮毛坯固定在铣床工作台上,每切完一个齿槽,工件退出,分度头使齿坯转过 360°/s 再进刀,依次切出各齿槽。

成形法生产率低、精度差,适用于单件生产且精度要求不高的齿轮加工。

2)范成法

利用一对齿轮(或齿轮齿条)啮合时其共轭齿廓互为包络线的原理加工的方法,称为范成法。范成法加工齿轮时,常用的刀具有齿轮插刀、齿条插刀、滚刀等。

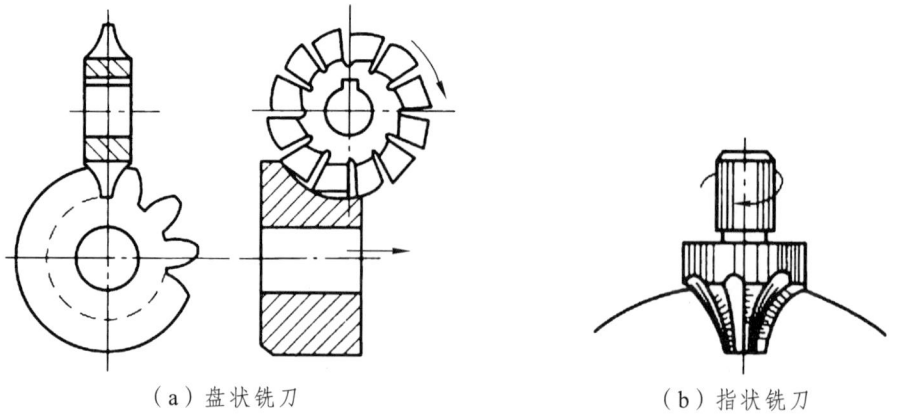

（a）盘状铣刀　　　　　　　　　（b）指状铣刀

图 4-35　成形法铣齿轮

如图 4-36 所示为齿轮插刀加工齿轮的情形。加工过程包括范成运动、切削运动、进给运动及让刀运动。范成运动是齿轮插刀与轮坯相当于一对齿轮的啮合运动；刀具沿轮坯轴向运动切出齿槽为切削运动；将刀具逐步向轮坯径向推进，以便切出轮齿高度的运动为进给运动；让刀运动是当刀具完成切削运动退刀时，为避免刀刃擦伤工件而让轮坯沿径向稍稍让开，当刀具再次切削时又恢复原位的过程。

插刀加工齿轮，其切削是不连续的，因而生产率较低，因此，在大批量的生产齿轮中更广泛地采用齿轮滚刀来切制齿轮。如图 4-37 所示为齿轮滚刀切制齿轮的情况。滚刀形状像一个螺旋，它的轴向剖面为一齿条，当滚刀转动时，就相当于齿条向前移动。滚刀除了旋转以外，还沿着轮坯的轴线缓慢地移动，以便切出整个齿宽。

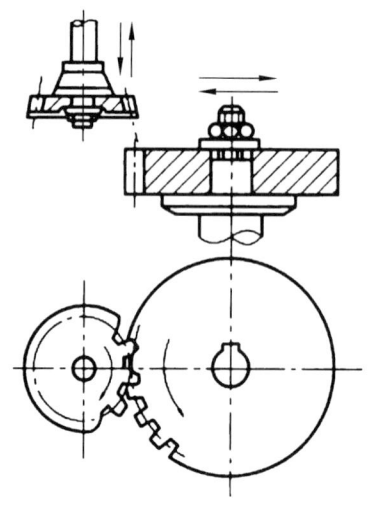
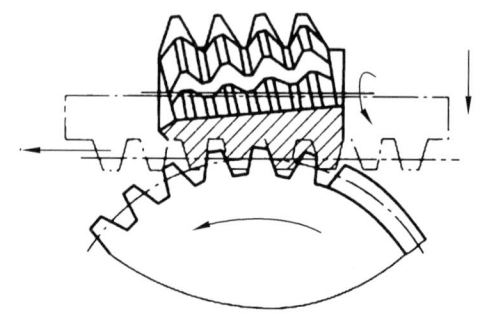

图 4-36　齿轮插刀加工齿轮　　　　图 4-37　滚刀加工齿轮

3）范成法加工时的根切现象

用范成法切制齿轮时，当刀具顶部不超过理论啮合线的极限点 N_1，则刀具将不会与渐开线齿廓发生干涉，如图 4-38 所示。若刀具向前移动，顶部超过理论啮合线的极限点 N_1，则刀具将与渐开线齿廓发生干涉，不但切制不出渐开线齿形，还会将已加工齿轮齿根的渐开线齿廓切去一部分（见图 4-39），这种现象称为"根切"。根切导致轮齿根部变薄，削弱了齿根弯曲强度，还会降低齿轮传动的重合度，传动不平稳，齿轮无法正常工作，故应避免根切。要避免根切，必须使刀具齿顶线不超过 N_1 点，如图 4-38 所示。因此，应满足 $CN_1 \geq CB_2$。由图 4-38 中几何关系可知：

$$CN_1 = \frac{mz}{2}\sin\alpha \qquad CB_1 = \frac{h_a^* m}{\sin\alpha}$$

故得

$$z_{\min} = \frac{h_a^* m}{\sin^2\alpha} \qquad (4\text{-}12)$$

式中　$z_{\min}$——不发生根切的最少齿数。

式（4-12）表明，产生根切与被加工齿轮的齿数有关，当齿轮为正常齿标准齿轮时，$\alpha = 20°$，$h_a^* = 1$，则 $z_{\min} = 17$；当齿轮为短齿标准齿轮时，$\alpha = 20°$，$h_a^* = 0.8$，则 $z_{\min} = 14$。

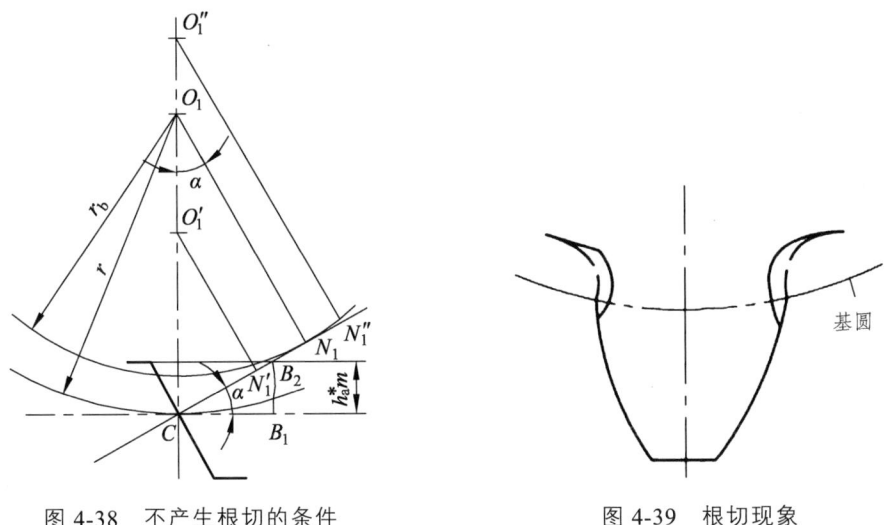

图 4-38　不产生根切的条件　　　　　图 4-39　根切现象

2. 变位齿轮的概念

当被加工齿轮的齿数小于 $z_{\min}$ 时，为避免根切，可采用将刀具沿齿轮径向移动一段距离，使刀具顶线低于极限啮合点 N_1 的办法加工出来的齿轮，称为变位齿轮。如图 4-40 所示，刀具移动的距离 xm 称为径向变位量，x 称为变位系数。不产生根切的最小变位系数可计算为

$$x_{\min} = \frac{h_a^*(z_{\min} - z)}{z_{\min}} \qquad (4\text{-}13)$$

由式（4-13）可知，当实际齿轮的齿数 z 少于 $z_{\min}$ 时，x 为正值，表明刀具应远离轮坯圆心；当 z 多于 $z_{\min}$ 时，x 为负值，表明刀具可移近轮坯圆心 xm 距离而不至于产生根切。

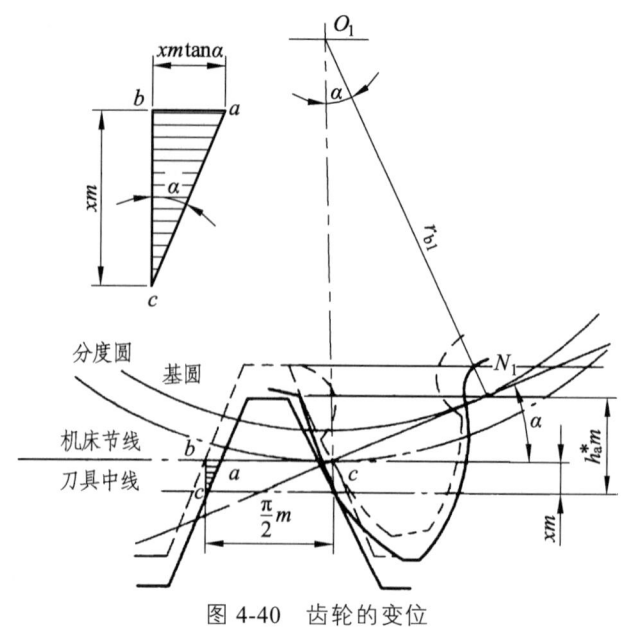

图 4-40 齿轮的变位

用标准齿条型刀具加工变位齿轮时，不论是正变位还是负变位，刀具变位以后刀具上总有一条与分度线平行的直线作为节线，与齿轮的分度圆相切做纯滚动。因为标准齿条刀具上任何一条与分度线平行的直线上的齿距 p、模数 m 和压力角 α 均相等，故切制出来的变位齿轮的齿距 p、模数 m 和压力角 α 仍等于刀具上的齿距 p、模数 m 和压力角 α。由此可知，变位齿轮的主要参数不改变，即分度圆、模数、压力角、基圆及齿数都与标准齿轮相同。

正变位齿轮的齿顶圆、齿根圆、齿顶高和齿根厚度均增大，可使轮齿强度增大；负变位齿轮的齿顶圆、齿根圆、齿顶高和齿根厚度均减小，使轮齿强度削弱。

变位齿轮分度圆上的齿厚和齿槽宽可计算为

$$s = \frac{\pi m}{2} + 2xm\tan\alpha$$

$$e = \frac{\pi m}{2} - 2xm\tan\alpha$$

六、斜齿圆柱齿轮传动

1. 斜齿圆柱齿轮齿廓的形成及啮合特点

实际上，齿轮的齿廓是一空间曲面，如图 4-41（a）所示。当发生面 S 沿基圆柱做纯滚动时，其 S 面上任意一条平行于基圆柱母线 NN 的直线 KK 的轨迹就形成了直齿圆柱齿轮的渐开面齿廓。

由齿廓形成特点可知，直齿圆柱齿轮啮合时，齿廓接触线是与齿轮轴线平行的直线，相啮合的一对齿廓同时沿整个齿宽方向进入啮合和脱离啮合，如图 4-41（b）所示。因此，齿轮所受的力是突然加上和突然卸掉的，所以易产生冲击振动和噪声，传动平稳性差。在高速传动中，表现得尤为突出。

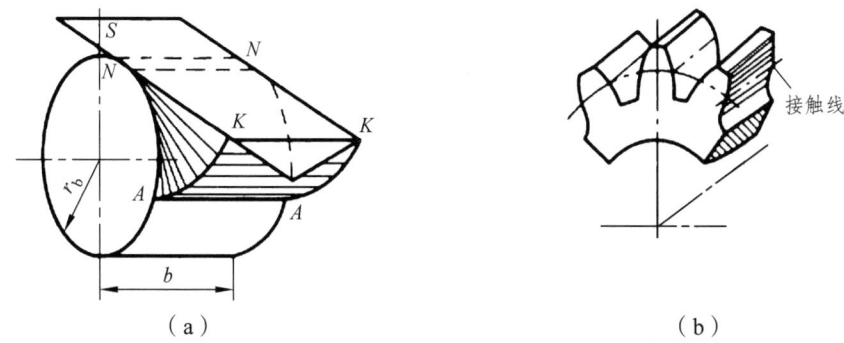

图 4-41　直齿轮齿面形成及接触线

斜齿圆柱齿轮齿廓曲面的形成与直齿圆柱齿轮类似，所不同的是形成齿廓曲面的直线 KK 与基圆柱母线 NN 不平行，而是偏斜了一个角度 β_b（β_b 为基圆柱上的螺旋角），如图 4-42（a）所示。当发生面 S 沿基圆柱做纯滚动时，斜直线 KK 在空间中形成的轨迹为一渐开线螺旋面，这就是斜齿轮的齿廓曲线。

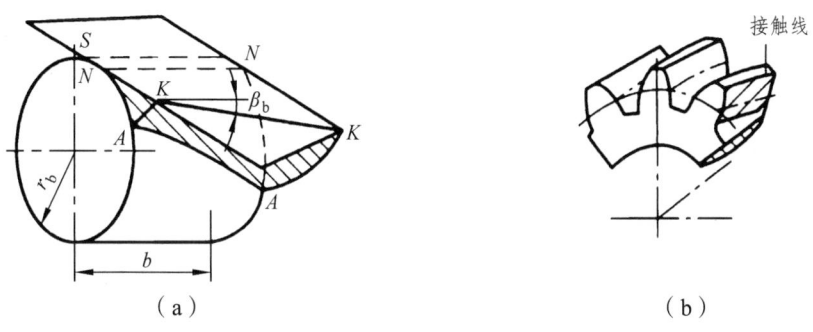

图 4-42　斜齿轮齿面形成及接触线

2. 标准斜齿圆柱齿轮的主要参数和几何尺寸

对于斜齿圆柱齿轮，垂直于齿轮轴线的截面为斜齿圆柱齿轮的端面，其齿廓曲线为渐开线。因此从端面看，一对斜齿轮的啮合传动相当于一对直齿轮传动，故它也满足齿廓啮合的基本定律。

与斜齿轮轮齿螺旋方向垂直的截面，称为法面。法面齿形和端面齿形不同，其参数也不相同。为便于说明，现将斜齿轮的分度圆柱展成一矩形（见图 4-43），来讨论它的参数和几何尺寸。

1）斜齿轮的螺旋角 β

由图 4-43 可知，展开后的矩形长度等于分度圆的周长 πd，宽度为斜齿轮的宽度 b。分度圆柱上的螺旋线展成为一斜直线，它与轴线的夹角 β 称为分度圆上的螺旋角。若螺旋角 $\beta = 0$，就是直齿轮。螺旋角 β 越大，斜齿轮传动的重合度越大，则传动的平稳性越好，但轴向力也越大。一般设计时，通常取 $\beta = 8° \sim 20°$。过大的螺旋角将产生较大的轴向力；螺旋角过小，则不能突出斜齿轮传动的特点。

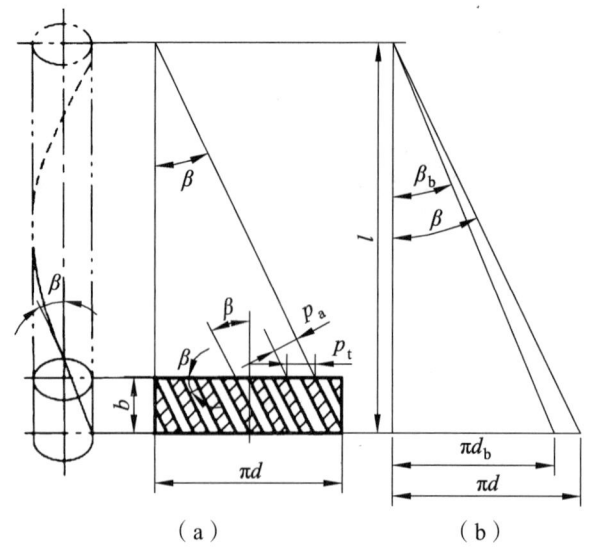

图 4-43 斜齿轮分度圆柱的展开

2）法面参数与端面参数

斜齿轮有两种参数：法面参数和端面参数。由图 4-43 可知：

法面齿距 p_n 和端面齿距 p_t：

$$p_n = p_t \cos\beta$$

法面模数 m_n 和端面模数 m_t：

$$m_n = m_t \cos\beta$$

加工斜齿轮时，刀具是沿斜齿轮的螺旋线方向进刀，故斜齿轮的法面参数与刀具的参数相同。因此，斜齿轮的法面基本参数为标准值。国家标准规定：m_n 为标准值，$\alpha_n = \alpha = 20°$。对于正常齿制，$h_{an}^* = 1$，$c_n^* = 0.25$；对于短齿制，$h_{an}^* = 0.8$，$c_n^* = 0.3$。

以如图 4-44 所示的斜齿条来研究斜齿轮的法面压力角 α_n 和端面压力角 α_t 的关系，有 $\tan\alpha_n = \tan\alpha_t \cos\beta$，显然 $\alpha_n < \alpha_t$。

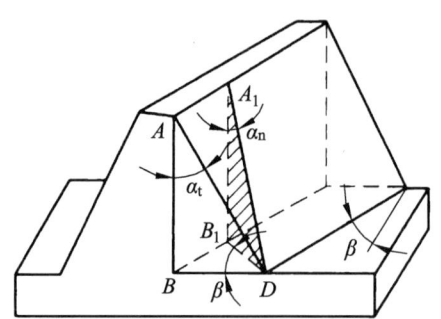

图 4-44 法面压力角和端面压力角的关系

3）斜齿轮传动几何尺寸的计算

一对斜齿轮传动在端面上相当于一对直齿轮传动，故可将直齿轮的几何尺寸计算公式用于斜齿轮的端面几何尺寸的计算。渐开线标准外啮合斜齿轮的几何尺寸可按表 4-11 进行。

表 4-11 外啮合标准斜齿圆柱齿轮主要几何尺寸计算公式

名称及符号	计算公式	
	齿轮 1	齿轮 2
分度圆直径 d	$d_1 = m_t z_1 = \dfrac{m_n z_1}{\cos\beta}$	$d_2 = m_t z_2 = \dfrac{m_n z_2}{\cos\beta}$
齿顶高 h_a	$h_a = h_{an}^* m_n$	
齿根高 h_f	$h_f = (h_{an}^* + c_n^*) m_n$	
全齿高 h	$h = h_a + h_f = (2h_{an}^* + c_n^*) m_n$	
基圆直径 d_b	$d_{b1} = d_1 \cos\alpha_t$	$d_{b2} = d_2 \cos\alpha_t$
齿顶圆直径 d_a	$d_{a1} = d_1 + 2h_a$	$d_{a2} = d_2 + 2h_a$
齿根圆直径 d_f	$d_{f1} = d_1 - 2h_f$	$d_{f2} = d_2 - 2h_f$
中心距 a	$a = \dfrac{1}{2}(d_1 + d_2) = \dfrac{m_n}{2\cos\beta}(z_1 + z_2)$	

由标准斜齿轮的中心距公式可知,设计斜齿轮传动时,可用改变螺旋角 β 的大小来调整中心距。

3. 斜齿圆柱齿轮传动的正确啮合条件

平行轴斜齿圆柱齿轮传动在端面上相当于一对直齿圆柱齿轮传动。因此,端面上两齿轮的模数和压力角应分别相等,两齿轮是沿法向进入啮合。从而可知,一对斜齿标准圆柱齿轮的法向模数和压力角也应分别相等。又由于轮齿呈螺旋形,其螺旋角必须匹配,即外啮合时,两螺旋角相等,方向相反;内啮合时,两螺旋角相等,方向相同。因此,一对标准斜齿圆柱齿轮传动的正确啮合条件应为

$$m_{n1} = m_{n2} = m \text{(标准值)}$$
$$\alpha_{n1} = \alpha_{n2} = \alpha = 20°$$
$$\beta_1 = \pm \beta_2 \tag{4-14}$$
$$\alpha_{t1} = \alpha_{t2}$$

式(4-14)中,外啮合时,螺旋角旋向相反,取"−"号;内啮合时,旋向相同,取"+"号。斜齿轮按其齿廓渐开线螺旋线的旋向,可分为左旋和右旋两种,如图 4-45 所示。将齿轮端面水平放置,螺旋线向右上升为右旋,如图 4-45(a)所示;向左上升为左旋,如图 4-45(b)所示。

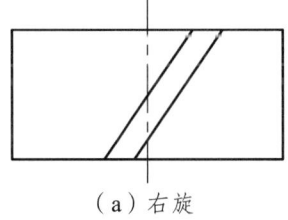
(a)右旋

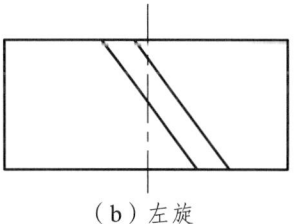
(b)左旋

图 4-45 斜齿轮的螺旋方向

4. 斜齿圆柱齿轮传动的重合度

如图 4-46（a）（b）所示为两个端面参数完全相同的标准直齿圆柱齿轮和斜齿圆柱齿轮的基圆柱面的展开图。直齿轮在 B_2B_2 处开始沿整个齿宽 b 进入啮合，到 B_1B_1 处沿整个齿宽 b 完全脱离啮合，其啮合弧长为 $\widehat{B_1B_2}$；而斜齿轮由 B_2B_2 处开始沿齿线长逐渐进入啮合，到 B_1B_1 处时，只是轮齿的一端开始脱离啮合，渐渐地整个轮齿完全脱离啮合。显然，其啮合弧长比直齿轮传动增大了 ΔL，故斜齿圆柱齿轮传动的重合度为

$$\varepsilon = \varepsilon_t + \varepsilon_\beta \tag{4-15}$$

式中　ε_t——斜齿轮传动的端面重合度，其值等于与斜齿圆柱齿轮端面齿廓相同的直齿圆柱齿轮传动的重合度；

ε_β——斜齿轮传动的轴向重合度，是由轮齿的倾斜而增加的重合度。

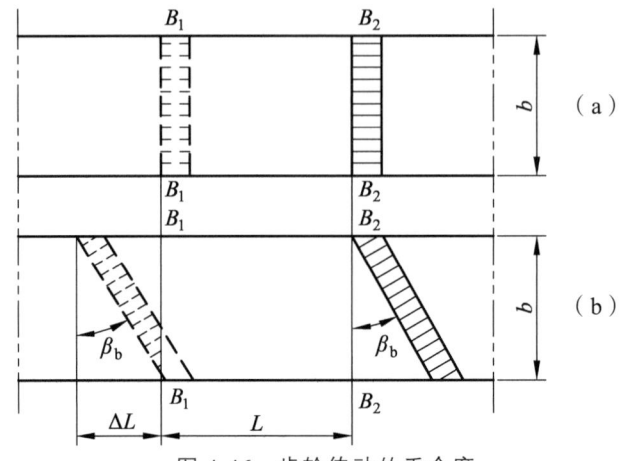

图 4-46　齿轮传动的重合度

由式（4-15）可知，斜齿圆柱齿轮传动的重合度比直齿圆柱齿轮传动的重合度大，并随着螺旋角 β 和轮齿宽度 b 的增大而增大。

5. 斜齿圆柱齿轮的当量直齿轮和当量齿数

对于斜齿轮，用成形法加工齿轮时，盘形铣刀是沿螺旋线方向进行切齿的。因此，刀具需按斜齿轮的法面齿形来选择；另外，在斜齿轮的强度计算时，齿轮副的作用力作用在轮齿的法向平面上。由此可知，斜齿轮的制造和设计都是以轮齿的法向平面齿形为依据。因此，需要知道它的法面齿形参数。

如图 4-47 所示，对斜齿轮进行分析可得当量齿轮的参数（下角标用 v 表示）：模数 $m_v = m_n$，压力角 $\alpha_v = \alpha_n = 20°$，分度圆直径 $d_v = 2\rho = d/\cos^2\beta$，则当量齿数应为

$$z_v = \frac{z}{\cos^3\beta}$$

用成形法加工斜齿轮时，应按当量齿数选择铣刀刀号。在计算标准斜齿轮不发生根切的齿数时，可求得

$$z_{\min} = 17\cos^3\beta \tag{4-16}$$

由式（4-16）可知，成形法加工斜齿轮时不产生根切的最少齿数小于直齿轮，故斜齿轮传动比直齿轮传动结构紧凑。

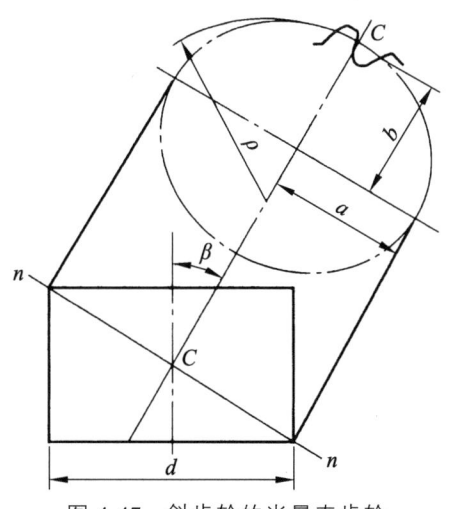

图 4-47　斜齿轮的当量直齿轮

七、圆锥齿轮传动

1. 圆锥齿轮传动概述

渐开线直齿圆锥齿轮齿面的形成与渐开线直齿圆柱齿轮相似,它是一平面沿基圆锥做纯滚动时,其上任一条通过锥顶的直线在空间形成一个渐开线曲面。该曲面即为渐开线直齿圆锥齿轮的齿廓曲面。

圆锥齿轮用来传递两相交轴之间的运动和动力。锥齿轮的轮齿分布在截锥体上,所以齿形从大端到小端逐渐缩小。与圆柱齿轮相似,锥齿轮也有基圆锥、分度圆锥、齿顶圆锥及齿根圆锥等。

圆锥齿轮的轮齿分直齿、斜齿和曲齿等类型。其中,直齿圆锥齿轮的设计、制造、安装较容易,应用最广。下面仅讨论常用的轴交角 $\Sigma = 90°$ 的直齿圆锥齿轮传动,如图 4-48(a)所示。设 δ_1 和 δ_2 分别为小锥齿轮和大锥齿轮的分度圆锥角,$\Sigma = \delta_1 + \delta_2 = 90°$,分度圆锥大端直径分别为 d_1、d_2,由图 4-48 可知两齿轮的传动比为

$$i = \frac{n_1}{n_2} = \frac{z_2}{z_1} = \frac{r_2}{r_1} = \cot\delta_1 = \tan\delta_2$$

锥齿轮传动

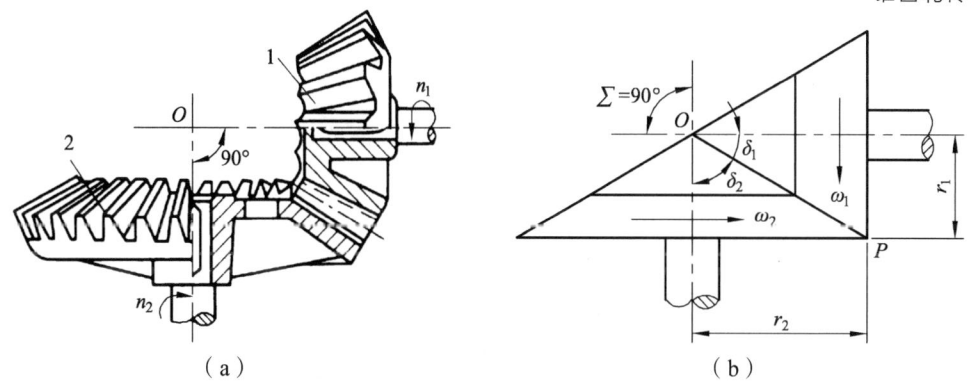

图 4-48　直齿圆锥齿轮传动

2. 圆锥齿轮的当量齿轮

圆锥齿轮的齿廓曲线，理论上应为球面渐开线。由于球面渐开线无法展开成平面，致使锥齿轮的设计和制造产生许多困难。为此，常将球面渐开线近似地展开在平面上，如图 4-49 所示。

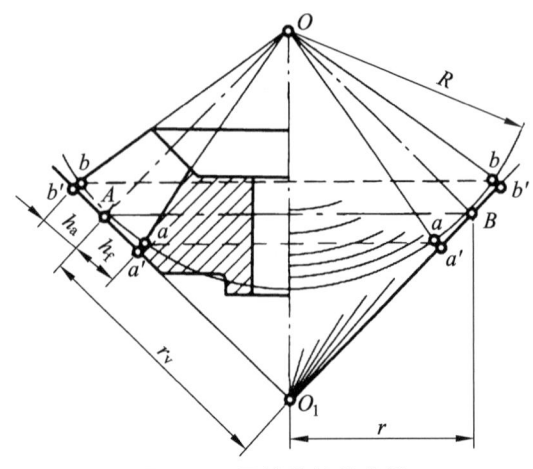

图 4-49 圆锥齿轮的背锥

对圆锥齿轮进行当量齿数 z_v 研究，如图 4-50 展开。

$$z_{v1} = \frac{z_1}{\cos \delta_1} \qquad z_{v2} = \frac{z_2}{\cos \delta_2}$$

直齿圆锥齿轮不产生根切的最少齿数为

$$z_{\min} = z_{v\min} \cos \delta$$

当 $\delta = 45°$，$\alpha = 20°$，$h_a^* = 1$ 时，则 $z_{\min} = 17\cos 45° \approx 12$。

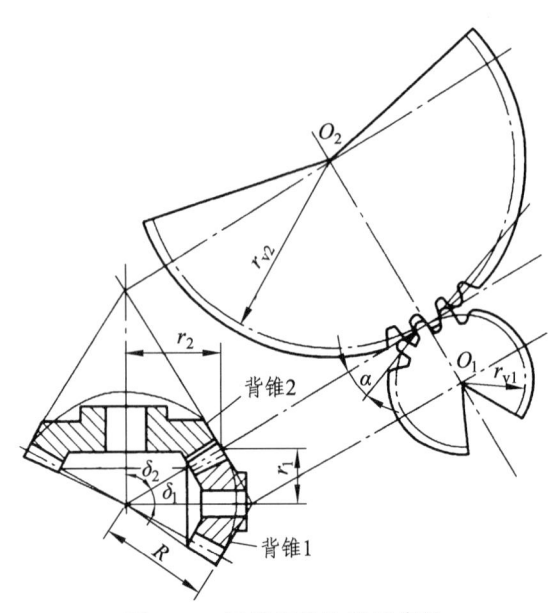

图 4-50 圆锥齿轮的当量齿轮

3. 圆锥齿轮的参数和几何尺寸

为了便于计算和测量，国家标准规定圆锥齿轮的大端参数为标准值，即大端模数 m 为标准模数，大端压力角为标准压力角 $\alpha = 20°$，齿顶高系数 $h_a^* = 1$，顶隙系数 $c^* = 0.2$。标准直齿圆锥齿轮的几何尺寸也以大端来计算。

如图 4-51 所示为一对标准直齿圆锥齿轮啮合传动。其节圆锥和分度圆锥相重合，轴交角 $\Sigma = 90°$，它们的几何尺寸计算如表 4-12 所示。

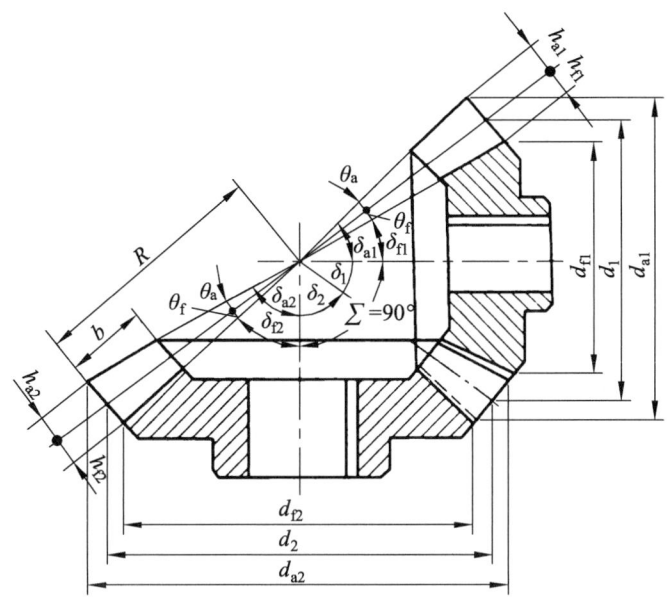

图 4-51 直齿圆锥齿轮传动的几何尺寸

表 4-12 $\Sigma = 90°$ 的标准直齿圆锥齿轮几何尺寸计算

名称及符号	计算公式
分度圆锥角 δ_1、δ_2	$\delta_2 = \arctan \dfrac{z_2}{z_1}$ ； $\delta_1 = 90° - \delta_2$
分度圆直径 d_1、d_2	$d_1 = mz_1$ ； $d_2 = mz_2$
齿顶高 h_a	$h_a = h_a^* m = m$
齿根高 h_f	$h_f = (h_a^* + c^*)m = 1.2m$
全齿高 h	$h = h_a + h_f = (2h_a^* + c^*)m = 2.2m$
齿顶间隙 c	$c = c^* m = 0.2m$
齿顶圆直径 d_{a1}、d_{a2}	$d_{a1} = d_1 + 2h_a \cos \delta_1 = d_1 + 2m \cos \delta_1$ ； $d_{a2} = d_2 + 2h_a \cos \delta_2 = d_2 + 2m \cos \delta_2$
齿根圆直径 d_{f1}、d_{f2}	$d_{f1} = d_1 - 2h_f \cos \delta_1 = d_1 - 2m \cos \delta_1$ ； $d_{f2} = d_2 - 2h_f \cos \delta_2 = d_2 - 2m \cos \delta_2$
锥顶距 R	$R = \sqrt{r_1^2 + r_2^2} = \dfrac{m}{2}\sqrt{z_1^2 + z_2^2} = \dfrac{d_1}{2\sin \delta_1} = \dfrac{d_2}{2\sin \delta_2}$

续表

名称及符号	计算公式
齿宽 b	$b = \psi_R \cdot R$，$b \leqslant \dfrac{R}{3}$，齿宽系数 $\psi_R = 0.25 \sim 0.3$
齿顶角 θ_a	$\theta_a = \arctan \dfrac{h_a}{R}$
齿根角 θ_f	$\theta_f = \arctan \dfrac{h_f}{R}$
顶圆锥角 δ_{a1}、δ_{a2}	$\delta_{a1} = \delta_1 + \theta_a$；$\delta_{a2} = \delta_2 + \theta_a$
根圆锥角 δ_{f1}、δ_{f2}	$\delta_{f1} = \delta_1 - \theta_f$；$\delta_{f2} = \delta_2 - \theta_f$

八、齿轮传动的失效形式及设计准则

1. 齿轮传动的失效形式

齿轮传动的失效一般指轮齿的失效，其失效形式与其工作条件有关。就工作条件来讲，齿轮传动可分为闭式传动和开式传动两类。闭式齿轮传动封闭在箱体内，润滑良好；开式齿轮传动的齿轮裸露在外面或只有简单的遮盖，工作环境中的灰尘、杂物易侵入啮合齿间，润滑条件较差。因此，重要的齿轮传动一般采用闭式传动，开式传动一般用在低速等不重要的齿轮传动中。另外，由于齿轮的材料不同，齿轮的失效形式也有多种。下面仅介绍常见的轮齿折断、齿面点蚀、齿面磨损、齿面胶合及齿面的塑性变形等失效形式。

1）轮齿折断

齿轮工作时，轮齿受到弯曲应力，其齿根部弯曲应力最大，且齿根圆角处有应力集中，故轮齿折断一般发生在齿根部分，如图 4-52 所示。轮齿折断有疲劳折断和过载折断两种情况。

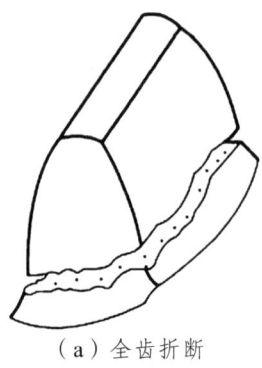

（a）全齿折断　　　　　　（b）局部折断

图 4-52　轮齿折断

齿轮工作时，轮齿好像一个悬臂梁，在载荷的作用下齿根部产生循环变化的弯曲应力，当弯曲应力超过材料的疲劳极限时，齿根部就会产生疲劳裂纹，裂纹不断扩展，最后导致轮齿折断，这种折断称为疲劳折断；过载折断通常是由于轮齿短时间超过额定载荷造成的,过载折断主要发生在淬火钢或铸铁等脆性材料制造的齿轮中。

对于宽度较小的直齿圆柱齿轮,一般是在齿根部发生全齿折断,宽度较大的直齿圆柱齿轮,当载荷沿齿向分布不均匀时,会产生局部折断。对于斜齿轮和人字齿轮,由于接触线为一斜线,故裂纹往往从齿根沿斜线向齿顶发展,从而产生轮齿的局部折断。

提高轮齿的抗折断能力,可采取的措施有:增大齿根处圆角半径以减少应力集中;在齿根处采用喷丸处理等强化措施;选用适当的材料和热处理方法,提高齿轮芯部的韧性,等等。

2)齿面点蚀

轮齿工作时,如果接触应力超过齿轮材料的接触持久极限,齿面表层会产生细微的疲劳裂纹,裂纹继续扩展使金属小块剥落而形成麻点状小坑,称为点蚀,如图4-53所示。

点蚀一般出现在轮齿的节线附近,这是因为轮齿在节线附近啮合时相对滑动速度低,不易形成润滑油膜,且接触应力较大。

提高齿面硬度、降低齿面粗糙度、采用黏度较高的润滑油均可提高齿面的抗点蚀能力。

3)齿面磨损

当灰尘、金属微粒等进入轮齿的啮合部位时,将引起齿面的磨粒磨损,如图4-54所示。当采用粗糙的硬齿面齿轮时,也会引起齿面的磨损。在开式传动中,磨损更加严重。

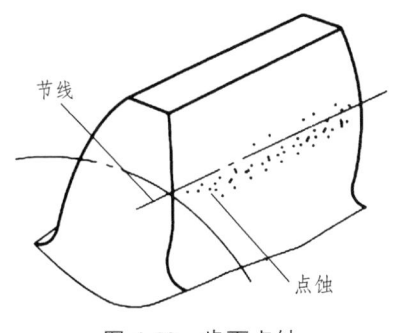

图4-53 齿面点蚀

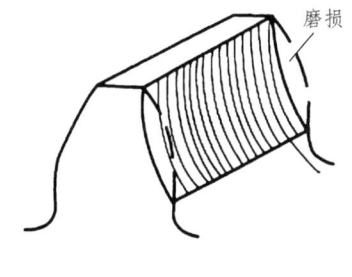

图4-54 齿面磨损

齿面磨损将使轮齿失去正确的齿形,使齿厚变薄,使传动产生冲击和噪声,严重时导致轮齿折断。

减轻或防止齿面磨损的最有效方法是采用闭式传动。另外,还可通过提高齿面硬度、降低齿面粗糙度、保持润滑油的清洁,以及定期更换等措施来减轻齿面磨损。

4)齿面胶合

齿面胶合是相互啮合轮齿的表面在一定的压力作用下直接接触而发生黏着,并随着齿轮的相对滑动,使金属从齿面上撕落而形成的一种黏着磨损现象,如图4-55所示。

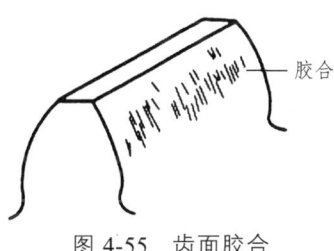

图4-55 齿面胶合

在高速重载的闭式齿轮传动中,由于齿面间的压力大,相对滑动速度高,发热多,使啮合区的瞬时温度过高,导致两接触齿面金属黏焊,而产生热胶合。

对于低速重载齿轮传动，由于啮合处的局部压力大，而速度又低，因而使两接触表面间不易形成油膜而黏着，从而出现冷胶合。

合理地搭配齿轮材料、提高齿面硬度和光洁度、采用抗胶合的润滑油，均可提高齿面的抗胶合能力。

5）齿面的塑性变形

在重载、低速的齿轮传动中，如果齿轮表面硬度较低，则齿面在过大的摩擦力作用下，可能出现沿摩擦力方向的滑移，形成主动轮齿面在节线附近凹下，从动轮齿面在节线附近凸起，这种现象称为齿面塑性变形，如图4-56所示。

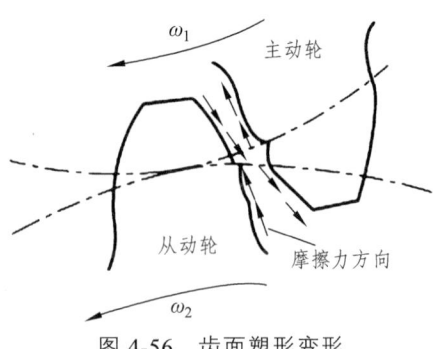

图4-56 齿面塑形变形

提高齿面硬度、选用高黏度的润滑油，都可减小或防止齿面的塑性变形。

2. 齿轮传动的计算准则

上述各种失效形式对某一具体的齿轮传动而言并不一定会同时发生。因此，应针对不同情况下的主要失效形式来确定相应的设计计算准则。从理论上讲，对每种失效形式都应该有相应的设计计算准则，但由于对失效机理认识、研究的局限性，目前对齿面磨损和齿面塑性变形等尚未建立可行的设计计算准则。因此，设计一般齿轮传动，通常只按保证齿根弯曲疲劳强度和齿面抗点蚀的接触疲劳强度两个准则进行设计计算。

实践证明，软齿面（齿面硬度≤350 HBS）闭式齿轮传动，常因齿面点蚀而失效，故通常先按齿面接触疲劳强度进行设计计算，然后校核齿根弯曲疲劳强度；对于硬齿面（齿面硬度>350 HBS）闭式齿轮传动，或材质较脆的齿轮，主要是轮齿的折断而失效，故应先按齿根弯曲疲劳强度进行设计计算，然后校核接触疲劳强度。对于开式齿轮传动，由于尚无计算磨损的方法，因此，目前只进行齿根弯曲疲劳强度计算，适当加大齿轮的模数。对于高速重载的齿轮传动，出现胶合的倾向较大，故应按齿面抗胶合能力的准则进行计算。

九、齿轮材料

对齿轮材料机械性能的基本要求是：齿面要具有足够的硬度，以获得较高的抗点蚀、抗磨损、抗胶合和抗塑性变形的能力，而齿轮的芯部要有足够的强度和韧性，以保证有足够的抗折断能力。此外，齿轮材料还应具有良好的机械加工和热处理工艺性，价格便宜。

制造齿轮的材料主要是各种钢材，其次是铸铁。近年来，塑料和尼龙等非金属材料的应用逐渐增多。

1. 钢

钢的韧性好，耐冲击，而且可通过普通热处理和化学热处理改善材料的机械性能，因此是应用广泛的齿轮材料。钢材可分为锻钢和铸钢两大类。

1）锻 钢

对于强度、速度及精度要求不高的闭式齿轮传动，一般可采用软齿面齿轮（齿面硬度≤350 HBS），它可将齿轮毛坯经过调质和正火处理后进行切齿加工得到，常用的材料为 45、40Gr、35SiMn、38SiMnMo 等中碳钢或中碳合金钢。切齿加工后一般精度为 8 级，精切可达 7 级精度。这类齿轮制造工艺简便、经济、生产率高。

对于软齿面齿轮传动，由于小齿轮应力循环次数比大齿轮多，且小齿轮齿根强度较弱。为使大、小齿轮的使用寿命接近相等，应使小齿轮的齿面硬度比大齿轮的齿面硬度高 30~50 HBS，这可采用不同的热处理方法或选用不同的材料来实现。通常小齿轮采用调质，大齿轮采用正火处理。

对于高速、重载或要求尺寸小、质量小的齿轮传动，应采用硬齿面齿轮（齿面硬度>350 HBS）。这类齿轮的毛坯经调质或正火处理后切齿，再做表面淬火、渗碳淬火或渗氮淬火等表面硬化处理。最后经过磨削等加工，一般精度可达 5 级或 4 级。

这类齿轮制造需要专用热处理设备和齿轮精加工设备，制造费用较高。

2）铸　钢

对于直径较大（齿顶圆直径≥400 mm）、结构形状复杂而不易锻造的齿轮，常用铸钢制造，铸钢齿轮的毛坯一般需经退火及常化热处理。常用铸钢的牌号有 ZG310-570、ZG340-640 等。

2. 铸　铁

灰铸铁具有较好的减磨性和加工性能且价格低廉。但灰铸铁较脆，其抗弯强度、抗冲击能力都较差，一般适用于低速、轻载和无冲击的开式齿轮传动中。常用的灰铸铁有 HT250、HT300 等。

球墨铸铁有较高的强度和抗冲击能力，在闭式齿轮传动中可代替铸钢，因此获得了越来越多的应用。常用的球墨铸铁有 QT500-5、QT600-2 等。

3. 非金属材料

在高速、小功率和精度要求不高的齿轮传动中，为减小噪声和振动，常用非金属材料来制造小齿轮，而大齿轮仍用金属材料制造，以利于散热。常用的非金属材料有聚酰胺（尼龙）、酚醛塑料（夹布胶木）和聚四氟乙烯（塑料）等。

齿轮常用材料及热处理方法如表 4-13 所示。

表 4-13　齿轮材料及热处理方法

材料类别	牌　号	热处理方法	硬度（HBS 或 HRC）
普通碳素钢	Q275		140~170 HBS
调质钢	45	正火	170~210 HBS
		调质	210~250 HBS
		表面淬火	40~50 HRC
	40Cr	调质	240~285 HBS
		表面淬火	45~55 HRC
	35SiMn	调质	200~270 HBS
		表面淬火	42~55 HRC
	40MnB	调质	245~280 HBS

续表

材料类别	牌号	热处理方法	硬度（HBS 或 HRC）
渗碳钢	20Cr	渗碳淬火	56~62 HRC（齿心 28~33 HRC）
	20CrMnTi	渗碳淬火	56~62 HRC（齿心 28~33 HRC）
渗氮钢	38CrMoAlA	渗氮	58~62 HRC
铸钢	ZG310~570	正火	163~180 HBS
	ZG340~640	正火	180~210 HBS
	ZG35SiMn	正火	160~220 HBS
		调质	200~250 HBS
灰铸铁	HT250		170~240 HBS
	HT300		187~255 HBS
球墨铸铁	QT500-5		145~240 HBS
	QT600-2		230~300 HBS

十、齿轮传动的精度等级及其传动润滑

1. 齿轮传动的精度等级及其选择原则

GB/T 10095.1—2022 对渐开线圆柱齿轮规定了 12 个精度等级，第 1 级的精度最高，第 12 级的精度最低。常用的精度等级仍为 6、7、8、9 级。表 4-14 列出了齿轮传动常用精度等级、加工方法和应用范围。

表 4-14 齿轮常用精度等级、加工方法和应用范围

精度等级	加工方法	应用范围	效率/%
6 级（高精度级）	在精密机床上用范成法精磨或精剃	用于高速重载、平稳、低噪声的齿轮传动中，如分度机构用齿轮，高速减速器齿轮，飞机、汽车和机床中的重要齿轮	99 以上
7 级（较高精度级）	在精密机床上用范成法精插或精滚，对淬火齿轮需磨齿或研齿	用于高速、中小载荷或正反转动的齿轮传动中，如机床的进给齿轮，中速减速器齿轮，飞机、汽车中的齿轮	98 以上
8 级（中等精度级）	用范成法插齿或滚齿	用于精度没有要求的一般机械齿轮传动中，如机床、飞机、汽车中不重要的齿轮，农业机械中的重要齿轮	97 以上
9 级（低精度级）	用范成法或成形法	用于精度要求较低的低速齿轮传动中，如农业机械中的不重要齿轮	96 以上

2. 齿轮传动的润滑

齿轮啮合传动时，由于相啮合的轮齿间有很大的压力并有相对滑动，因此必须进行润滑，以减小齿面磨损，降低传动噪声，同时还有利于散热、防锈，延长齿轮传动的使用寿命。

齿轮传动的润滑方式主要根据齿轮圆周速度的大小来选择。

对于开式和半开式齿轮传动，由于圆周速度较低，因此，一般可采用人工定期加油或在齿面上涂抹润滑脂进行润滑。

在闭式齿轮传动中，当 $v \leqslant 12$ m/s 时，可采用浸油润滑，如图 4-57 所示。将大齿轮浸入油池一定深度，转动时，借助大齿轮将润滑油带入啮合处进行润滑，同时还将油甩到箱体内壁上散热；当 $v > 12$ m/s 时，因离心力较大，宜采用喷油润滑，即用一定的压力将润滑油直接喷到齿轮的啮合部位进行润滑，如图 4-58 所示。当 $v \leqslant 25$ m/s 时，喷油嘴可置于轮齿的啮入边和啮出边；当 $v > 25$ m/s 时，喷油嘴应置于齿轮啮出边，以便及时冷却刚刚啮合过的轮齿和对轮齿进行润滑。

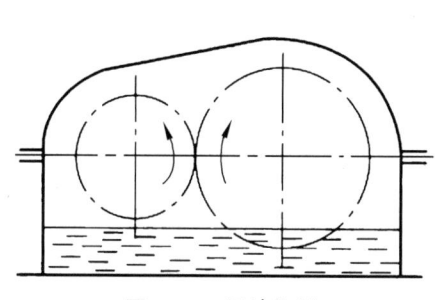

图 4-57　浸油润滑

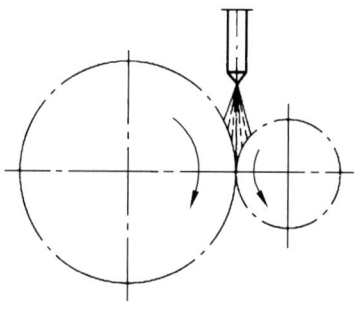

图 4-58　喷油润滑

【技能训练】

一、训练目的

（1）分解齿轮箱，清洗小齿轮。

（2）认识齿轮传动。

二、训练器材

动车组齿轮箱、清洗工具一套、拆卸工具一套。

三、训练内容

1. 施工前准备

施工前检查劳保防护用品穿戴到位。

施工前检查工具、工装配置到位，工具、工装在使用期限内，无损坏。

2. 操　作

（1）分解齿轮箱。

（2）小齿轮分解取出后，使用细白布、酒精（或CHESTOR273）进行擦拭、清洁，或使用中性清洁剂浸泡清洗小齿轮组成，去除表面的油迹，以达到磁粉探伤状态。

（3）观察动车组齿轮传动结构，如图4-59所示。

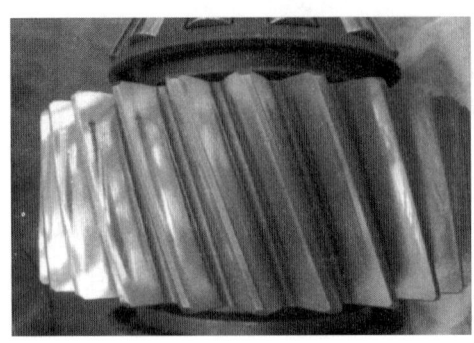

图4-59　齿轮结构

【课程思政】

齿轮箱注油时的"合字作业法"——北京动车段北京南动车运用所

随着春运的开始，铁路客流正逐步上升，为了确保乘客能安全出行，"高铁医生们"也变得更加忙碌，事关安全，一点也马虎不得。

齿轮箱是动车组中非常重要的一个装置，关乎列车能否安全运行。在齿轮箱上有一个检查窗口，用手电筒照射，能清楚地看到里面画着一个直径为5 mm左右的小红点。它的作用相当于油量液位的参考标线，通过它就能判断出齿轮箱里润滑油的油量是否合适。

油太多不利于散热，油量不足也会影响设备运行，所以必须刚刚好，齿轮箱里油的液面最好是处于红点的中间位置上。另外，还需要关注油液是否清澈，比如遇到暴雨、暴雪等极端恶劣天气时，要注意齿轮箱的呼吸孔内是否有雨雪渗入。

齿轮箱注油操作看似简单，但仍需要四个人进行，从拆到装都有规范的流程，作业人员、工长、技术员、质检员都有各自的不同任务，在检修、检查完成后，四人分别按照笔画顺序在齿轮箱上做好撇、捺、横、口的标记，直至写出完整的"合"字并留存影像后，齿轮箱的注油操作才算结束。齿轮箱注油时的"合字作业法"不只是简单的注油作业流程，它更展现出中国"高铁医生"的精细之作。

【课后练习】

1. 渐开线是怎样形成的？它有哪些主要性质？
2. 渐开线齿轮传动中齿廓啮合的基本定律是什么？
3. 渐开线标准直齿圆柱齿轮的基本参数有哪几个？
4. 分度圆与节圆、啮合角与压力角各有什么区别与联系？
5. 什么是标准模数？齿轮的模数和其几何尺寸有何关系？
6. 什么是渐开线齿轮传动中心距的可分离性？
7. 什么是重合度？为什么设计齿轮时要求其重合度大于1？
8. 渐开线直齿圆柱齿轮传动的正确啮合条件和连续传动条件是什么？
9. 在斜齿圆柱齿轮中为什么规定法向参数为标准值？

10. 齿轮的失效形式有哪几种？

11. 齿轮传动的润滑方式有哪些？如何选用？

12. 一标准渐开线直齿圆柱齿轮，齿顶圆直径 d_a = 208 mm，齿数 z = 24，问是哪一种齿制的齿轮，并计算其基本参数。

13. 已知两个相互啮合的直齿圆柱齿轮，m = 4 mm，z_1 = 25，z_2 = 73，试求两个齿轮的分度圆直径、齿顶高、齿根高、顶隙、基圆直径、齿顶圆直径、齿根圆直径、齿厚、齿间宽和标准中心距。

14. 一直齿圆柱齿轮，测得其齿顶圆直径 d_a = 106 mm，模数 m = 4 mm，试求其分度圆直径、齿根圆直径、齿顶高、齿根高。

15. 一对标准斜齿圆柱齿轮传动，中心距 a = 170 mm，齿数 z_1 = 26，z_2 = 90，m_n = 3 mm，试求该对齿轮的螺旋角、端面模数、端面压力角、当量齿数、分度圆直径、齿顶圆直径及齿根圆直径。

16. 一对渐开线标准直齿圆锥齿轮，齿数 z_1 = 16、z_2 = 48、m = 4 mm、轴交角 Σ = 90°，试求这对齿轮的几何尺寸。

任务四　蜗轮蜗杆传动

【学习目标】

目标类型	目标要求
知识目标	（1）了解蜗杆传动的类型和特点； （2）掌握蜗杆传动的基本参数和几何尺寸计算； （3）掌握蜗杆传动的失效形式、材料和结构； （4）掌握蜗杆传动的效率及润滑
能力目标	能够分析蜗轮蜗杆传动
素质目标	培养学生的分析能力

【理论知识】

一、概　述

1. 蜗轮蜗杆传动的特点及应用

蜗轮蜗杆传动是由蜗杆1和蜗轮2组成的，如图4-60所示。它常用于传递空间垂直交错轴之间的运动和动力，通常轴交角 Σ = 90°。一般情况下，蜗杆为主动件，蜗轮为从动件。

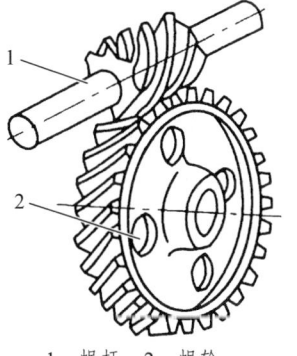

1—蜗杆；2—蜗轮。

图 4-60　蜗杆传动简图

蜗轮蜗杆传动

蜗轮蜗杆传动具有以下特点：

1）主要优点

① 传动比大而结构紧凑。动力传动中，i = 5～80；分度机构中，i 可达 1 000。

② 传动平稳，噪声小。因蜗杆的齿是一条连续的螺旋线，故传动连续，同时啮合的齿对数较多。

③ 具有自锁性。当蜗杆分度圆柱上的导程角 γ 小于蜗轮齿面间的当量摩擦角 ρ_v 时，可实现自锁。

2）主要缺点

① 传动效率低。当蜗杆为主动件时，效率 $\eta<0.7$；具有自锁性时，效率 $\eta<0.5$。

② 齿面间相对滑动速度大。当润滑、散热不良时，易产生胶合和磨损。对于重要的闭式传动，要有散热措施。

③ 制造成本高。为了减小磨损，提高齿面抗胶合能力，蜗轮常用贵重的减磨性材料（如青铜）制造。

由于蜗轮蜗杆传动具有以上优点，因此广泛用于机床、车辆、仪器、起重运输机械、冶金机械等工业中。

2. 蜗轮蜗杆传动的类型

蜗轮蜗杆传动按照蜗杆形状的不同，可分为圆柱面蜗杆传动[见图 4-61（a）]、圆弧面蜗杆传动[见图 4-61（b）]和锥面蜗杆传动[见图 4-61（c）]。

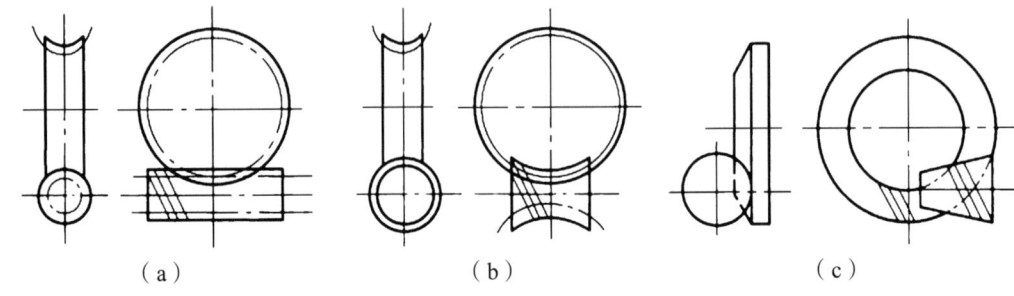

图 4-61 蜗杆传动的类型

圆柱蜗杆按其螺旋面的形状可分为阿基米德蜗杆和渐开线蜗杆。常用的是阿基米德螺杆（普通圆柱蜗杆），其螺旋面的形成与螺纹的形成相同，如图 4-62 所示。

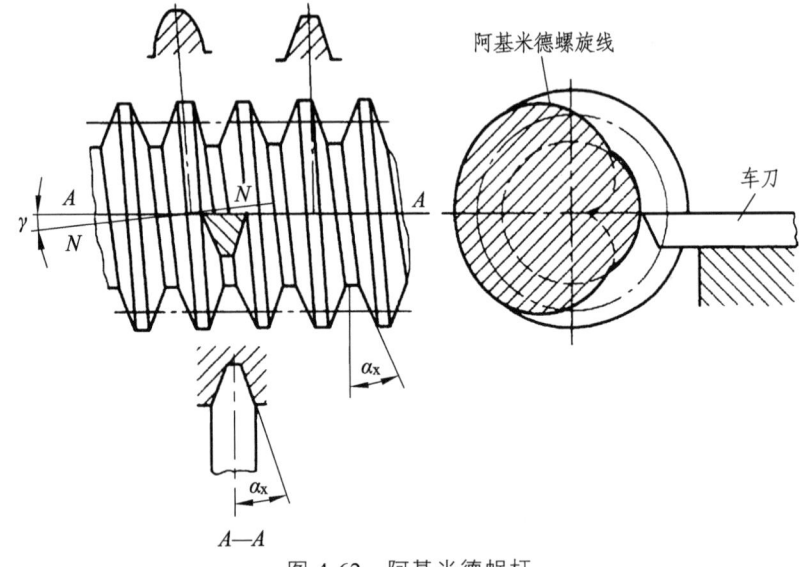

图 4-62 阿基米德蜗杆

在普通车床上加工阿基米德蜗杆时，将车刀刀刃置于水平位置，并与蜗杆轴线在同一水平面内，加工出来的蜗杆，在轴剖面内的齿廓为直线，两侧边交角 $2\alpha_x = 40°$，在垂直于蜗杆轴线的截面上，其齿廓为阿基米德螺旋线，故称为阿基米德蜗杆。这种蜗杆虽然车削容易，但难以磨削，不易得到较高的精度。

二、普通圆柱蜗杆传动的主要参数和几何尺寸计算

在普通圆柱蜗杆传动中，通过蜗杆轴线并与蜗轮轴线相垂直的平面，称为中间平面，如图 4-63 所示。在中间平面内，蜗杆与蜗轮的啮合相当于齿条与渐开线齿轮的啮合，所以在中间平面内蜗杆传动参数和基本尺寸计算与齿轮传动大致相同。因此，蜗杆传动的设计、计算都是以中间平面的参数和几何关系为基准进行的。

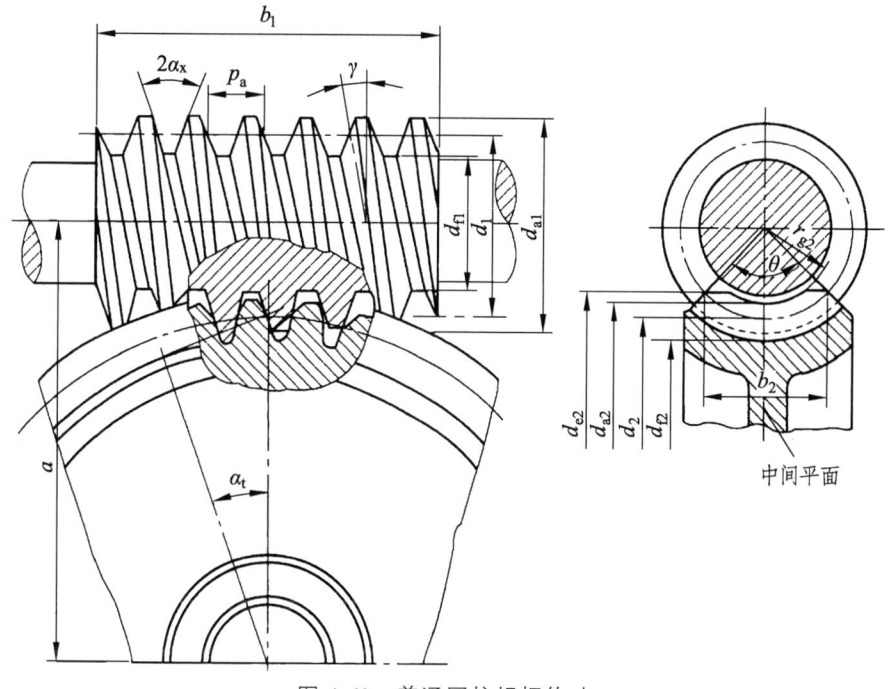

图 4-63 普通圆柱蜗杆传动

1. 蜗轮蜗杆传动的主要参数

1）模数 m 和压力角 α

与齿轮传动一样，蜗轮蜗杆传动的几何尺寸也是以模数和压力角为主要计算参数。国家标准规定，蜗轮蜗杆传动中，中间平面内的模数和压力角为标准值，模数如表 4-15 所示，压力角规定为 $\alpha = 20°$。

蜗轮蜗杆传动时的正确啮合条件为：蜗杆轴向模数 m_{x1} 和蜗轮端面模数 m_{t2} 相等；蜗杆轴向压力角 α_{x1} 和蜗轮端面压力角 α_{t2} 相等；蜗杆分度圆柱上的导程角 γ 应等于蜗轮分度圆柱上的螺旋角 β，且两者旋向相同，即

$$m_{x1} = m_{t2} = m$$
$$\alpha_{x1} = \alpha_{t2} = \alpha$$
$$\gamma = \beta$$

表 4-15 蜗杆基本参数（$\Sigma = 90°$）

模数 m/mm	分度圆直径 d_1/mm	蜗杆头数 z_1	直径系数 q	$m^2 d_1$	模数 m/mm	分度圆直径 d_1/mm	蜗杆头数 z_1	直径系数 q	$m^2 d_1$
2	（18）	1, 2, 4	9	72	5	（63）	1, 2, 4	7.875	4 032
2	22.4	1, 2, 4, 6	11.2	90	5	（80）	1, 2, 4, 6	10	5 120
2	（28）	1, 2, 4	14	112	5	（100）	1, 2, 4	12.5	6 400
2	35.5	1	17.75	142	5	140	1	17.5	8 960
2.5	（22.4）	1, 2, 4	8.96	140	10	（71）	1, 2, 4	7.1	7 100
2.5	28	1, 2, 4, 6	11.27	175	10	90	1, 2, 4, 6	9	9 000
2.5	（35.5）	1, 2, 4	14.29	222	10	（112）	1, 2, 4	11.2	11 200
2.5	45	1	17.77	281	10	160	1	16	16 000
3.15	（28）	1, 2, 4	8.89	278	12.5	（90）	1, 2, 4	7.2	14 062
3.15	35.5	1, 2, 4, 6	11.27	353	12.5	112	1, 2, 4, 6	8.96	17 500
3.15	（45）	1, 2, 4	14.29	447	12.5	（140）	1, 2, 4	11.2	21 875
3.15	56	1	17.77	556	12.5	200	1	16	31 250
4	（31.5）	1, 2, 4	7.875	504	16	（112）	1, 2, 4	7	28 672
4	40	1, 2, 4, 6	10	640	16	140	1, 2, 4, 6	8.75	35 840
4	（50）	1, 2, 4	12.5	800	16	（180）	1, 2, 4	11.25	46 080
4	71	1	17.75	1 136	16	250	1	15.625	64 000
5	（40）	1, 2, 4	8	1 000	20	（140）	1, 2, 4	7	56 000
5	50	1, 2, 4, 6	10	1 250	20	160	1, 2, 4, 6	8	64 000
5	（63）	1, 2, 4	12.6	1 575	20	（224）	1, 2, 4	11.2	89 600
5	90	1	18	2 250	20	315	1	15.75	126 000
6.3	（50）	1, 2, 4	7.936	1 984	25	（180）	1, 2, 4	7.2	112 500
6.3	63	1, 2, 4, 6	10	2 500	25	200	1, 2, 4, 6	8	125 000
6.3	（80）	1, 2, 4	12.698	3 175	25	（280）	1, 2, 4	11.2	175 000
6.3	112	1	17.778	4 445	25	400	1	16	250 000

注：表中括号内数值为第二系列，应优先选用第一系列。

2）传动比 i、蜗杆的头数 z_1 和蜗轮的齿数 z_2

蜗杆的头数 z_1 也就是蜗杆的螺旋线数。当蜗杆转动一周时，蜗轮转过 z_1 个齿，故蜗杆传动的传动比为

$$i = \frac{n_1}{n_2} = \frac{z_2}{z_1} \tag{4-17}$$

式中 n_1、n_2——蜗杆、蜗轮的转速，r/min；
z_1、z_2——蜗杆的头数和蜗轮的齿数。

应当指出，蜗杆传动的传动比并不等于蜗轮蜗杆的分度圆直径的反比，单头蜗杆的传动比大，且有利于实现反行程自锁，但效率比较低；多头蜗杆效率高，但头数过多，加工比较困难，通常 $z_1 = 1 \sim 6$。

蜗轮的齿数 $z_2 = iz_1$，为了避免根切和使传动平稳，z_2 应大于 26，但 z_2 不宜大于 80，因为蜗轮齿数过多，其结构尺寸会过大，使相啮合的蜗杆支承间距过长，蜗杆弯曲刚度差。表 4-16 给出了 z_1 和 z_2 的推荐值。

表 4-16 蜗杆头数与蜗轮齿数的推荐值

传动比 $i = z_2/z_1$	5~6	7~8	9~13	14~24	25~27	28~40	>40
蜗杆头数 z_1	6	4	3~4	2~3	2~3	1~2	1
蜗轮齿数 z_2	29~36	28~32	27~52	28~72	50~81	28~80	>40

3）蜗杆的直径系数 q

为了保证蜗杆和蜗轮的正确啮合，蜗轮的滚刀直径和参数必须与相应的蜗杆相同。因此，加工不同尺寸的蜗轮就需用不同的滚刀。为了减少滚刀规格，并使滚刀标准化，对每一标准模数规定了一定数量的蜗杆分度圆直径 d_1，如表 4-15 所示。

蜗杆分度圆直径 d_1 与模数 m 的比值称为蜗杆的直径系数，用 q 表示。其值如表 4-15 所示。

4）蜗杆分度圆柱导程角 γ

普通圆柱蜗杆分度圆柱螺旋线上任一点的切线与垂直于轴线的截面之间所夹的锐角，称为蜗杆分度圆导程角，用 γ 表示（见图 4-64），即

$$\tan \gamma = \frac{p_z}{\pi d_1} = \frac{z_1 p_{x1}}{\pi d_1} = \frac{z_1 \pi m}{\pi q m} = \frac{z_1}{q} \qquad (4-18)$$

式中 p_z——蜗杆导程；
p_{x1}——蜗杆轴向齿距。

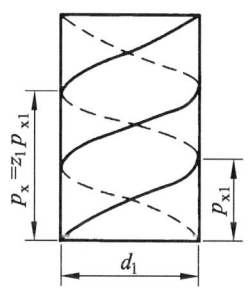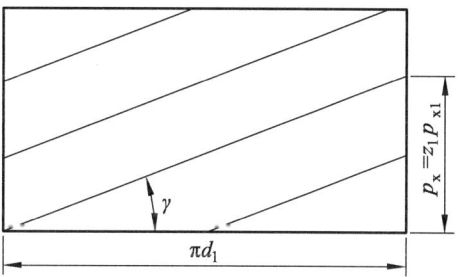

图 4-64 蜗杆导程角

蜗杆头数 z_1 和直径系数 q 确定以后，可求出蜗杆导程角 γ，$\gamma = 3.5° \sim 27°$。当 $\gamma \leq 3.5°$ 时，蜗杆可实现自锁。γ 大时，蜗杆传动效率高，但加工难度大。

5)齿面间相对滑动速度 v_s

蜗杆传动时,蜗杆分度圆的圆周速度 v_1 与蜗轮的圆周速度 v_2 相互垂直,因此,在蜗杆蜗轮的啮合齿面间会产生相当大的滑动速度 v_s。由图 4-65 可知:

$$v_s = \frac{v_1}{\cos \gamma}$$

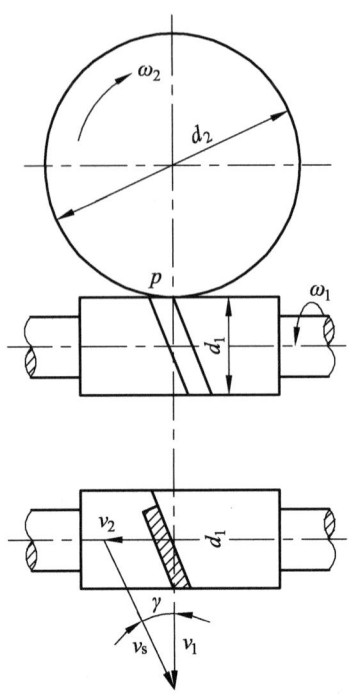

图 4-65 蜗杆传动的相对滑动速度

由于相对滑动速度的值较大,当润滑、散热等条件不良时,齿面易产生磨损和胶合。

2. 蜗杆传动的几何尺寸计算

普通圆柱蜗杆传动的几何尺寸计算如表 4-17 所示。

表 4-17 普通圆柱蜗杆传动的几何尺寸计算

名称及符号	计算公式	
	蜗 杆	蜗 轮
齿顶高 h_a	$h_{a1} = m$	$h_{a2} = m$
齿根高 h_f	$h_{f1} = 1.2m$	$h_{f2} = 1.2m$
全齿高 h	$h_1 = 2.2m$	$h_2 = 2.2m$
分度圆直径 d	$d_1 = mq$	$d_2 = mz_2$
齿顶圆直径 d_a	$d_{a1} = m(q+2)$	$d_{a2} = m(z_2+2)$
齿根圆直径 d_f	$d_{f1} = m(q-2.4)$	$d_{f2} = m(z_2-2.4)$

续表

名称及符号	计算公式	
	蜗杆	蜗轮
顶隙 c	$c = 0.2m$	
蜗杆轴向齿距 p_{x1} 蜗轮端面齿距 p_{x2}	$p_{x1} = p_{x2} = \pi m$	
蜗杆分度圆柱的导程角 γ	$\gamma = \arctan \dfrac{z_1}{q}$	
蜗轮分度圆上的螺旋角 β		$\beta = \gamma$
中心距 a	$a = \dfrac{d_1 + d_2}{2} = \dfrac{m(q + z_2)}{2}$	
蜗杆螺旋部分的长度 b	$z_1 = 1、2 \quad b_1 \geqslant (11 + 0.06z_2)m$ $z_1 = 4 \quad b_1 \geqslant (12.5 + 0.09z_2)m$	

三、蜗杆传动的失效形式、材料及结构

1. 蜗杆传动的失效形式

蜗杆传动的失效形式与齿轮传动相似,主要有齿面胶合、疲劳点蚀、磨损和轮齿折断。但是,由于蜗杆传动中,蜗杆与蜗轮齿面之间有较大的相对滑动,故发热量大,因此更容易产生齿面胶合和磨损。又由于蜗轮材料的强度、硬度比蜗杆材料的强度、硬度低,所以失效总是发生在蜗轮轮齿上。

闭式传动中容易产生齿面胶合,开式传动容易产生齿面磨损。目前,对胶合和磨损尚缺乏适当的计算方法;同时,考虑到轮齿严重磨损后,会使齿厚显著减薄而导致轮齿折断。因此,对蜗杆传动强度的计算,主要针对蜗轮按齿面接触强度和齿根弯曲强度进行承载能力的计算。

2. 蜗杆和蜗轮的材料选择

根据蜗杆传动的特点,选择蜗杆和蜗轮的材料时,不仅要有足够的强度,更重要的是要有良好的减磨性、耐磨性和抗胶合能力。因此,蜗杆材料一般采用碳钢和合金钢并进行热处理,如表 4-18 所示。蜗轮常用材料为铸锡青铜或无锡青铜、灰铸铁等。蜗轮常用材料如表 4-19 所示。

表 4-18 蜗杆常用材料及应用

材料牌号	热处理	硬度	表面粗糙度 $Ra/\mu m$	应用
40Cr、40CrNi、42SiMn、 38SiMnMo、42CrMo	表面淬火	45～55 HRC	1.6～0.8	中速、中载、一般传动
20Cr、20CrNi、20CrMnTi	渗碳淬火	58～63 HRC	1.6～0.8	高速、重载、重要传动
45	调质	<270 HBS	6.3	低速、轻中载、不重要传动

表 4-19 蜗轮常用材料及应用

材料	牌号	滑动速度 v_s/(m·s^{-1})	特性	应用
锡青铜	ZCuSn10P1	≤25	有较好的耐磨性、跑合性、抗胶合能力、切削性能，但强度低、成本高	连续工作的高速、重载的重要传动
	ZCuSn5Pb5ZnS	≤12		速度较高的轻、中、重载传动
无锡青铜	ZcuAl10Fe3	≤10	有较高的耐冲击能力，强度较高，切削加工性能好，但抗胶合能力差，价格较低	速度较低的重载传动
	ZCuAl10Fe3Mn2	≤10		速度较低、载荷稳定的轻、中载传动
黄铜	ZCuZn38Mn2Pb2	≤10		
灰铸铁	HT150 HT200 HT250	≤2	铸造性能、切削性能好，抗点蚀和抗胶合能力强，抗弯强度低，冲击韧性差，价格低	低速，不重要的开式传动；蜗轮尺寸较大的传动；手动传动

普通圆柱蜗杆传动在圆柱蜗杆、蜗轮精度（GB/T 10089—2018）中规定了 12 个精度等级，第 1 级精度最高，第 12 级精度最低。对于动力蜗杆传动，一般选用 6~9 级精度。

3. 蜗杆和蜗轮的结构

通常蜗杆和轴做成一体，称为蜗杆轴，如图 4-66 所示。蜗杆轴有车制蜗杆轴与铣制蜗杆轴。车制蜗杆时，为了车削螺旋部分，轴上应有退刀槽，如图 4-66（a）所示；铣制蜗杆时，可在轴上直接铣出螺旋齿面，无须有退刀槽，如图 4-66（b）所示。

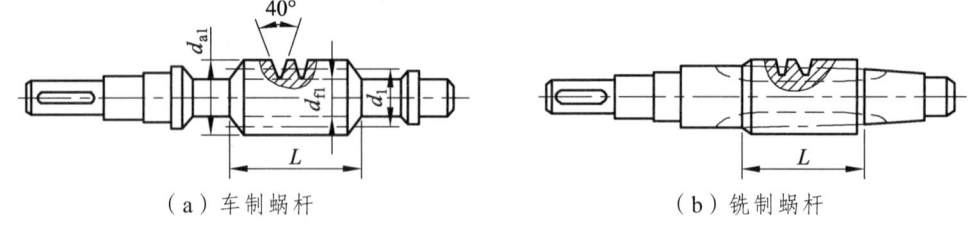

（a）车制蜗杆　　　　　　　　（b）铣制蜗杆

图 4-66 蜗杆轴

蜗轮一般可制成整体式和组合式结构。如图 4-67（a）所示为整体浇注式，主要用于铸铁蜗轮或直径小于 100 mm 的青铜蜗轮。对于较大直径的蜗轮，为节约贵重金属，常用贵重金属制成齿圈，用铸铁制成轮芯的组合式结构。如图 4-67（b）所示为齿圈压配式，将青铜齿圈紧套在铸铁（铸钢）轮芯上，常采用 H7/r6 过盈配合。为防止齿圈发热后松动，沿配合面再拧入 4~6 个螺钉，螺钉拧入后将头部锯掉。如图 4-67（c）所示为螺栓连接式，齿圈与轮芯采用铰制孔螺栓连接，常用于尺寸较大或容易磨损的蜗轮。如图 4-67（d）所示为镶铸式，将青铜轮缘浇注在铸铁轮芯上，轮芯上制出榫槽，以防止轴向滑动。蜗轮蜗杆的结构尺寸计算可参考有关设计资料。

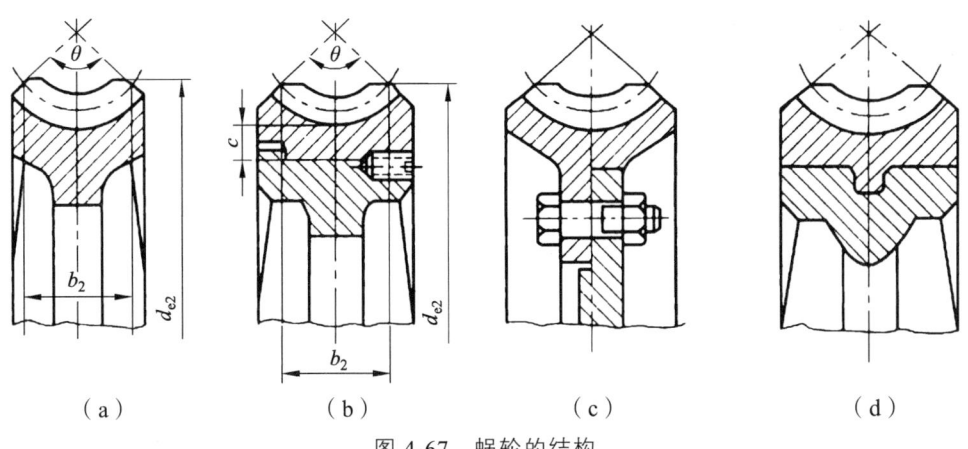

图 4-67 蜗轮的结构

四、蜗杆传动的效率、润滑、受力分析

1. 蜗杆传动的效率

闭式蜗杆传动的功率损耗一般包括三部分：齿面啮合摩擦损耗、轴承摩擦损耗以及箱体内润滑油搅动损耗。其中，最重要的是啮合摩擦损耗。啮合摩擦损失的效率可按螺旋传动的效率计算，后两项损耗较小，其效率为 0.95～0.96。因此，当蜗杆为主动件时，蜗杆传动的总效率为

$$\eta = (0.95 \sim 0.96) \frac{\tan\gamma}{\tan(\gamma+\rho_v)} \quad (4\text{-}19)$$

式中 γ ——蜗杆导程角；

ρ_v ——当量摩擦角，由表 4-20 查取。

表 4-20 普通圆柱蜗杆传动的当量摩擦角

蜗轮齿圈材料	锡青铜		无锡青铜		灰铸铁	
蜗杆齿面硬度	>45 HRC	≤350 HBS	>45 HRC		>45 HRC	≤350 HBS
滑动速度 v_s/(m·s^{-1})	当量摩擦角 ρ_v					
0.25	3°43′	4°17′	5°43′		5°43′	6°51′
0.50	3°09′	3°43′	5°09′		5°09′	5°43′
1.0	2°35′	3°09′	4°00′		4°00′	5°09′
1.5	2°17′	2°52′	3°43′		3°43′	4°34′
2.0	2°00″	2°35′	3°09′		3°09′	4°00′
2.5	1°43′	2°17′	2°52′			
3.0	1°36′	2°00′	2°35′			
4.0	1°22′	1°47′	2°17′			
5.0	1°16′	1°40′	2°00′			
8.0	1°02′	1°29′	1°43′			
10	0°55′	1°22′				
15	0°48′	1°09′				
24	0°45′					

2. 蜗杆传动的润滑

蜗杆传动时，由于啮合齿面的相对滑动速度较大，如果润滑不良，传动效率将显著降低，并且会导致齿面磨损和胶合，降低使用寿命。

通常根据蜗杆传动的相对滑动速度和工作条件来选择润滑油的黏度和润滑方法。开式蜗杆传动常采用黏度较高的润滑油或润滑脂。闭式蜗杆传动润滑油黏度及润滑方法如表 4-21 所示。

表 4-21 闭式蜗杆传动润滑油黏度及润滑方式

滑动速度 v_s/(m·s^{-1})	<1	<2.5	<5	>5~10	>10~15	>15~25	>25
工作条件	重载	重载	中载	—	—	—	—
黏度 $v_{40℃}$/cst	1 000	680	320	220	150	100	68
润滑方法	浸油			浸油或喷油	压力喷油润滑及其压力/MPa		
					0.07	0.2	0.3

注：cst 为非法定计量单位，目前工程中仍常采用，1 cst = 1 mm²/s。

3. 蜗杆传动的受力分析

蜗杆传动的受力分析过程和斜齿圆柱齿轮传动相似。不计摩擦力的影响，设 F_n 为集中作用于节点 C 处的正压力，可分解为 3 个互相垂直的分力：圆周力 F_t、轴向力 F_a 和径向力 F_r，如图 4-68 所示。

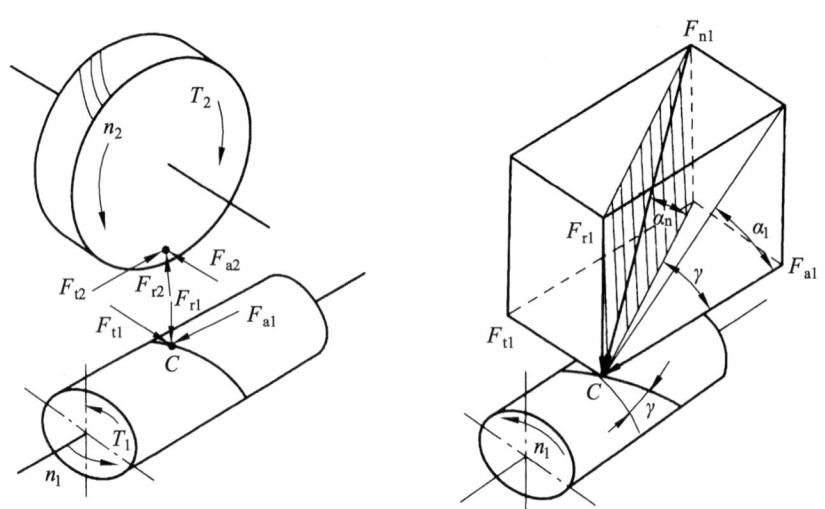

图 4-68 蜗杆传动的受力分析

通常蜗杆为主动件，蜗杆上的圆周力 F_{t1} 与其转向相反；蜗轮是从动件，蜗轮上的圆周力 F_{t2} 与其转向相同；蜗杆和蜗轮的径向力 F_r 沿半径指向各自的轴心，即 $F_{r1} = -F_{r2}$；蜗杆的轴向力 F_{a1} 应与蜗轮的圆周力 F_{a2} 相等，但方向相反，即 $F_{a1} = -F_{a2}$，蜗轮的轴向力 F_{a1} 的方向可根据蜗杆的螺旋线绕向和其旋转方向用左右手定则判别。如图 4-69 所示为一右旋蜗杆。用右手握住蜗杆，大拇指伸直，四指所指方向为蜗杆的转向，拇指所指方向为蜗杆轴向力 F_{a1} 的方向。

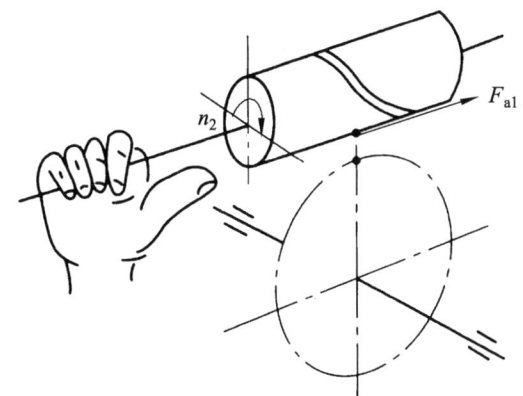

图 4-69 蜗杆传动轴向力的判断

【技能训练】

一、训练目的

（1）掌握蜗轮蜗杆的几何尺寸、参数，理解蜗轮蜗杆传动。
（2）理解并掌握蜗轮蜗杆尺寸测量。

二、训练材料

蜗轮蜗杆装配试验台、装配工具、检测量具。

三、训练内容

（1）装配前应熟悉试验台的使用要求，了解安装位置、转动方向、转速和润滑方式等。
（2）装配前应做好下列检查：
① 蜗轮的模数、外径、节圆直径。
② 蜗轮的孔与轴的配合，键与键槽的配合。
③ 如发现主动轴与从动轴的距离、平行度或垂直度有超差时，应调整解决后再装配。
④ 蜗轮与蜗杆装配前应进行检查，两者的压力角应一致，转动应灵活。蜗轮蜗杆一般出厂时都已装在轴上。
（3）蜗轮与蜗杆的纵向中心应相互垂直，其转动中心距的允许偏差，应按设计或设备技术文件规定执行，无规定时按表 4-22 检查。

表 4-22 蜗轮传动中心距偏差　　　　单位：μm

转动中心距 a/mm	精度等级											
	1	2	3	4	5	6	7	8	9	10	11	12
$a \leq 30$	3	5	7	11	17		26		42		65	
$30 < a \leq 50$	3.5	6	8	13	20		31		50		80	
$50 < a \leq 90$	4	7	10	15	23		37		60		90	
$90 < a \leq 120$	5	8	11	18	27		44		70		110	

续表

转动中心距 a/mm	精度等级											
	1	2	3	4	5	6	7	8	9	10	11	12
120<a≤180	6	9	13	20	32		50		80		125	
180<a≤250	7	10	15	23	36		58		92		145	
250<a≤315	8	12	16	26	40		65		105		160	
315<a≤400	9	13	18	28	45		70		115		180	
400<a≤500	10	14	20	32	50		78		125		200	
500<a≤630	11	15	22	35	55		87		140		220	
630<a≤800	13	18	25	40	62		100		160		250	
800<a≤1 000	15	20	28	45	70		115		180		280	
1 000<a≤1 250	17	23	33	52	82		130		210		330	

（4）蜗轮与蜗杆的侧间隙一般为 0.30~0.65 mm，顶间隙应随蜗轮与蜗杆的位置而定；如蜗杆在上，蜗轮在下，其顶间隙不得小于 1 mm；如蜗杆在下，蜗轮在上，其顶间隙不得小于轴瓦间隙。蜗杆与蜗轮的啮合间隙可按表 4-23 进行检查和调整。

表 4-23 蜗轮与蜗杆的啮合间隙

中心距 a/mm	≤40	40<a≤80	80<a≤160	160<a≤320	320<a≤630	630<a≤1 250	1 250<a
啮合间隙/mm	0.055	0.095	0.130	0.190	0.260	0.380	0.530

【课程思政】

铁路货车检车员是火车的"门诊大夫"

铁路货车检车员是火车的"门诊大夫"，要在规定的时间内完成一列货车的"望闻问切"，并迅速处理"疑难杂症"，确保列车安全运行至下一个检修车站。

13 时 10 分，杭州北车辆段芜湖上行作业场检车员毛小林正在进行检车作业。站场内热浪滚滚，他在密不透风的车列间来回穿梭，井然有序地进行着下蹲、上探、抬头仰视等工作。

行走在滚烫的石砟路上，穿着鞋子都能感觉到烫脚，股道间腾起的暑气令人眩晕。只见毛小林把长袖工作服扣得严严实实，还不时往上拽拽帆布手套。被晒成烙铁似的车厢铁皮，若不小心蹭上，就会被烫伤。

"发现车辆故障是一个技术活，就是在一列货车的上万个重点部件中找茬。除了多走一步、多看一眼、多敲一锤之外，对车辆构造、易脆易裂部位的熟悉也相当重要。当然，最关键的还是长期在现场检车过程中留心观察、总结出来的经验。"毛小林一边检车一边讲解他的检车心得和发现故障的窍门。

进入暑运后，一个班下来，他要检车 10 多列，来来回回在石砟路上走十几千米，身上的衣服从穿上就几乎没有干过。"已经习惯了，这就是我的工作。只要列车安全正点，苦点、累点、热点不算啥。"毛小林咧着嘴笑着说。

在强烈的阳光照射下，即便是戴着帽子，脸上也已经晒出明显的"帽檐"印。"这是夏天工作的常态，熬过这段时间就好了。"毛小林打趣道。

货物列车在编组站通常要进行解体作业，再重新编组，开往各地。进入暑期，为加速周边电厂电煤的快送、快卸，芜湖东站"眼睛向内"，向优化运输组织要效率、要能力，充分挖潜提效，加速车辆周转，使得车流密度陡增。

烈日酷暑下，毛小林细心检修每一辆车，用满身的油污和汗水守护着铁路安全。车底下不足 1 m 的空间里，身高 1.8 m 的他只能弯着腰对车辆进行全面检查。汗水顺着他的额头流向眼里，也顾不上擦一下。虽然工作时又脏又累，但毛小林却很自豪："把车辆检修维护好，保障电煤列车顺利到达电厂，是我的职责所在。"

"干检车这一行，累、苦、责任大，作业时不敢有丝毫马虎。"毛小林非常清楚自己的职责，每一个举动都严格落实作业标准。

【课后练习】

1. 蜗杆传动有哪些优缺点？宜在什么情况下使用？
2. 蜗杆传动的传动比为什么只能用 $i = z_2/z_1$，而不能用 $i = d_2/d_1$ 来表示？
3. 为什么规定蜗杆直径系数 q 为标准值？
4. 蜗杆传动的主要失效形式是什么？如何选择蜗杆和蜗轮的材料？
5. 闭式蜗杆传动为什么要考虑散热问题？可采用哪些措施来改善散热条件？

任务五　轮　系

【学习目标】

目标类型	目标要求
知识目标	（1）能够分析三种轮系传动、计算传动比； （2）掌握轮系的应用
能力目标	能够分解轮系传动
素质目标	通过轮系分析，培养独立分析的能力

【理论知识】

一、轮系及其分类

在实际机械传动中，只用一对齿轮传动往往不能满足生产上的多种需求，通常要采用一系列相互啮合的齿轮机构来达到目的。这种由一系列齿轮传动所组成的传动系统，称为轮系。

如果轮系中各齿轮的轴线互相平行，这样的轮系称为平面轮系，否则，称为空间轮系。按照轮系运动时各齿轮的轴线相对于机架的位置是否固定，轮系又可分为定轴轮系和行星轮系两大类。

1. 定轴轮系

轮系在运动时，若各齿轮的轴线位置相对机架均固定不动，则称该轮系为定轴轮系。由轴线相互平行的圆柱齿轮组成的定轴轮系，称为轴线平行定轴轮系，如图 4-70（a）所示。包含有锥齿轮或蜗轮蜗杆传动的定轴轮系，称为轴线不平行定轴轮系，如图 4-70（b）所示。

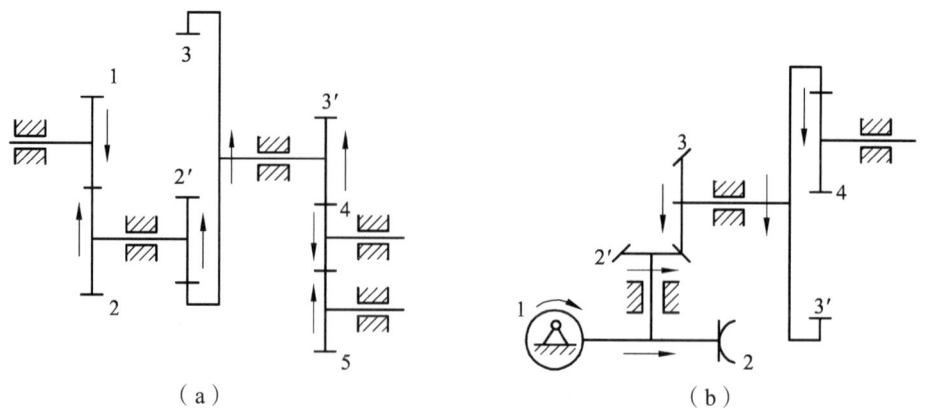

图 4-70 定轴轮系

2. 行星轮系

行星轮系也称周转轮系,组成轮系的某几个齿轮(至少一个)的几何轴线在传动中绕另一齿轮的几何轴线转动者,称为行星轮系。

如图 4-71(a)所示为一典型的行星轮系。它由机架、太阳轮 1 和 3、行星轮 2 及行星架 H 组成。在行星架 H 的支承下,行星轮既绕自身的几何轴线转动(自转),又绕行星架 H 的转动中心转动(公转)。为保证轮系能够传动,行星架 H 的转动轴线必须和太阳轮的公共轴线重合。凡承受外扭矩,且转动轴线与公共轴线重合的构件,称为行星轮系的基本构件。每个行星轮系均有 3 个基本构件。此行星轮系,因其基本构件由两个太阳轮(2k)及一个行星架 H 组成,故该轮系统称为 2k-H 型行星轮系。

为使传动时惯性力得到平衡以及减轻轮齿上的啮合载荷,通常采用两个以上完全相同的行星轮[图 4-71(a)为 3 个],均匀地分布在太阳轮的周围。因行星轮的个数对行星轮系的传动比没有影响,故在讨论各构件的运动关系时,机构简图中只需画出其中的一个行星轮,如图 4-71(b)所示。

在行星轮系中,若两个太阳轮都能转动,其机构自由度为 2,这种轮系称为差动轮系;若有一个太阳轮固定不动,则其机构自由度为 1,这种轮系称为简单行星轮系。当行星架 H 固定不动,则行星轮系演变为定轴轮系,如图 4-71(c)所示。

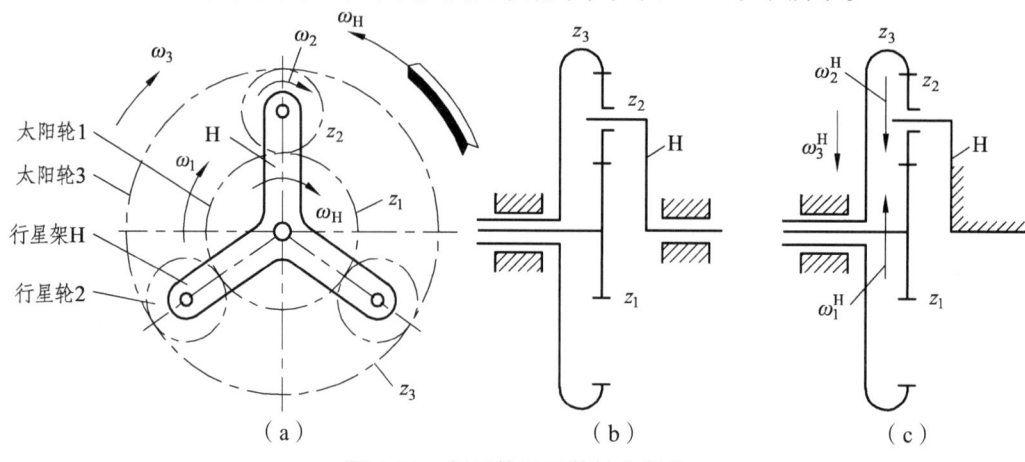

图 4-71 行星轮系及其转化机构

3. 混合轮系

由定轴轮系和行星轮系或由两个以上的行星轮系组成的轮系，称为混合轮系，如图 4-72 所示。

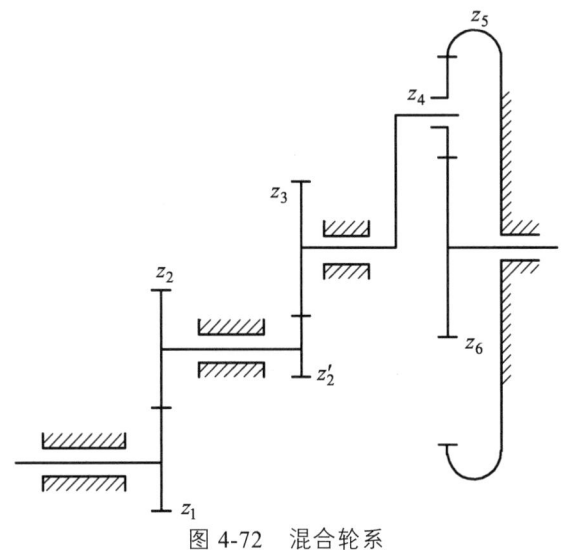

图 4-72 混合轮系

二、轮系传动比的计算

轮系中输入轴与输出轴的角速度或转速之比，称为轮系的传动比，常用字母 i 表示。例如，i_{15} 表示轴 1 与轴 5 的传动比。

在计算传动比时，既要确定轮系传动比的大小，又要确定输出轴与输入轴的转向关系。

1. 一对齿轮啮合的传动比计算

先讨论平行轴线圆柱齿轮传动的传动比，如图 4-73 所示。设主动轮 1 的转速为 n_1（角速度 ω_1），齿数为 z_1；从动轮 2 的转速为 n_2（角速度 ω_2），齿数为 z_2，则传动比为

$$i = \frac{n_1}{n_2} = \frac{\omega_1}{\omega_2} = \pm \frac{z_2}{z_1} \tag{4-20}$$

式中，"+"号表示一对内啮合圆柱齿轮传动时，从动轮与主动轮转向相同，如图 4-73（b）所示；"-"号表示一对外啮合圆柱齿轮传动时，从动轮转向与主动轮转向相反，如图 4-73（a）所示。两轮的转向也可用箭头在图中表示出来。

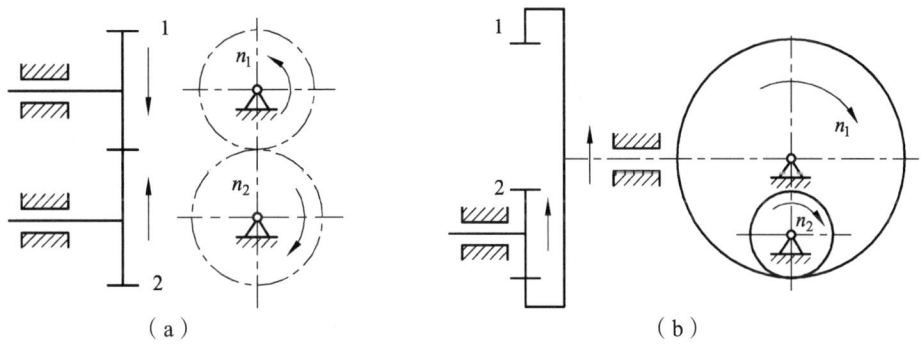

图 4-73 一对平行轴线齿轮传动的转向关系

对于轴线不平行的空间齿轮传动，如圆锥齿轮传动[见图 4-74（a）]和蜗轮蜗杆传动[见图 4-74（b）]，式（4-20）同样适用，但各轮转向只能用箭头的方法在图中表示出来。

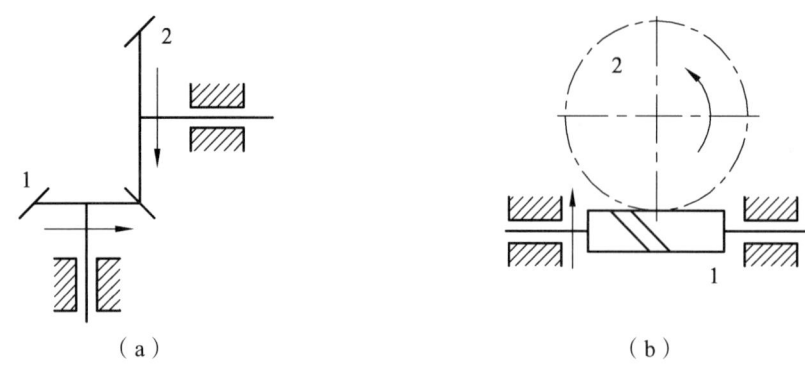

图 4-74　一对轴线不平行齿轮传动的转向关系

2. 定轴轮系的传动比

现以如图 4-70（a）所示的定轴轮系为例，讨论定轴轮系传动比的计算方法。设齿轮 1 为主动轮，齿轮 5 为输出轮，各轮齿数分别为 z_1、z_2、z_2'、z_3、z_3'、z_4、z_5，各轮转速分别为 n_1、n_2、n_2'、n_3、n_3'、n_4、n_5。根据式（4-20）可求得轮系中各对啮合齿轮的传动比为

$$i_{12} = \frac{n_1}{n_2} = -\frac{z_2}{z_1}$$

$$i_{2'3} = \frac{n_2'}{n_3} = \frac{z_3}{z_2'}$$

$$i_{3'4} = \frac{n_3'}{n_4} = -\frac{z_4}{z_3'}$$

$$i_{45} = \frac{n_4}{n_5} = -\frac{z_5}{z_4}$$

将以上各式连乘，可得

$$i_{15} = \frac{n_1}{n_5} = i_{12} \cdot i_{2'3} \cdot i_{3'4} \cdot i_{45} = (-1)^3 \frac{z_2 z_3 z_5}{z_1 z_2' z_3'} \qquad (4\text{-}21)$$

由式（4-21）可知，定轴轮系的传动比等于轮系中各对啮合齿轮传动比的连乘积，也等于轮系中所有从动轮齿数的乘积与所有主动轮齿数的乘积之比，传动比的正负号取决于外啮合齿轮的对数。

由以上分析可推广到一般情况。若用输入、输出分别表示轮系的首、末两轮，m 表示外啮合次数，则定轴轮系的传动比计算公式为

$$i_{入出} = \frac{n_入}{n_出} = \frac{\omega_入}{\omega_出} = (-1)^m \frac{\text{传动中所有从动齿轮的齿数积}}{\text{传动中所有主动齿轮的齿数积}} \qquad (4\text{-}22)$$

公式说明如下：

① 用 $(-1)^m$ 来判断转向只限于轴线平行的定轴轮系。

② 若定轴轮系中包含轴线不平行的锥齿轮、蜗轮蜗杆等空间齿轮传动,则不能用 $(-1)^m$ 来确定输出轮的转动方向,而只能用箭头的方法表示在图上,如图 4-70(b)所示。

③ 空间轮系中若首末两轮的几何轴线平行,仍可用"+""-"号来表示两轮之间的转向关系。两者转向相同时,在传动比计算结果前冠以"+"号;两者转向相反时,在传动比计算结果前冠以"-"号。但要注意的是,这里所说的"+""-"号是用箭头的方法在图中确定的,而不能用 $(-1)^m$ 来确定。

在图 4-70(a)中,齿轮 4 同时与齿轮 3′和齿轮 5 相啮合,它既是齿轮 3′的从动轮,又是齿轮 5 的主动轮,该齿轮齿数在公式的分子和分母中同时出现而互相约去。因此,齿轮 4 的齿数多少不影响轮系传动比的大小,但影响输出轮的转向。在轮系中,这种不影响传动比大小,仅起传递运动和改变转向作用的齿轮,称为惰轮。

3. 行星轮系传动比的计算

对于行星轮系,其传动比显然不能直接利用定轴轮系传动比的计算公式。因为行星轮系中包含几何轴线可以运动的行星轮。但可运用转化机构法,将行星轮系转化为定轴轮系,再根据定轴轮系传动比的计算方法来计算行星轮系的传动比。根据相对运动原理,假想给如图 4-75(a)所示的整个行星轮系加上一个与行星架 H 转速大小相等、方向相反的公共转速"$-n_H$"后,各构件间的相对运动关系不变,但此时行星架的转速为"$n_H - n_H = 0$",即相对静止不动,则原行星轮系转化为定轴轮系,如图 4-75(b)所示。这个假想的定轴轮系称为原行星轮系的转化轮系。转化轮系中各构件相对行星架 H 的转速列于表 4-24 中。

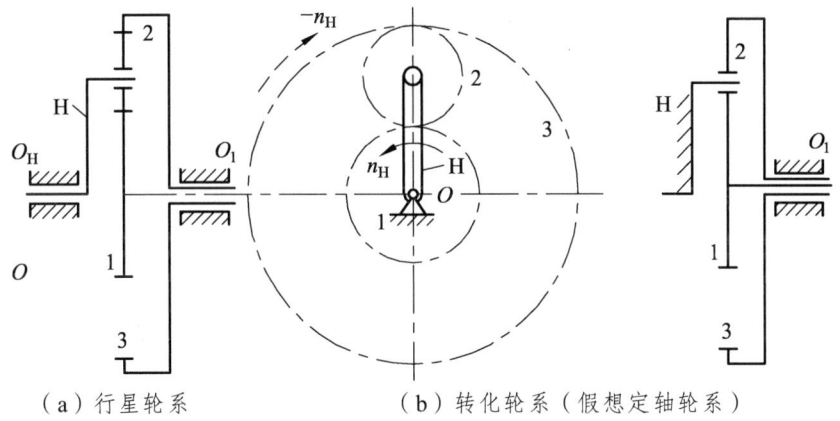

(a)行星轮系　　　　　　(b)转化轮系(假想定轴轮系)

图 4-75　行星轮系及其转化轮系

表 4-24　转化前后各构件转速间的关系

齿轮代号	原轮系中的转速(绝对转速)	转化轮系中的转速(相对转速)
1	n_1	$n_1^H = n_1 - n_H$
2	n_2	$n_2^H = n_2 - n_H$
3	n_3	$n_3^H = n_3 - n_H$
H	n_H	$n_H^H = n_H - n_H = 0$

表 4-24 中，n_1^H、n_2^H、n_3^H、n_H^H 分别表示各构件在转化轮系中的转速。因转化轮系是假想的定轴轮系，故可按定轴轮系传动比计算公式（4-22）计算该机构的相对传动比：

$$i_{13}^H = \frac{n_1^H}{n_3^H} = \frac{n_1 - n_H}{n_3 - n_H} = (-1)^1 \frac{z_2 z_3}{z_1 z_2} = -\frac{z_3}{z_1}$$

等式右边的"-"号表示转化轮系中齿轮 1 和齿轮 3 的转向相反。

以上分析可推广到一般的行星轮系中。设行星轮系首轮（输入）、末轮（输出）和行星架 H 的绝对转速分别为 $n_入$、$n_出$、n_H，m 表示输入齿轮到输出齿轮之间的外啮合次数，则其转化轮系传动比的一般表达式为

$$i_{入出}^H = \frac{n_入 - n_H}{n_出 - n_H} = (-1)^m \frac{转化轮系中由输入齿轮至输出齿轮各从动轮齿数的乘积}{转化轮系中由输入齿轮至输出齿轮各主动轮齿数的乘积}$$

（4-23）

公式说明如下：

① 该式只适用于输入齿轮、输出齿轮和行星架 H 的回转轴线重合或平行的场合。其原因在于公式推导过程中附加转速（$-n_H$）与各构件原来的转速是代数相加的，因而 $n_入$、$n_出$、n_H 必须是平行的矢量。正因为如此，对于锥齿轮所组成的差动轮系，其两太阳轮之间或太阳轮与行星轮之间的传动比，可用式（4-23）求解。但行星轮的转速则不能用式（4-23）求解。

② 等式右边的符号表示转化轮系中输入齿轮、输出齿轮的转向关系，其判断方法与定轴轮系判断方法相同。若输入齿轮到输出齿轮之间只有圆柱齿轮，则可由 $(-1)^m$ 来确定；若轮系中有圆锥齿轮或蜗杆蜗轮传动，则在转化轮系中要用画箭头的方法确定。应注意的是，计算时将各轮转速的数值代入的同时，必须连同转速的正负号代入。可先假设某一已知构件转向为正时，则另一构件转向与之相同取正，反之取负。

$i_{出}^{H入} \neq i_{入出}$，$i_{出}^{H入}$ 为转化轮系中输入齿轮、输出齿轮的转速之比（即 $i_{出}^{H入} = \frac{n_入^H}{n_出^H}$），而 $i_{入出}$ 是行星轮系中输入齿轮、输出齿轮的绝对转速之比（即 $i_{入出} = \frac{n_入}{n_出}$），它的大小和符号必须按式（4-22）经计算后求出。

4. 混合轮系传动比的计算

混合轮系传动比的计算是建立在定轴轮系和单级行星轮系传动比计算基础之上的。计算混合轮系的传动比时，必须首先确定哪些齿轮构成定轴轮系，哪些齿轮构成单一行星轮系，然后分别列出各个基本轮系的传动比计算方程式，再根据这些基本轮系中的联系构件的关系进行计算，最后将各方程式联立求解出所需的传动比。

解决此类问题的关键是：在轮系中要正确划分出单一的行星轮系。即先找出几何轴线不固定的行星轮，再找出支持行星轮的行星架 H 以及与行星轮相啮合的太阳轮，这组行星轮、行星架、太阳轮就构成了单一的行星轮系。重复上述过程直至将所有的单一行星轮系全部找出为止，剩余的部分就是定轴轮系。

三、轮系的功用

轮系广泛应用于各种机械中，主要功用如下：

1. 实现相距较远的两轴之间的传动

当需要传递运动的两轴间距离较远时，若只用一对齿轮传动，齿轮的外廓尺寸就很大，并且浪费材料。若改用轮系传动，就会节省空间，又方便制造、安装，如图 4-76 所示。

2. 实现变速和换向传动

在输入轴转速和转向不变的情况下，利用轮系可使输出轴获得不同的转速和转向。如图 4-77 所示的机床主轴箱，轴Ⅰ为输入轴，轴Ⅲ（主轴）为输出轴，M_1 为啮合式离合器。当轴Ⅱ上的三联滑移齿轮（齿数分别为 53、72、65）分别和轴Ⅰ上的 3 个固定齿轮（齿数分别为 40、26、33）啮合时，可得到 3 种不同的传动比，主轴Ⅲ即可获得 3 种不同的转速。若离合器 M_1 向左接合，主轴正转；当离合器 M_1 向右接合时，因多了一对外啮合齿轮传动，故主轴反转，从而实现变速和换向。

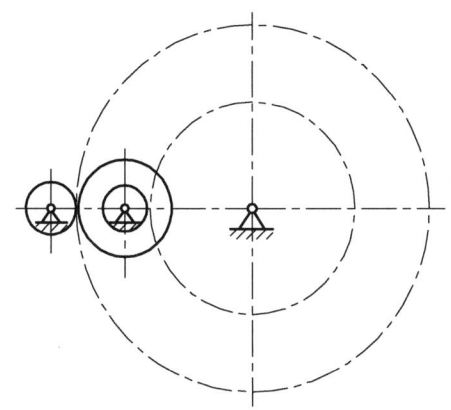

图 4-76 相距较远的两轴传动

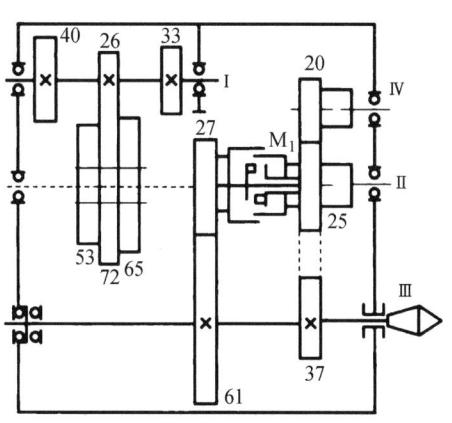

图 4-77 车床主轴箱传动系统

3. 获得大传动比传动

在齿轮传动中，一对齿轮的传动比一般不大于 8。当两轴间需要很大的传动比时，如果只采用一对齿轮传动，两个齿轮直径相差较大，不仅外廓尺寸大，且造成两齿轮寿命悬殊。此时，可采用轮系来实现，尤其是行星轮系，可获得很大的传动比。图 4-78 所示（$z_1 = 100$，$z_2 = 101$，$z_2' = 100$，$z_3 = 99$）的简单行星轮系，仅用了两对齿轮传动，其传动比却高达 10 000。不过由于这类行星轮系减速比大而效率低，且当齿轮 1 为主动件时，将发生自锁，因此，它只适用于传递运动，不宜用于传递动力。

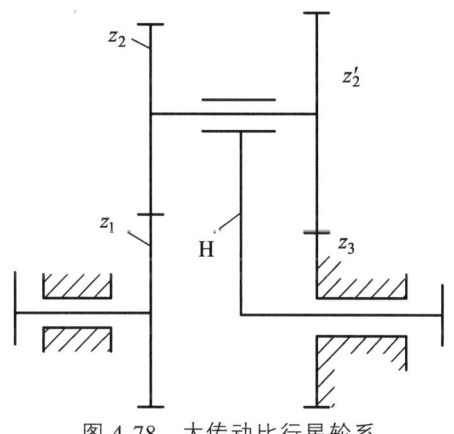

图 4-78 大传动比行星轮系

4. 实现运动的合成和分解

如图 4-79 所示的锥齿轮差动轮系，太阳轮 1、3 都可以转动，且 $z_1 = z_3$。因差动轮系有两个自由度，也就是说需要两个原动件输出运动才能确定，故可利用差动轮系将两个输入运动合成为一个输出运动。分析可得

$$i_{13}^H = -1 \; ; \quad n_H = 0.5(n_1 + n_3)$$

上式说明行星架 H 的转速是齿轮 1、3 转速的合成。这种形式的轮系广泛应用于机床、计算机和各种补偿装置中。

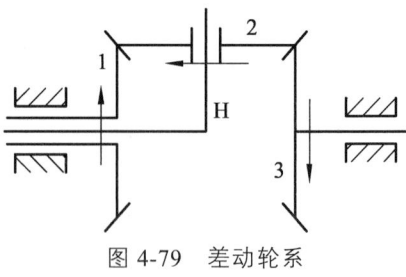

图 4-79 差动轮系

同样，利用差动轮系也能实现运动的分解。如图 4-80 所示的汽车后桥差速器根据转弯半径的不同自动改变两后轮的转速实现了运动的分解。差速器在汽车、飞机、船舶、起重机等各种机械中得到广泛应用。

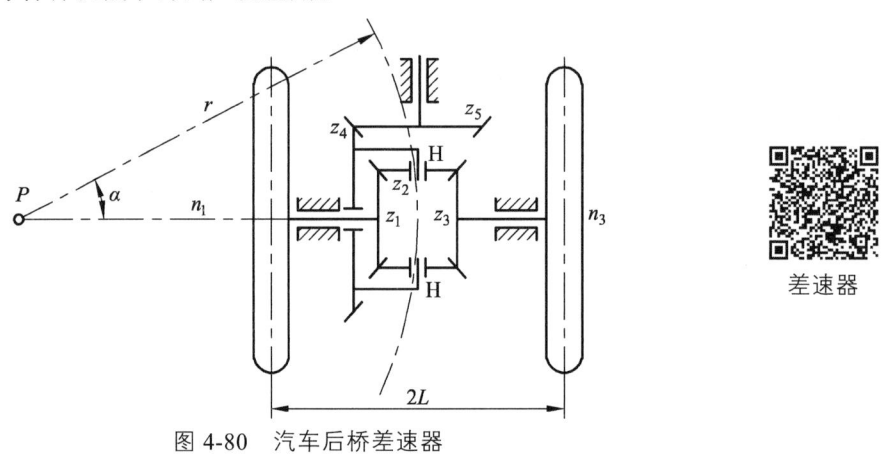

差速器

图 4-80 汽车后桥差速器

5. 实现分路传动

利用轮系可将输入的一种转速同时分配到几个不同的输出轴上，以满足不同的工作要求。如图 4-81 所示为钟表传动示意图。当发条 N 驱动齿轮 1 转动时，通过轮系分别使分针 M、秒针 S 和时针 H 以不同的转速运动，以满足钟表的工作要求。

【技能训练】

一、训练目的

（1）组装行星轮系。
（2）理解行星轮系传动。

二、训练材料

试验台、木锤、装配工具、检测量具。

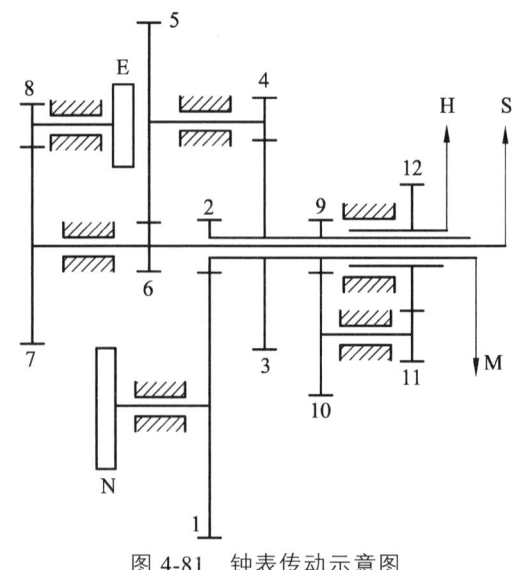

图 4-81 钟表传动示意图

三、训练内容

1. 行星齿轮传动装置装配技术

在行星齿轮传动装置中，一般都有两个或两个以上的行星轮参与啮合，使参与传递动力的各行星轮之间载荷分布均匀。这是各类行星齿轮传动中的基本问题，故在装配时，除了一般性的工艺要求外，还应注意提高和检查各齿轮间的啮合质量，使各行星齿轮的载荷尽量分布均匀，从而保证其运转的平稳性和使用寿命。为此采用定向装配，使部分误差能在装配时相互抵消；同时，注意保证机体、内齿圈、端盖和主、从动轴的同轴度。

在安装行星变速器时，如欲进行解体装配，则应注意上述情况。对于采用定向装配的行星变速器，在解体时应在对应的啮合齿上打上标记，以免在解体装置后降低原有的啮合质量。

行星齿轮装配完成后，各部分应转动灵活，并可用涂色法检查各齿面的啮合情况，接触精度应符合技术要求。在进行空载荷试运转时，声音应平稳，不应有冲击或特殊声响。

2. 一般行星齿轮传动装置的装配

1）装配分析

此类行星变速器的传动原理如图 4-82 所示。按其啮合特点系属 NGW 型，其特点是内齿轮 3 与太阳轮 1 和公用的行星轮 2 相啮合。当太阳轮做高速旋转时，行星轮在太阳轮和内齿轮之间既做自转运动，又绕太阳轮做公转运动。行星转架则将行星轮的低速公转运动输出。图 4-83 为 NGW 型减速器的结构形式之一。

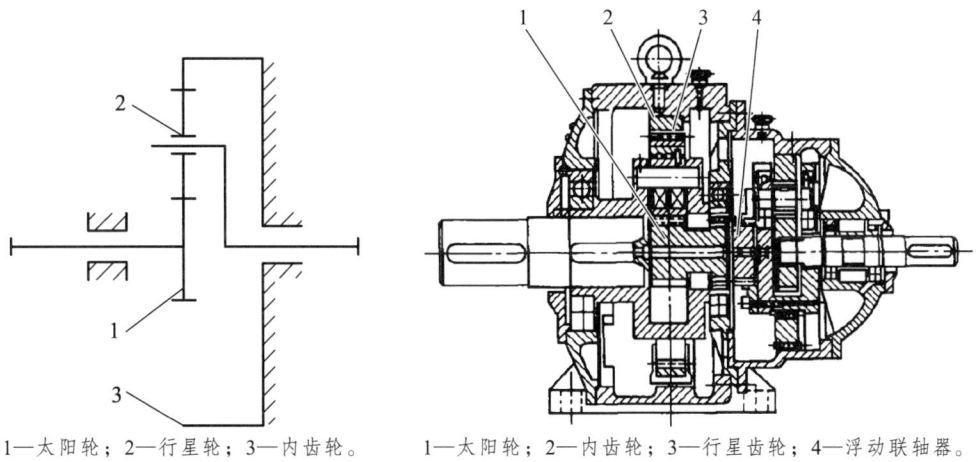

1—太阳轮；2—行星轮；3—内齿轮。

图 4-82 NGW 型传动原理图

1—太阳轮；2—内齿轮；3—行星齿轮；4—浮动联轴器。

图 4-83 NGW 型二级减速器

按照上述结构原理，当以行星转架作为输入轴时，即为行星增速器。图 4-84 为行星增速器结构形式之一，用于透平压缩机的增速。

2）装配特点

因为 NGW 型行星变速器在设计时已满足下列装配条件：

$$\frac{z_1 + z_3}{U} = 整数$$

式中　z_1——太阳轮齿数；
　　　z_3——内齿轮齿数；
　　　U——行星轮个数。

故行星轮在转架上可以处在任何相对位置（不需对准某一特定齿），转子都能从轴向装入中心轮。

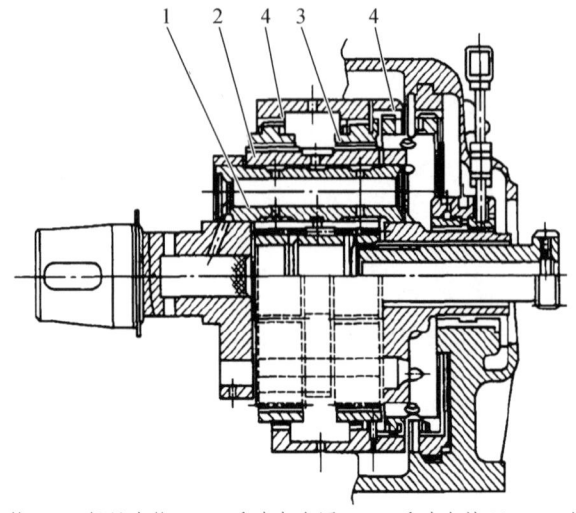

1—太阳轮；2—行星齿轮；3—浮动内齿圈；4—浮动支持环；5—止动环。

图 4-84　行星增速器

对于无定向装配要求的此类行星变速器，安装解体后都可按上述要求进行装配。

如果制造厂为了提高啮合质量而采用了定向装配，总装时将各行星轮径向跳动的最大值（或最小值）均放在同一啮合位置上，如图 4-85 所示，安装解体时，为了不致降低原有的啮合质量，应在各行星轮上打上啮合标记，并按此标记进行再装配。

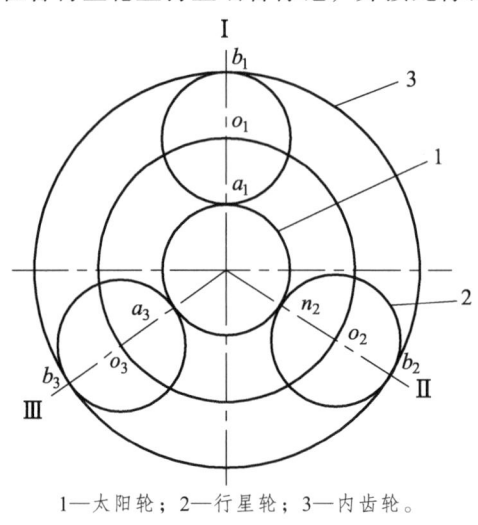

1—太阳轮；2—行星轮；3—内齿轮。

图 4-85　定向装配示意图

图 4-85 中，a_1、a_2、a_3 为行星轮径向跳动最大值方向；b_1、b_2、b_3 为行星轮径向跳动最小值方向。

3）齿侧间隙的检查

NGW 型行星变速器的中心距一般都是不可调整的，齿侧间隙主要由各零件的加工精度及齿厚减薄量予以保证，安装时一般可不作测量。如需检查侧隙，则可用压铅法。

当太阳轮和内齿圈均采用浮动式结构时，如欲测量齿侧间隙，应在专用工具上将各浮动件找正并固定后再进行测量。

当内齿圈为非浮动式结构时，为了使内齿圈与各行星轮间的齿侧间隙分布均匀，在安装解体后再装配内齿圈、壳体和端盖时，应按原定位销进行装配，否则应尽量校正各零件与内齿圈的同轴度。

4）接触精度的检查

齿轮的接触精度是评定行星齿轮传动装置质量的一个重要指标，故在安装时应予以注意。检查方法采用一般的涂色法，为了便于鉴别，应在行星齿轮上涂色，并逐个进行检查，观察其与太阳轮及内齿圈的接触情况。对于双面工作的变速器，应在正、反方向上各做一次检查。

对于高速行星变速器，一般要求齿面接触精度不低于 6 级。

5）轴向间隙的检查

当变速箱内有一个或数个浮动元件串列时，浮动元件和非浮动元件之间或各浮动元件之间均应留有一定的轴向间隙，一般为 0.5~1 mm。安装时应注意检查，切勿顶死，以保证其有自由调整径向和轴向位置的可能性。

【课程思政】

动车组实现 420 km/h 会车试验——齿轮箱"常州造"

中国标准动车组 CRH-0503 在郑徐客运专线进行的会车试验中，以 420 km/h 的交会速度再次刷新了列车高速实验纪录，这也是世界上首次在实际运行的轨道上进行高速列车会车的试验。两列参与试验的中国标准动车组搭载的齿轮箱均由中车戚墅堰研究所（简称戚墅堰所）自主设计生产，是标准的"常州造"。

齿轮箱是列车运行的核心零部件，负责将牵引电机的高转速转化为带动列车前进的大扭矩，相当于汽车的变速箱，直接决定列车能不能跑得动、能跑多快，如图 4-86 所示。

图 4-86 动车组齿轮箱

该所技术人员介绍，此次试验，两列列车相对速度达 840 km/h，相当于飞机在正常飞行时的速度。如此高速的会车试验对列车的齿轮箱有两大考验：一是齿轮箱能否为列车提供足够的扭矩使列车可以达到 420 km/h 的速度，二是齿轮箱能否承受住会车时产生的巨大压力波。为了满足中国标准动车组运营的条件，中车戚墅堰所对齿轮箱箱体构造、轴承配置、润滑结构、吊挂结构等方面进行了多项优化创新，并进行了为期 15 天的"模拟考试"——冲击高速试验。试验结果表明，该所研制的中国标准动车组齿轮箱满足高转速、大冲击的运营工况，产品状态良好。

此外，在此次会车试验中，其中一辆中车标准动车组用中间车钩、抗蛇行减振器、踏面清扫器也由中车戚墅堰所研发制造，它们实现了连接车厢、车体减振、车轮清扫的作用，并经受住了此次大考。

【课后练习】

1. 定轴轮系与行星轮系的主要区别是什么？
2. 定轴轮系传动比的大小和正负号如何确定？
3. 计算周转轮系传动比时，为何要先求出转化轮系的传动比？

轴系零部件

项目五

【项目描述】

本项目主要介绍了机械中轴的知识,包括轴的分类、材料、结构设计及零件的装配方案;还介绍了轴承的类型、特点及应用,包括滑动轴承、滚动轴承、铁路货车所用密封式双列圆锥滚子轴承的结构和工作原理。通过本项目的学习,学生可以掌握轴和轴承的相关知识,并通过实践操作和理论探究来加深对知识的理解。

任务一 轴

【学习目标】

目标类型	目标要求
知识目标	了解轴的功用、分类和常用材料
能力目标	掌握测量与绘图技术
素质目标	感受中国铁路人冲锋在前的奉献精神

【理论知识】

轴是组成机器的重要零件之一,做回转运动的零件都要装在轴上才能实现运动和动力的传递。

轴的主要功用:

(1) 支承轴上零件,并使零件具有确定的工作位置;

(2) 传递运动和动力。

一、轴的分类及应用

轴是机械系统中的重要零件,其主要功能是支承转动零件并传递运动和转矩。

轴按其功用和受载情况,可分为以下 3 种类型:

1. 心轴

心轴工作时,只承受弯矩而不承受转矩。工作时心轴转动,则称为转动心轴,如图 5-1、图 5-2 所示的列车轮轴,随车一起转动;工作时心轴不转动,则称为固定心轴,如图 5-3 所示的起重支承滑轮轴。

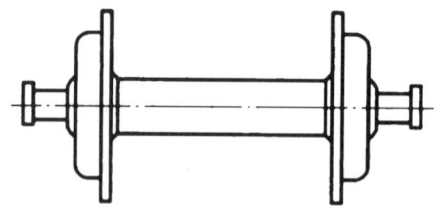

图 5-1 转动心轴

图 5-2 列车轮轴

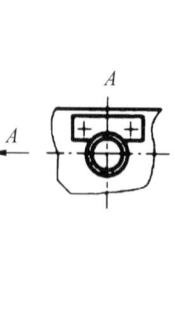

图 5-3 固定心轴

2. 传动轴

传动轴工作时，只传递扭矩或受很小弯矩。如图 5-4（a）（b）所示的 CRH5 动车组的传动轴装置，由铰接法兰、十字轴径、套筒、花键联轴节组成。图 5-5 为汽车传动轴。

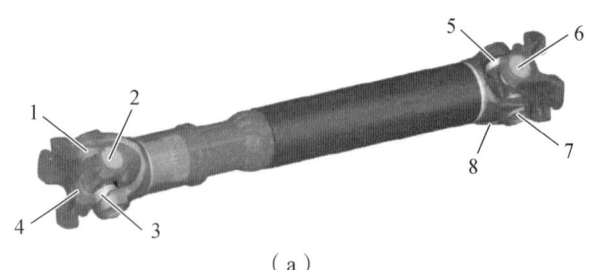

（a）

（b）

1，5—铰接法兰；2，6—十字轴径；3，7—套筒；4，8—花键联轴节。

图 5-4 牵引电机与万向轴连接

3. 转　　轴

转轴工作时，既传递弯矩又承受转矩，如齿轮减速器中的转轴，如图5-6所示。

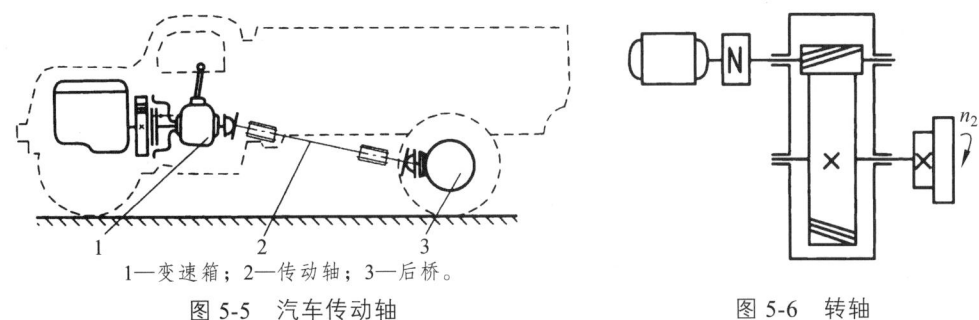

1—变速箱；2—传动轴；3—后桥。

图5-5　汽车传动轴　　　　　　　　图5-6　转轴

根据轴的结构形状不同，轴可分为直轴、曲轴（见图5-7）和挠性轴（见图5-8）。一般机械中最常用的是直轴，曲轴用在专用场合（如曲柄压力机、内燃机等）。

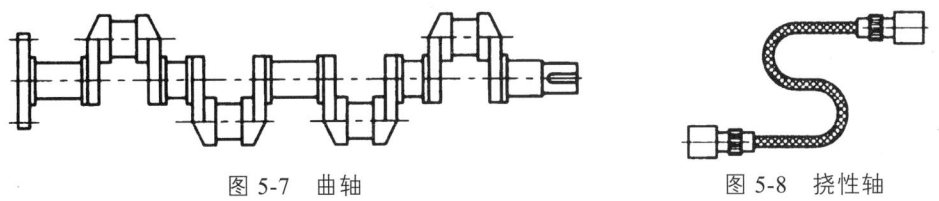

图5-7　曲轴　　　　　　　　图5-8　挠性轴

轴又分为光轴和阶梯轴。为了满足零件在轴上的装配及定位，一般把轴制成阶梯状；光轴主要用于心轴和传动轴，而阶梯轴常用于转轴。

二、轴的材料

由于轴工作时产生的应力多为交变应力，故轴的失效多为疲劳断裂。因此，要求轴的材料应具有足够的强度和刚度，对应力集中敏感性低，能满足耐磨性、耐腐蚀要求，同时要具有良好的工艺性和经济性。轴材料常见的是碳素钢和合金钢，其次是高强度铸铁和球墨铸铁。

1. 碳素钢

碳素钢对应力集中敏感性较低，便于进行各种热处理和机械加工，并且价格低廉，故应用广泛。常用的碳素钢有30、35、40、45和50等优质中碳钢，其中45钢应用最广。为了改善其机械性能，常进行调质和正火处理。受载荷较小或不重要的轴可用Q235、Q255、Q275等普通碳素钢制造。

2. 合金钢

合金钢比碳素钢具有优越的机械性能和热处理性能，但对应力集中敏感性高，价格也比较贵，因此多用于要求强度高、尺寸小、质量轻以及耐磨性好或者在高温下耐腐蚀等特殊情况。常用的合金钢有20Cr、20CrMnTi、40Cr、40MnB、35SiMn和42SiMn等。

3. 高强度铸铁和球墨铸铁

铸铁具有良好的吸振性和耐磨性，以及对应力集中、敏感性较低，且价格低廉等优点，可用于制造外形复杂的轴，如曲轴、凸轮轴等。但铸造的质量不易控制，且冲击韧性差。

三、轴的失效形式与设计准则

1. 轴的失效形式

机器中的轴在工作时主要承受弯矩和（或）扭矩的作用，并且产生的应力多是循环交变应力，因此轴的失效形式主要有：① 因疲劳强度不足而产生疲劳断裂；② 因静强度不足而产生塑性变形或脆性断裂；③ 因刚度不足而产生过大的弯曲及扭转变形；④ 高速时可能发生共振破坏等。

2. 轴的设计准则

针对轴的工作要求、受载特点及失效形式，轴的设计准则为：

（1）为了保证所设计的轴能正常工作，必须进行强度计算，保证其具有足够的强度，以防止断裂和过大的塑性变形。

（2）对有刚度要求的轴（如车床的主轴）及受力较大的细长轴，要进行刚度计算，以防止工作时产生不允许的弹性变形。

（3）对于高速运转的轴，为避免共振，还要进行振动稳定性计算。

（4）轴应具有合理的结构和良好的工艺性。

3. 轴的设计步骤

（1）选择轴的材料。

根据轴的工作条件、生产批量和经济性原则，选取适合的材料、毛坯形式及热处理方法。

（2）初步估算轴的最小直径。

（3）轴的结构设计。

根据轴的受力情况，轴上零件的安装位置、配合尺寸及定位方式，轴的加工方法等具体要求，确定轴的合理结构形状及尺寸。

（4）轴的强度、刚度及振动稳定性等方面的校核计算。

在初步完成结构设计之后，进行轴的弯扭合成强度计算或疲劳强度计算；对刚度要求高的轴和受力大的细长轴，还要进行刚度计算；对高速轴，应进行振动稳定性计算。

（5）绘制轴的零件工作图。

应注意，轴的设计过程通常是反复、交叉进行的。当初步完成轴的结构设计后，若校核不合格，尚需修改轴的结构和尺寸，重新进行校核，直至合格为止。

四、轴的结构设计原则

轴的结构设计主要取决于以下因素：轴上载荷的性质、大小、方向及分布情况；轴上零件的类型、尺寸、数量及其与轴之间的连接方式；轴的工艺结构；等等。由于影响轴的结构因素较多，具体情况各异，故轴没有标准的结构形式。设计时，针对不同情况，综合考虑各方面的因素，合理确定轴的结构形状和全部尺寸。

轴的结构设计应满足以下基本要求：

（1）轴的受力合理，尽量减少应力集中，有利于提高轴的强度和刚度。

（2）保证轴上零件定位准确，固定可靠。

（3）轴上零件便于装拆和调整。

（4）具有良好的加工工艺性。

五、轴上零件的装配方案

拟订轴上零件的装配方案是进行轴的结构设计的前提，它决定着轴的基本形式。所谓装配方案，就是预定出轴上零件的装配方向、顺序和相互关系。通常拟订装配方案时，一般应考虑几种不同的方案，进行分析比较与选择。如图 5-9 所示为一级圆柱齿轮减速器输出轴的轴系结构。轴上被支承的零件是大齿轮和联轴器。与轴相关的零件有定位套筒及透盖。两支承采用向心球轴承。其装配方案是：大齿轮、定位套筒、右端轴承、轴承端盖、半联轴器依次从轴的右端向左安装，从左端只装左轴承及其端盖。

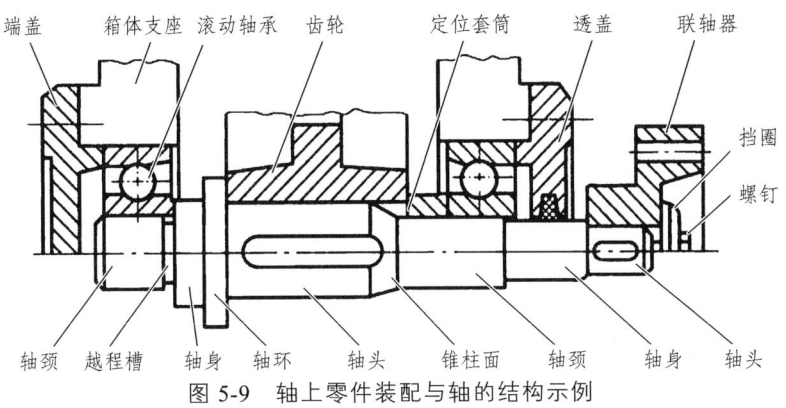

图 5-9 轴上零件装配与轴的结构示例

与轴承相配合的轴段，称为轴颈；与被支承零件配合的轴段，称为轴头；连接轴头与轴颈的轴段，称为轴身。

六、轴上零件的定位和固定

为防止轴上零件受力时沿轴向和周向相对运动，轴上零件（有游动或空转要求的零件除外）都必须进行轴向和周向的定位，以保证其工作位置准确可靠。

1. 零件的轴向定位

1）轴肩和轴环

轴肩和轴环定位结构简单、定位可靠，能承受较大的轴向力，应用最为广泛。轴肩和轴环由定位面及圆角组成（见图 5-10），为了使零件紧靠定位面，轴肩和轴环的圆角半径 r 应小于零件毂孔半径 R 或倒角 C，轴肩轴环高 h 应较 R 或 C 稍大，具体数值可参阅有关手册。滚动轴承轴肩的圆角半径另有规定，可查手册确定。采用轴环可减轻轴的质量。其宽度 $b \approx 1.4h$ 或 $b \approx (0.1 \sim 0.5)d$。非定位轴肩是为了加工和装配方便而设置的，其高度没有严格规定，一般为 $1 \sim 2$ mm。

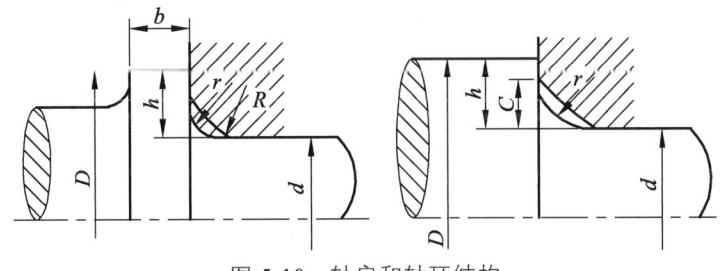

图 5-10 轴肩和轴环结构

2）套筒定位

套筒定位结构简单、定位可靠，可避免开槽、钻孔而削弱轴的强度，承受轴向力大，适用于零件间距较短的场合（见图5-11）。因套筒与轴的配合较松，轴转速较高时，不宜采用套筒定位。

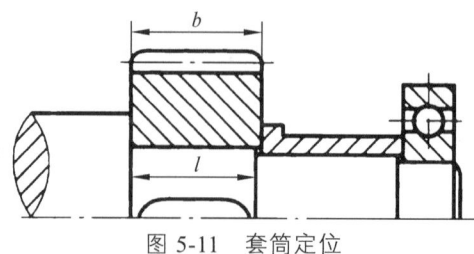

图5-11　套筒定位

3）轴端挡圈定位

轴端挡圈定位仅适用于轴端零件的轴定位（见图5-12），可承受较大的轴向力，但需在轴端加工螺纹孔，且还需要采用防松装置，以防止螺钉松脱。

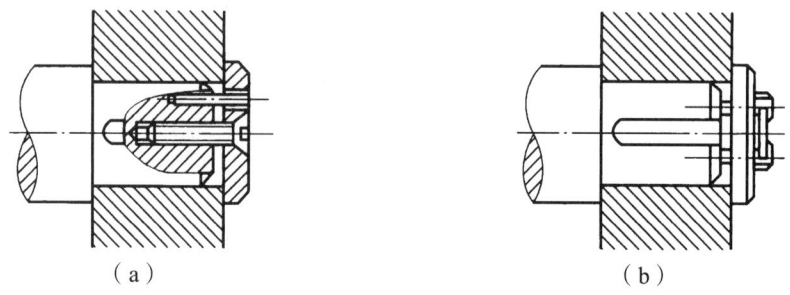

图5-12　轴端挡圈定位

4）圆螺母定位

当轴上两零件距离较大，无法采用套筒或套筒过长时，宜采用圆螺母与止推垫片固定[见图5-13（a）]或双圆螺母固定[见图5-13（b）]。圆螺母定位可靠，可承受较大的轴向力，但轴上螺纹处有较大的应力集中，会降低轴的疲劳强度。

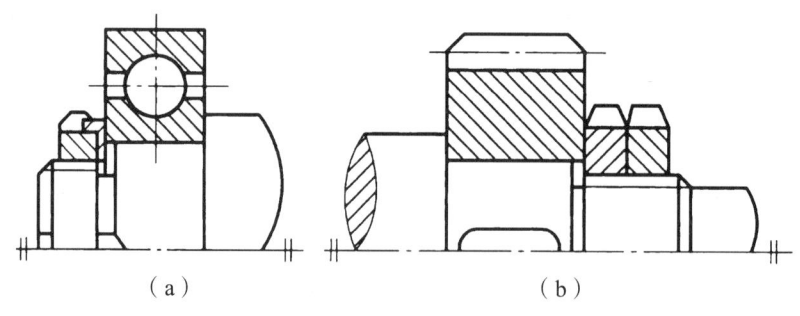

图5-13　圆螺母定位

5）弹性挡圈定位

弹性挡圈定位简单，结构紧凑，装拆方便，但只能承受较小的轴向力，且需在轴上开环形槽，对轴的强度有削弱，常用于轴承的固定（见图5-14）。

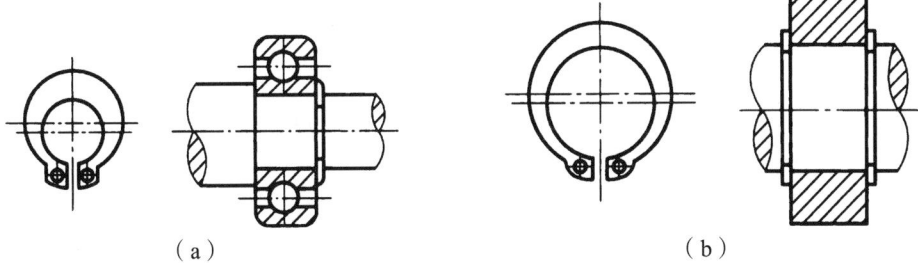

图 5-14　弹性挡圈定位

6）紧定螺钉与锁紧挡圈

紧定螺钉与锁紧挡圈常用于光轴上零件的定位（见图5-15）。其结构简单、装拆方便，但只能承受较小的轴向力且不适用于高速场合。

此外，对于承受冲击载荷和同心度要求较高的轴端零件，也可采用圆锥面定位（见图5-16）。

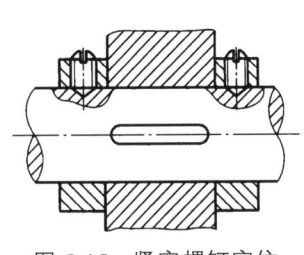 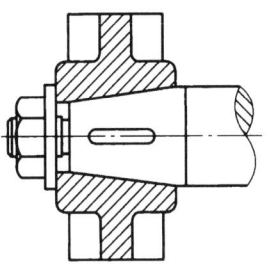

图 5-15　紧定螺钉定位　　　　　图 5-16　圆锥面定位

2. 零件的周向定位

在传递运动和转矩时，为防止轴上零件与轴发生相对转动，必须进行零件的周向定位。常用的周向定位方法有键连接、花键连接、销连接、紧定螺钉连接及过盈配合等。

七、轴的结构工艺性

进行轴的结构设计时，应尽可能使轴的结构简单，并且具有良好的加工工艺和装配工艺。

1. 加工工艺

在保证使用要求的前提下，轴的阶梯应尽可能减少，以减少加工工时和节省材料。

对需要磨削加工或有螺纹的轴段，要留砂轮越程槽[见图5-17（a）]和螺纹退刀槽[见图5-17（b）]。

（1）轴上有多个键槽时，应将它们布置在同一直线上，以免加工键槽时多次装夹。

（2）为了便于加工和检验，如有可能，应使同根轴上各过渡圆角、倒角、键槽、越程槽、退刀槽及中心孔等尺寸分别相同，并符合国家标准和规定。

（3）轴上配合轴段直径应符合国家标准，与滚动轴承配合的轴段直径应按滚动轴承内径尺寸选取。轴上螺纹部分直径应符合国家螺纹标准等。

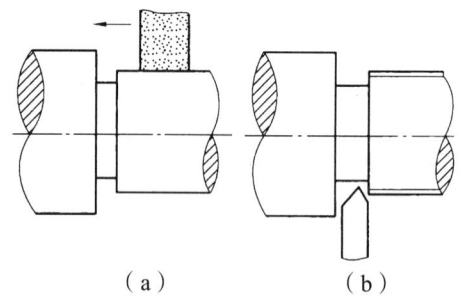

(a)　　　　　　　(b)

图 5-17　砂轮越程槽和螺纹退刀槽

2. 装配工艺

为便于轴上零件的装配，常采用从两端向中间逐渐增大的阶梯轴，使轴上零件能顺利通过相邻轴段而到达轴上的确定位置。

为便于导向和避免擦伤零件的配合表面，轴端应倒角。

为便于拆卸，固定轴承的轴肩高度应小于轴承内圈厚度。

八、提高轴的疲劳强度

轴通常在交变应力下工作，多数轴因疲劳而失效。进行轴的结构设计时，常采取以下措施以提高其疲劳强度：

1. 改进轴的结构形状

（1）尽量使轴径变化处过渡平缓，宜采用较大的过渡圆角。如相配合零件内孔倒角或圆角很小时，可采用凹切圆角[见图 5-18（a）]或过渡肩环[见图 5-18（b）]等结构。

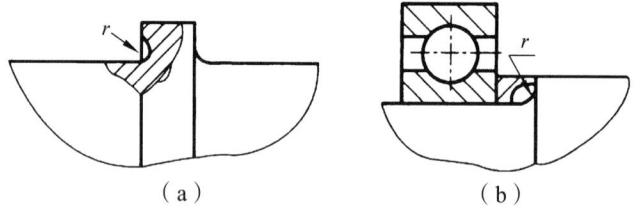

(a)　　　　　　　(b)

图 5-18　减小圆角应力集中的结构

（2）键槽端部与阶梯处距离不宜过小，以避免损伤过渡圆角，减少多种应力集中源重合的机会。

当轴与轴上零件为过盈配合时，配合处会产生较大的应力集中[见图 5-19（a）]，图 5-20 为车轮轮轴过盈配合。为减小应力集中，可采用增大配合处轴径[见图 5-19（b）]，或在轴上、轮毂上开卸载槽[见图 5-19（c）（d）]等结构。

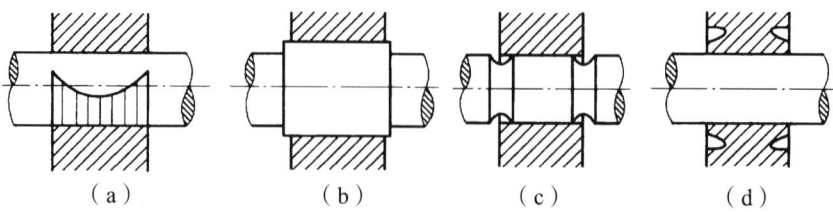

(a)　　　(b)　　　(c)　　　(d)

图 5-19　过盈配合处的合理结构

图 5-20　车轮轮轴过盈配合

2. 改善轴的表面质量

采用精车或磨削，合理减小轴的表面及圆角处粗糙度值，将有利于减小应力集中。

热处理（表面高频淬火、渗碳、碳氮共渗、渗氮等）和冷作加工（滚压、喷丸等）均能提高轴的疲劳强度。

除上述措施外，将受力较大的零件尽量装在靠近轴承处，或尽量减小轴的长度，以改善轴的受载情况，减小轴的弯矩，提高轴的强度等。

九、轴的直径和长度的确定

各轴段直径的确定，应考虑轴上载荷的大小和配合零件的内径、孔径等尺寸。但初步确定轴的直径时，只能按扭转强度来初步估算轴的最小直径，经过圆整后作为承受扭矩轴段的最小直径。而轴的最小直径也可由设计者凭经验用类比的方法确定，然后再按轴上零件的装配方案以及定位要求，从最小直径处起逐一确定各段轴的直径。设计时，必须注意与标准件配合处的轴段，其直径应符合标准尺寸系列。

各轴段长度应根据轴上零件的宽度以及各零件之间的相互位置关系确定。为使轴上零件可靠地固定，应使配合轴段的长度稍小于轮毂宽度 2~3 mm。

十、轴的振动稳定性

轴在转动时，由于轴和轴上旋转零件结构不对称，材质不均匀，以及制造和安装误差的影响，使得旋转件的重心与几何轴线间总有一微小的偏心距，因而转动时产生不平衡的离心力，这种离心力将会使轴受到周期性载荷的作用，从而使轴产生振动。当轴的转速达到某一数值时，轴产生的振动频率和轴的固有频率相同或接近时，就会产生共振，此时振幅很大，它将影响机器的正常工作，甚至会使轴或整台机器破坏。

轴发生共振时的转速称为临界转速。临界转速的大小与轴的支承情况、轴的刚度和回转零件的质量等有关。轴的临界转速可有多个，从低速到高速依次称为一阶、二阶、三阶临界转速等。

临界转速计算的目的就是防止轴的工作转速接近临界转速，以避免发生共振。当轴的转速低于一阶临界转速（n_{c1}）时，称为刚性轴。离心泵、通风机、压缩机等主轴都是刚性轴，一般应使其工作转速 $n<0.8n_{c1}$。单圆盘转轴（见图 5-21）的一阶横向临界转速 n_{c1} 可计算为

$$n_{c1} = 964\sqrt{\frac{1}{y_0}} \text{（r/min）}$$

式中　y_0——轴在圆盘处的静挠度，y_0 的计算可查阅相关资料。

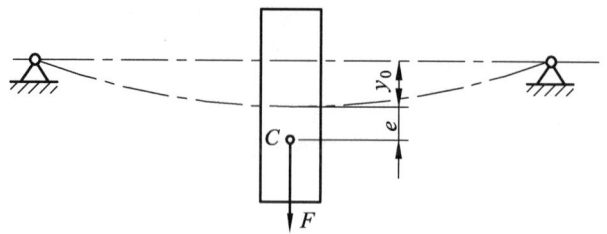

图 5-21　单圆盘转轴的横向振动

当轴的工作转速超过一阶临界转速时，称为挠性轴，如汽轮机主轴。对于挠性轴，应使其工作转速 n 满足 $1.4n_{c1}<n<0.7n_{c2}$。如果计算结果不符合上述条件，则应采取改进措施，如改变轴的直径、移动轴承位置、增加支承数等，以增大其临界转速，或用减振、消振装置防止轴产生大的振动。

一般用途的轴可不作振动稳定性计算。

【技能训练】

一、训练目的

（1）增强动手能力，理解车轴各部分的结构。
（2）提升制图能力。

二、训练器材

铁路车辆车轴、测量工具一套、制图工具一套。

三、训练内容

（1）观察分析车轴各部分的作用。
（2）测量车轴尺寸。
（3）根据测量尺寸绘制车轴图。

【课程思政】

轮轴"指挥官"——张艳东

张艳东是西安客车车辆段检修车间轮轴班组党支部书记、主任值班员，也是车间轮轴工作经验最丰富的高级技师。

平日大多看到的都是他来去匆匆的背影，但遇到紧急任务需要加班时，张艳东总是第一个站出来，"我是党员，我去干。"

轮轴片区生产任务重、机械设备多、工艺流程复杂。为提高生产效率，张艳东根据生产需求因地制宜地制作了轴箱运送专用小车、轴端螺栓孔螺纹长度专用测尺、专用防护盖板,有效减轻了职工的劳动强度。

当上党支部书记后,张艳东更是主动发挥模范带头作用,带领支部党员在困难面前打头阵、当先锋。

"一名党员就是一面旗帜,一个支部就是一座堡垒。"张艳东工作时坚持自己的信仰,大家对他的成绩也看在眼里,记在心上。

不久前,张艳东被中华全国铁路总工会授予火车头奖章,这是他连续第五年获得局级以上荣誉。集团公司第一次党代会,他有幸作为一线党员代表参加,他说,"这是巨大的鼓舞。"

【课后练习】

1. 如图5-22所示的Ⅰ、Ⅱ、Ⅲ、Ⅳ轴是心轴、转轴,还是传动轴?
2. 自行车的中轴和后轮轴以及吊扇的轴是什么类型的轴,为什么?
3. 轴上零件的周向和轴向定位、固定方式有哪些?各适用于什么场合?
4. 分析如图5-23所示轴的结构错误,并加以改正。

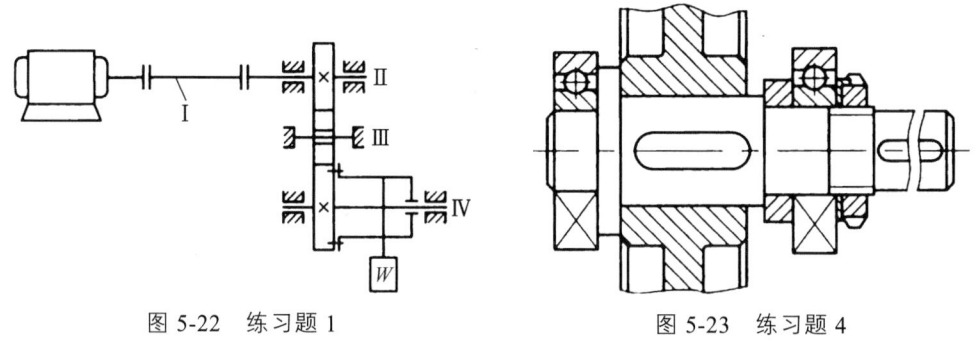

图 5-22 练习题 1   图 5-23 练习题 4

任务二 轴 承

【学习目标】

目标类型	目标要求
知识目标	(1)了解滑动轴承的分类; (2)掌握滑动轴承的结构; (3)正确使用客、货车轴承
能力目标	能够分解组装客、货车轴承
素质目标	培养学生严谨细致的工作态度和做事认真的良好作风

【理论知识】

轴承被广泛运用于各种铁路轨道车辆机器设备中。其功用是支承轴及轴上零件,保持轴的旋转精度,减小转轴与支承之间的摩擦和磨损。根据支承处相对运动表面的摩擦性质,轴承分为滑动摩擦轴承和滚动摩擦轴承,分别简称为滑动轴承和滚动轴承。这里主要介绍轴承的类型、特点及应用,以及铁路轨道车辆常用滚动轴承等内容。

一、滑动轴承

(一)滑动轴承的种类

滑动轴承按其工作表面的摩擦状态可分为以下两类:

1. 液体摩擦轴承

轴颈与轴承之间的工作表面完全被润滑油膜隔开,从而消除了金属表面之间的摩擦和磨损,在这种状况下工作的轴承,称为液体摩擦轴承,如图 5-24(a)所示。这种轴承的工作阻力是润滑油膜的内部摩擦,摩擦因数很小,为 0.001~0.008。

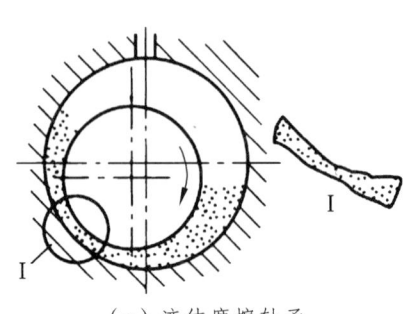

(a)液体摩擦轴承　　　　　　(b)非液体摩擦轴承

图 5-24　滑动轴承的摩擦状态

根据相对运动的表面压力油膜形成原理的不同,液体摩擦轴承又可分为:

1)液体动压润滑轴承

它是在充分供油的条件下,利用轴颈和轴承的工作表面之间一定的相对滑动速度,把润滑油带入摩擦表面之间建立起来的压力油膜的轴承。

2)液体静压润滑轴承

它是用油泵把压力油输入轴承与轴颈两工作表面之间,从而形成油膜的轴承。

2. 非液体摩擦轴承

当轴承不具备形成液体摩擦的条件时,轴颈与轴承的工作表面之间虽有润滑油存在,但不能将工作表面完全隔开,仍有部分凸起表面金属发生直接接触,在这种状况下工作的轴承称为非液体摩擦轴承,如图 5-24(b)所示。这种轴承的摩擦因数为 0.01~0.08,因而磨损较大。

(二)滑动轴承的结构

滑动轴承按承受载荷方向的不同,可分为径向滑动轴承和推力滑动轴承两大类。

1. 径向滑动轴承

径向滑动轴承的主要结构形式有整体式和剖分式两种。

1)整体式滑动轴承

整体式滑动轴承的结构如图 5-25 所示。它由轴承座、轴承衬套和紧定螺钉组成。轴承座上部有油孔,整体衬套内有油沟,分别用以加油和引油,进行润滑。这种轴承结构简单，价格低廉，但轴的装拆不方便，磨损后轴承的径向间隙无法调整，适用于轻载、低速或间歇工作的场合。

2）剖分式滑动轴承

剖分式滑动轴承结构如图 5-26 所示。它由轴承座、轴承盖、剖分式轴瓦及螺柱等组成。根据载荷方向的不同，它又可分为水平剖分（见图 5-26）和斜剖分（见图 5-27）两种。径向载荷的作用线不应超出中心线左右 35°。为了定位对中，轴承座和轴承盖接合面做成阶梯形。当轴承受到横向力时，还能防止轴承盖与轴承座的相对移动，避免螺柱受横向载荷。剖分面间放有垫片，以便磨损后调整轴承的径向间隙。故其装拆方便，应用广泛。

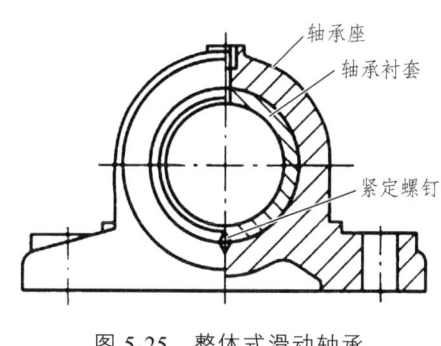

图 5-25　整体式滑动轴承

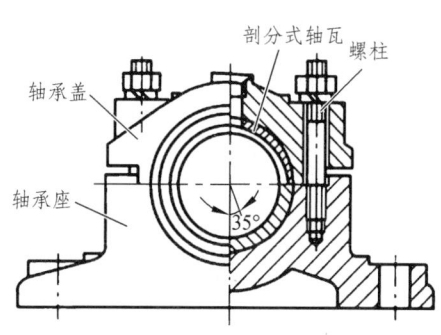

图 5-26　剖分式滑动轴承

2. 推力滑动轴承

如图 5-28 所示为一种常见的推力轴承的结构形式。它由轴承座、轴套、向心轴瓦及推力轴瓦组成。为了便于对中，推力轴瓦底部制成球面，销钉用来防止推力轴瓦随轴转动。润滑油从下部油管注入，从上部油管导出。

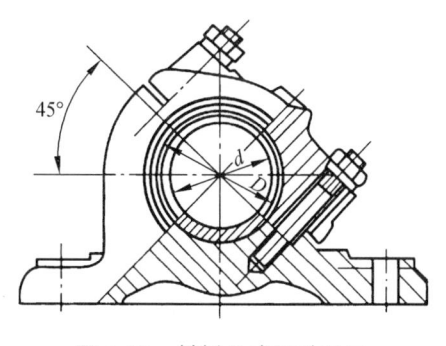

图 5-27　斜剖分式滑动轴承

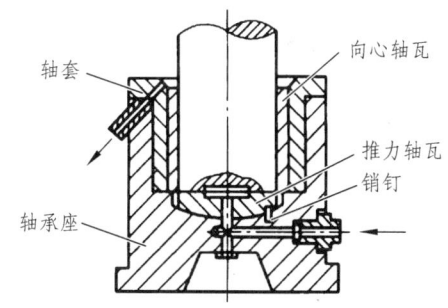

图 5-28　推力滑动轴承

轴颈的结构（见图 5-29）有实心、空心、环形及多环等形式。其工作表面是轴的端面或环形平面。实心轴颈[见图 5-29（a）]端面的中部压强比边缘的大，润滑油不易进入，实际结构中较少采用。在实际结构中载荷较小时，可采用空心端面推力轴颈[见图5-29（b）]和环形轴颈[见图 5-29（c）]。载荷较大时，可采用多环形推力轴颈[见图 5-29（d）]。多环轴颈可承受双向轴向载荷。

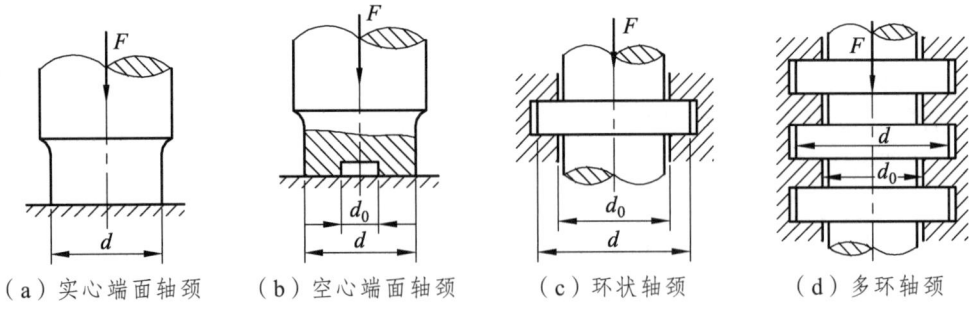

（a）实心端面轴颈　　（b）空心端面轴颈　　（c）环状轴颈　　（d）多环轴颈

图 5-29　推力轴颈

（三）轴瓦结构和轴瓦材料

轴瓦是轴承中直接与轴颈接触的部分。非液体润滑轴承的工作能力与使用寿命在很大程度上取决于轴瓦的结构和材料的选择是否合理。

1．轴瓦的结构

根据安装条件的不同，轴瓦可制成整体式和剖分式两种。

1）整体式轴瓦（轴套）

如图 5-30（a）是光滑轴套，图 5-30（b）是带纵向油槽的轴套。轴瓦的公称直径（内径）与轴颈的直径相同。轴瓦宽度按选定的宽径比 B/d 确定。轴瓦外径 D 可按有关标准或按 $D \approx (1.15 \sim 1.30)d$ 确定。

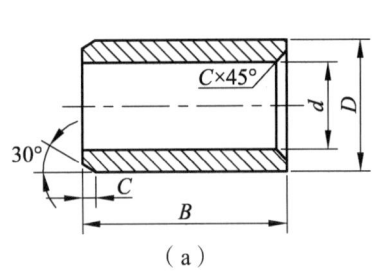

（a）　　　　　　　　　　　　（b）

图 5-30　整体式轴瓦

2）剖分式轴瓦

如图 5-31 所示为铸造剖分式轴瓦，由上下两半组成。为使轴瓦既有一定的强度，又具有良好的减摩性，常在轴瓦内表面浇注一层减摩性好的材料（如轴承合金），称为轴承衬。轴承衬应可靠地贴合在轴瓦表面上。其结合形式如图 5-32 所示。

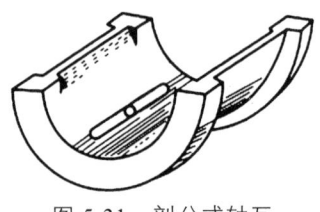

图 5-31　剖分式轴瓦

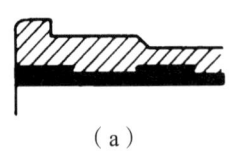 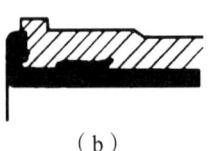 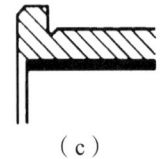 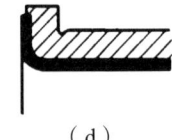

（a）　　　　　　（b）　　　　　　（c）　　　　　　（d）

图 5-32　轴瓦与轴承衬结合形式

轴瓦上开有油孔和油槽。常见的油槽形式如图 5-33 所示。轴向油槽也不应在轴瓦全长方向开通，以免润滑油由端部泄漏。

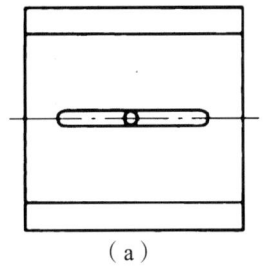 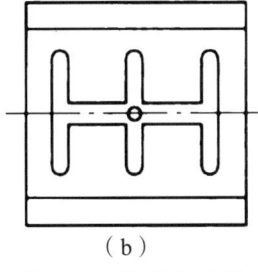 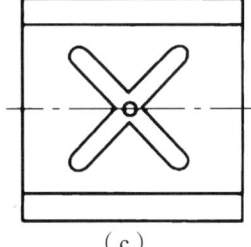

（a） （b） （c）

图 5-33 油孔和油槽

2. 轴瓦的材料

1）对轴瓦材料的要求

轴瓦是滑动轴承中的重要零件。轴瓦和轴承衬的材料统称为轴承材料。根据滑动轴承的工作情况，其主要失效形式有磨损、疲劳损坏、轴承衬脱落以及高温时发生胶合或"抱轴"等。因此，对轴承材料的要求如下：

① 良好的减摩性、耐磨性和抗胶合性。

② 良好的跑合性、顺应性和嵌藏性。

③ 足够的抗压强度和疲劳强度。

④ 良好的导热性、加工工艺性和耐腐蚀性等。

⑤ 成本低。

一种材料很难同时满足上述各项要求，因此，为了满足轴承的工作要求，改善轴瓦表面的摩擦性质，在结构上，常在轴瓦内表面浇注或压合一层或两层轴承衬，如图 5-32 所示。

2）常用的轴瓦和轴承衬材料

常用的轴瓦和轴承衬材料有下列 3 种：

（1）轴承合金（又称巴氏合金或白合金），主要是锡（Sn）、铅（Pb）、锑（Sb）、铜（Cu）的合金。轴承合金可分为以锡基和铅基为基本成分的锡锑轴承合金和铅锑轴承合金两大类。锡锑轴承合金常用于高速重载的轴承，但价格较贵且机械强度较差，因此只能作为轴承衬材料。铅锑轴承合金，一般用于中速、中载的轴承，这种材料较脆，不宜受冲击载荷。

（2）铜合金，主要有锡磷青铜、锡锌铅青铜和铝铁青铜。锡磷青铜性能较好，它与锡锌铅青铜多用于整体轴瓦或轴套，一般用于中速重载或中速中载。铝铁青铜机械强度高，硬度也较高，与其相配合的轴颈必须淬硬，一般用于低速重载的轴承。

（3）其他材料。

① 含油轴承，用粉末冶金法（经制粉、成型、烧结等工艺）做成的轴承，是一种多孔性组织，孔隙内储存着一定量的润滑油。加一次油可用较长时间，常用于加油不方便的场合。

② 橡胶轴承，有弹性，可减轻振动，运转平稳，常用于砂石清洗机、钻机等有泥沙的场合。

③ 塑料轴承，具有摩擦因数小，可塑性与饱和性能良好，耐磨与耐蚀，可以用水、油及化学溶液润滑等优点；但是，其导热性差，膨胀系数较大，容易变形，可将薄层塑料作为轴承衬材料黏附在金属轴瓦上使用。

二、润滑剂和润滑装置

轴承的润滑目的在于降低摩擦功耗、减轻磨损,同时还起冷却吸振和防锈的作用。

(一)润滑剂

润滑剂可分为液体润滑剂——润滑油、半固体润滑剂——润滑脂、固体润滑剂——石墨二硫化钼等。

润滑性能最好的是润滑油,但润滑脂比较经济,固体润滑剂主要应用于某些特殊场合。其中,以润滑油和润滑脂用得最多。

(二)润滑油及润滑脂的主要性能指标

最常用的润滑油是矿物油;最常用的润滑脂是钙基润滑脂、钠基润滑脂和钾基润滑脂。其主要物理、化学性能指标如下:

1. 黏　度

黏度是润滑油的重要性能指标。它反映了润滑油流动时内摩擦阻力的大小,是润滑油膜厚度和承载能力的主要影响因素。

2. 凝　点

它是润滑油冷却到不能流动时的最高温度值。它表示润滑油耐低温的性能。在低温情况下工作的轴承,应选用凝点低的润滑油。

3. 闪　点

闪点是润滑油在火焰下闪烁时的最低温度。它表示润滑油耐高温的性能。在高温情况下工作的轴承,其工作温度应低于润滑油的闪点 20~30 ℃,以保证安全。

4. 针入度

针入度是表征润滑脂稀稠度的指标。针入度越小,表示润滑脂越稠;反之,流动性越大。

(三)润滑剂的选择

1. 润滑油的选择

润滑油的选择一般是指润滑油黏度的选择。选择黏度时,应考虑轴承压力、滑动速度、摩擦表面状况及润滑方式等条件。一般原则如下:

(1)压力大或冲击变载荷等工作条件下,应选用黏度较高的润滑油。
(2)滑动速度高,易形成油膜,应选用黏度较低的润滑油。
(3)轴承工作温度较高,应选用黏度高的润滑油。
(4)摩擦工作面粗糙或未经跑合,应选用黏度高的润滑油。

2. 润滑脂的选择

润滑脂的选择主要依据轴承的工作温度。钙脂应用于 75 ℃ 以下;钠脂比钙脂耐热,但怕水,工作温度可达 120 ℃;锂脂有一定的抗水性和较好的稳定性,适用于 -20~120 ℃、较潮湿的环境中工作的轴承润滑。一般在轴承相对滑动速度低于 1 m/s 时或不易注润滑油的场合使用润滑脂。

（四）润滑方法和润滑装置

为了保证轴承良好的润滑状态，除合理选择润滑剂外，润滑方法和润滑装置的选择也是十分重要的。下面介绍常用的润滑方法和润滑装置。

1．油润滑

油润滑分为间歇润滑和连续润滑两种。

1）间歇润滑

间歇润滑一般是用油壶或油杯向油孔注入润滑油。这种润滑方法只适用于低速不重要的轴承或间歇工作的轴承。

2）连续润滑

连续润滑常用的有针阀式油杯、芯式油杯、油环润滑三种。

2．脂润滑

脂润滑只能间歇供油。常用的润滑装置有旋盖注油油杯[见图 5-34（a）]和压注油杯[见图 5-34（b）]。旋盖注油油杯靠旋紧杯盖将杯内润滑脂压入轴承工作面；压注油杯靠油枪压注润滑脂至轴承工作面。

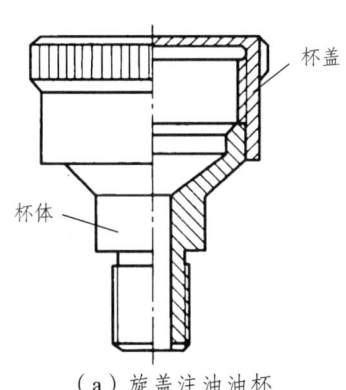
（a）旋盖注油油杯

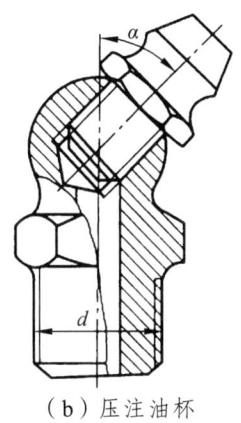
（b）压注油杯

图 5-34 脂润滑装置

三、滚动轴承

（一）滚动轴承的结构

滚动轴承一般由内圈 1、外圈 2、滚动体 3 和保持架 4 组成，如图 5-35 所示。

内圈装在轴颈上，外圈装在机座或零件的轴承孔内。多数情况下，外圈不转动，内圈与轴一起转动。当内、外圈之间相对旋转时，滚动体沿着滚道滚动。保持架使滚动体均匀分布在滚道上，并减少滚动体之间的碰撞和磨损。

滚动轴承的内、外圈和滚动体应具有较高的硬度和接触疲劳强度、良好的耐磨性和冲击韧性，一般用特殊轴承钢制造，常用材料有 GCr15、GCr15SiMn、GCr6、GCr9 等，

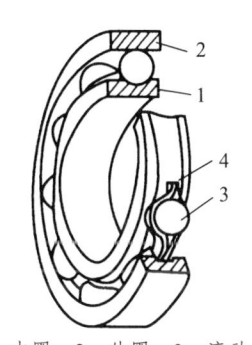

1—内圈；2—外圈；3—滚动体；4—保持架。

图 5-35 滚动轴承组成

经热处理后硬度可达 65 HRC。滚动轴承的工作表面必须经磨削抛光,以提高其接触疲劳强度。

保持架多用低碳钢通过冲压成型方法制造,也可采用有色金属或塑料等材料。为适应某些特殊要求,有些滚动轴承还要附加其他特殊元件或采用特殊结构,如轴承无内圈或外圈、带有防尘密封结构及在外圈上加止动环等。

常见的滚动体有 5 种形状,如图 5-36 所示。

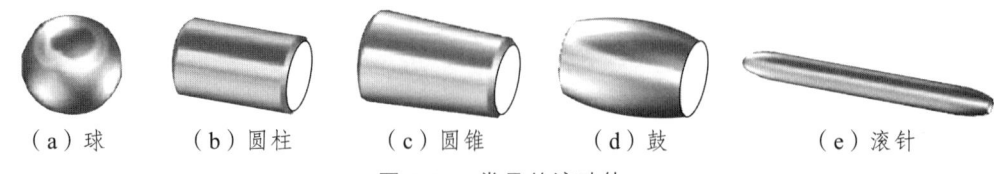

（a）球　　（b）圆柱　　（c）圆锥　　（d）鼓　　（e）滚针

图 5-36　常见的滚动体

滚动轴承具有摩擦阻力小、启动灵敏、效率高、旋转精度高、润滑简便和装拆方便等优点,广泛应用于各种机器和机构中。

滚动轴承为标准零部件,由轴承厂批量生产,设计者可以根据需要直接选用。

（二）滚动轴承的类型及特点

接触角是滚动轴承的一个主要参数,滚动轴承的分类和受力分析都与接触角有关。表 5-1 列出了各类轴承（以球轴承为例）的公称接触角。

表 5-1　各类轴承的公称接触角

轴承种类	向心轴承		推力轴承	
	径向接触	角接触	角接触	轴向接触
公称接触角 α	$\alpha = 0°$	$0° < \alpha \leq 45°$	$45° < \alpha \leq 90°$	$\alpha = 90°$
图例（以球轴承为例）				

滚动体与套圈接触处的法线与轴承径向平面（垂直于轴承轴心线的平面）之间的夹角 α 称为公称接触角。公称接触角越大,轴承承受轴向载荷的能力也越大。按滚动轴承所能承受的载荷方向或公称接触角的不同,轴承可分为向心轴承和推力轴承两种。

1. 向心轴承

向心轴承主要用于承受径向载荷,其公称接触角为 $0° \sim 45°$。

2. 推力轴承

推力轴承主要用于承受轴向载荷,其公称接触角为 $45° \sim 90°$（见表 5-1）。

滚动轴承按其滚动体的形状不同,可分为球轴承和滚子轴承。滚子轴承按滚子种类,又可分为圆柱滚子轴承、圆锥滚子轴承、球面滚子轴承及滚针轴承等。

滚动轴承外圈滚道是球面形的，球心在轴孔中心线上，能适应两滚道轴心线不同心或轴变形而产生的角偏差，这种轴承称为自动调心轴承，如图5-37所示。

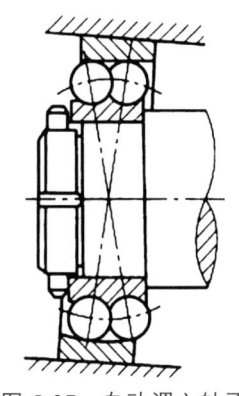

图5-37 自动调心轴承

（三）滚动轴承的代号及选择

1. 滚动轴承代号的构成

滚动轴承的类型很多，而各类轴承又有不同的结构、尺寸、精度和技术要求，为了便于组织生产和选用，国家标准GB/T 272—2017规定了滚动轴承的代号。轴承代号由基本代号、前置代号和后置代号构成。其格式如图5-38所示。

| 前置代号 | - | 基本代号 | - | 后置代号 |

图5-38 滚动轴承代号

1）前置代号

在基本代号之前，用来说明成套轴承各部分的分部件的特点，称为前置代号，用字母表示，一般可省略。

2）后置代号

后置代号紧接在基本代号之后或与基本代号以"-""/"隔开，用字母或字母与数字的组合表示。

（1）内部结构代号。

内部结构代号表示同一类型轴承的不同内部结构。例如，角接触球轴承后置代号中的C、AC、B分别表示其公称接触角的大小为15°、25°、40°。

（2）公差等级代号。

轴承的公差等级分为2、4、5、6、6X和0级，共6个级别，从高级到低级排列，标注为/P2、/P4、/P5、/P6、/P6X和/P0。其中，6X级仅适用于圆滚子轴承，为普通级，一般不标注。

（3）游隙代号。

游隙是指内外圈之间沿径向或轴向的相对移动量（见图5-39）。

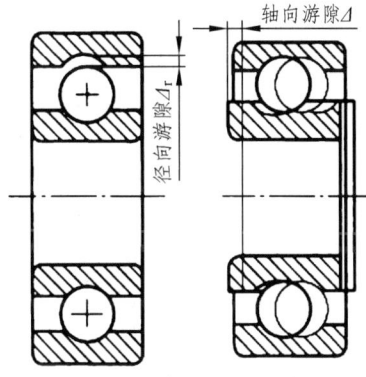

图5-39 滚动轴承的游隙

常用的轴承径向游隙系列分为 1、2、0、3、4、5 共 6 组，依次由小到大，标注为 /C1、/C2、/C0、/C3、/C4、/C5。其中，0 组为基本游隙，一般不标注。

后置代号中的其他内容及代号请参考轴承手册。

3) 基本代号

基本代号表示轴承的基本类型、结构和尺寸，一般由 5 个数字或字母和 4 个数字表示。基本格式如图 5-40 所示。

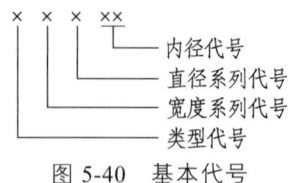

图 5-40　基本代号

(1) 内径代号。

内径代号用两位数字表示。10 mm ≤ d < 500 mm 的内径代号见表 5-2，d = 22 mm、28 mm、32 mm 的轴承直接用内径值表示并用"/"隔开；d <10 mm 和 d >500 mm 的轴承代号请查阅轴承手册。

表 5-2　滚动轴承内径代号

内径代号	00	01	12	03	04～99
内径 d/mm	10	12	15	17	代号×5

(2) 尺寸系列代号。

直径系列代号和宽度系列代号统称为尺寸系列代号。直径系列代号表示同一内径、不同外径的轴承系列。宽度系列代号表示内、外径相同，宽度（推力轴承指高度）不同的轴承系列。尺寸系列代号连用时，宽度系列代号为 0，可省略，但圆锥滚子轴承和调心滚子轴承的宽度系列代号为 0 时应标出。如图 5-41 所示为不同尺寸系列的深沟球轴承示意图。滚动轴承尺寸系列代号见表 5-3。

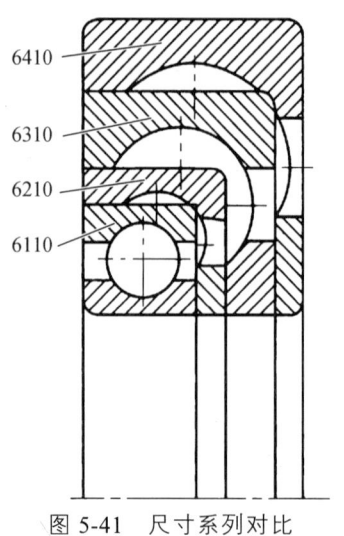

图 5-41　尺寸系列对比

表 5-3　滚动轴承尺寸系列代号　　　　　　　　　　单位：mm

滚动轴承		向心轴承								推力轴承			
		宽度系列代号								高度系列代号			
		宽度尺寸依次递增								高度尺寸依次递增			
		8	0	1	2	3	4	5	6	7	9	1	2
直径系列 外径尺寸依次递增	7	—	—	17	—	37	—	—	—	—	—	—	—
	8	—	08	18	28	38	48	58	68	—	—	—	—
	9	—	09	19	29	39	49	59	69	—	—	—	—
	0	—	00	10	20	30	40	50	60	70	90	10	—
	1	—	01	11	21	31	41	51	61	71	91	11	—
	2	82	02	12	22	32	42	52	62	72	92	12	22
	3	83	03	13	23	33	—	—	—	73	93	13	23
	4	—	04	—	24	—	—	—	—	74	94	14	24
	5	—	—	—	—	—	—	—	—	—	95	—	—

（3）类型代号

滚动轴承的类型代号有 0、1、2、3、4、5、6、7、N 和 NA 共 10 种。经常使用的 8 类轴承见表 5-4。

表 5-4　常用滚动轴承类型及主要特性

轴承类型	轴承类型简图	类型代号	标准号	特　性
调心球轴承		1	GB/T 281	主要承受径向载荷，也可同时承受少量的双向轴向载荷。外圈滚道为球面，具有自动调心性能，适用于弯曲刚度小的轴
调心滚子轴承		2	GB/T 288	用于承受径向载荷，其承载能力比调心球轴承大，也能承受少量的双向轴向载荷。具有调心性能，适用于弯曲刚度小的轴
圆锥滚子轴承		3	GB/T 297	能承受较大的径向载荷和轴向载荷。内外圈可分离，故轴承游隙可在安装时调整，通常成对使用，对称安装

续表

轴承类型	轴承类型简图	类型代号	标准号	特　性
双列深沟球轴承		4	—	主要承受径向载荷，也能承受一定的双向轴向载荷。它比深沟球轴承具有更大的承载能力
推力球轴承　单向		5(5100)	GB/T 301	只能承受单向轴向载荷，适用于轴向力大而转速较低的场合
推力球轴承　双向		5(5200)	GB/T 301	可承受双向轴向载荷，常用于轴向载荷大、转速不高的场合
深沟球轴承		6	GB/T 276	主要承受径向载荷，也可同时承受少量双向轴向载荷。摩擦阻力小，极限转速高，结构简单，价格便宜，应用最广泛
角接触球轴承		7	GB/T 292	能同时承受径向载荷与轴向载荷，接触角有15°、25°、40°三种。适用于转速较高，同时承受径向和轴向载荷的场合
推力圆柱滚子轴承		8	GB/T 4663	只能承受单向轴向载荷，承载能力比推力球轴承大得多，不允许轴线偏移，适用于轴向载荷大而不需调心的场合
圆柱滚子轴承　外圈无挡边圆柱滚子轴承		N	GB/T 283	只能承受径向载荷，不能承受轴向载荷。承受载荷能力比同尺寸的球轴承大，尤其是承受冲击载荷能力大

【例 5-1】说明 6208、72211AC/P4、N308/P6、59220 等代号的含义。

解：6208 为深沟球轴承，尺寸系列 02（宽度系列 0，直径系列 2），内径 40 mm，精度 P0 级。

72211AC/P4 为角接触球轴承，尺寸系列 22（宽度系列 2，直径系列 2），内径 55 mm，公称接触角 $\alpha = 25°$，精度 P4 级。

N308/P6 为圆柱滚子轴承，外圈可分离，尺寸系列 03（宽度系列 0，直径系列 3），内径 40 mm，精度 P6 级。

59220 为推力球轴承，尺寸系列 92（高度系列 9，直径系列 2），内径 100 mm，精度 P0 级。

2. 滚动轴承类型的选择

滚动轴承类型的选择将直接影响机器的结构尺寸、工作可靠度和经济性。设计时，可结合各类轴承的结构和性能特点，并参照同类机械中轴承的使用经验，根据实际工作情况合理选择。一般应考虑下列因素：

1）载荷和转速

转速较高、载荷较小、要求旋转精度、无振动和冲击时，选用球轴承；转速较低、载荷较大且有冲击时，应选用滚子轴承。

轴承仅受径向载荷时，应选用向心轴承；只受轴向载荷时，则选用推力轴承。同时承受径向和轴向载荷的轴承，当轴向载荷与径向载荷相比较小时，可选用深沟球轴承、接触角 α 较小的角接触球轴承或圆锥滚子轴承；如轴向载荷较大，则应选用接触角 α 较大的角接触球轴承加大型圆锥滚子轴承或向心轴承和推力轴承的组合结构。

2）调心和安装要求

当轴的支点跨度较大、工作中弯曲变形较大或两轴承座孔的同轴度较差时（见图 5-42），应选用内外圈有较大相对角位移的调心轴承；轴承的尺寸确定后，径向空间受限时，选用外径较小的尺寸系列轴承或滚针轴承；轴向空间受限时，选用宽度较窄的尺寸系列轴承；在经常装拆或装拆比较困难的场合，应选用内、外圈可分离的圆柱或圆锥滚子轴承。

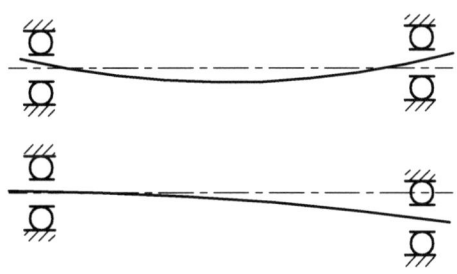

图 5-42 轴的偏斜情况

3）经济性

从经济性角度考虑，球轴承比滚子轴承价廉，同型号轴承，精度越高，价格越贵，其价格比为 P0 : P6 : P5 : P4 = 1 : 1.5 : 1.8 : 6。因此，在满足使用要求的情况下，应尽可能选用球轴承和普通精度轴承。

四、铁路车辆用滚动轴承

铁路车辆用滚动轴承均配置在簧下,除承受车辆载荷外,还直接承受着轮轨间发生的振动、冲击,其可靠性直接关系行车安全。因此,要求轴承耐振、耐冲击、寿命高、维护检修方便,而且要有较小的尺寸和质量。所以铁路车辆轴承均设计为非标准系列的形式,并多采用滚动体为向心滚子的轴承。我国铁路车辆主要采用圆柱滚子轴承和圆锥滚子轴承。

(一)客车圆柱滚子轴承

我国铁路客车上应用的滚动轴承均为单列向心短圆柱滚子轴承(简称圆柱轴承),主要有以下几种形式:42724QT、152724QT、42726QT、152726QT、NJ3226X1、NJP3226X1型。42726QT、15272QT型曾是我国铁路客车主型轴承,大量装于各型客车车辆转向架上。但随着铁路运输的不断发展,列车运行速度的不断提高,该型轴承已不能满足运用要求。因此,原铁道部规定:自2001年1月1日起停止生产42726QT、152726QT型轴承,而生产NJ3226X1、NJP3226X1型轴承,其外形尺寸与原42726QT、152726QT型相同。这里着重介绍NJ3226X1、NJP3226X1型轴承。轴承的主要规格见表5-5。

表5-5 我国铁路客车圆柱滚子轴承主要规格　　　　单位:mm

轴承代号		外形尺寸			滚子		使用轴型
		内径	外径	宽度	数量	直径	长度	
42724QT	152724QT	ϕ120	ϕ240	80	14	ϕ30	48	RC_3、RC_4
42726QT	152726QT	ϕ130	ϕ250	80	14	ϕ32	52	RD_3、RD_4
NJ3226X1	NJP3226X1	ϕ130	ϕ250	80	14	ϕ32	52	RD_3、RD_4、RD_{3P}

此外,为了适应铁路运输大提速及准高速线路160 km/h及以上运行速度要求,同时为学习借鉴发达国家的先进技术,我国还引进了瑞典SKF公司生产的BC1B322880、BC1B322881型轴承和日本NSK公司生产的NSK42726T、NSK152726T型轴承,它们的外形尺寸与我国42726QT、152726QT型轴承相同。

圆柱滚子轴承的结构如图5-43所示,该轴承由内圈、外圈、滚动体(滚子)和保持架组成,外圈两侧带有挡边,内圈只有一侧有固定单挡边(或活动平挡圈),保持架、滚动体和外圈组合成一个组件,与内圈可以互相分离。

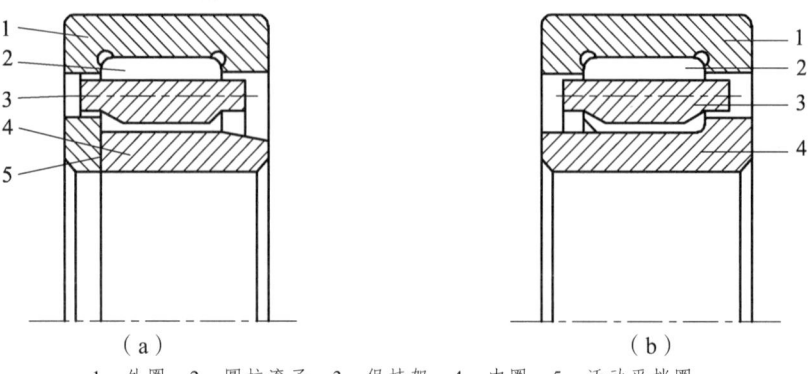

1—外圈;2—圆柱滚子;3—保持架;4—内圈;5—活动平挡圈。

图5-43 圆柱滚子轴承

1. 内 圈

内圈与轴颈为过盈配合。NJ3226X1 型的内圈有固定单挡边；NJP3226X1 型的内圈没有固定挡边，而设有活动平挡圈，如图 5-44 所示。内圈及平挡圈采用 GCr18Mo 轴承钢，电渣重熔法制造，并采用贝氏体等温淬火方法进行热处理，表面硬度为 58～62 HRC。内圈、平挡圈按内径大小不同分为三个级别，其标志与内径尺寸见表 5-6。

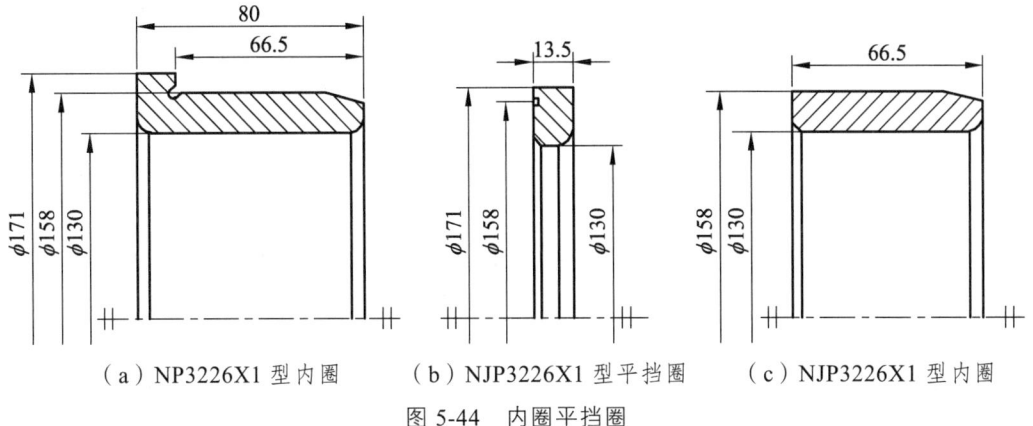

（a）NP3226X1 型内圈　　（b）NJP3226X1 型平挡圈　　（c）NJP3226X1 型内圈

图 5-44　内圈平挡圈

表 5-6　内圈平挡圈分类等级　　　　　　　　　　单位：mm

等级	内圈标志	内径尺寸	内圈标志	内径尺寸	内圈标志	内径尺寸
原型	NJ3226X1	ϕ130	NJP3226X1	ϕ130	NJP3226X1	ϕ130
第一等级	NJ3226X1K1	ϕ129.5	NJP3226X1K1	ϕ129.5	NJP3226X1K1	ϕ129.5
第二等级	NJ3226X1K2	ϕ129	NJP3226X1K2	ϕ129	NJP3226X1K2	ϕ129

内圈的标志刻打在内圈大端面，平挡圈的标志刻打在无槽端面，在圆周上间隔 120°机械打印。内容包括内圈标志（或平挡圈标志）、制造厂代号、制造年月（采用制造年份后 2 位及月份，用阿拉伯数字表示）。

2. 外 圈

外圈与轴箱筒体为间隙配合，外圈内滚道面为滚道，且两边都有固定挡边。NJ3226X1 型与 NJP3226X1 型外圈完全一致，可互换使用，如图 5-45 所示。外圈采用 GCr18Mo 轴承钢，电渣重熔法制造，并采用贝氏体等温淬火方法进行热处理，表面硬度为 58～62 HRC。

外圈的标志刻打在外圈外端面，在圆周上间隔离 120°机械打印。内容包括外圈标志、制造厂代号、制造年月（采用制造年份后 2 位及月份，用阿拉伯数字表示）。

3. 滚 子

滚子为圆柱形，为了使滚子受力后应力均匀分布，滚子两端允许按双点线（ϕ18.5 mm）制作平端面，平端面的表面粗糙度为 Ra0.2 μm 并可制作 ϕ14 mm、深 1 mm 凹穴。如图 5-46 所示的滚子采用 GCr15 轴承钢，电渣重熔法制造，并采用马氏体回火方法进行热处理，表面硬度为 59～63 HRC。滚子承受载荷并产生滚动作用，滚子处于轴径水平中心线上侧时受力,处于下侧时不受力。NJ3226X1 型(NJP3226X1 型)每套轴承由 14 个滚子组成滚动体,同一组滚子的直径变动量≤0.002 mm,同一组滚子的长度变动量≤0.010 mm。

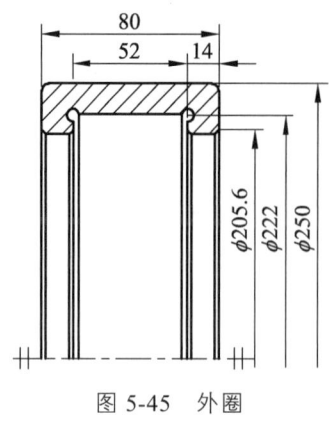

图 5-45 外圈

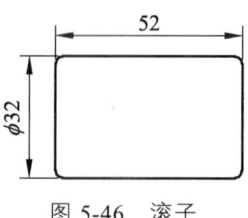

图 5-46 滚子

4. 保持架

保持架采用 ZCuAl10Fe3Mn2 或 ZCuAlFe3 整体拉孔制成,其作用是保持滚子沿滚道均匀分布,不发生偏斜,从而合理分布载荷,结构如图 5-47 所示。

保持架的制造标志刻打在保持架的外端面,在圆周上间隔 120°机械刻打。内容包括保持架标志、制造厂代号、制造年份(用 2 位阿拉伯数字表示)。

滚子从保持架兜孔外侧放入保持架正常位置后,再向内移动一段距离,不能从兜孔内侧脱出,使滚子装入后整体外圆直径小于外圈挡边内径。然后套上外圈,再装进内圈,使轴承成为一个整体。

(二) 货车密封式双列圆锥滚子轴承

密封式双列圆锥滚子轴承的结构如图 5-48 所示,该轴承由内外圈、保持架、中隔圈和密封装置组成。保持架用钢板冲压而成,将滚子与内圈组合在一起。轴承由两列滚子、内圈组件共用一个整体外圈,可以同时承受以径向负荷为主的径向、轴向联合负荷。轴承外圈两端装有密封装置,因而可以不用轴箱,在轴承外圈上面安装承载鞍,即可与转向架导框连接。这种轴承习惯上称为"无轴箱轴承"。中隔圈用来调整轴承轴向游隙,在新装配或检修轴承时,选择适当厚度的中隔圈,即可获得所需要的轴向游隙值。

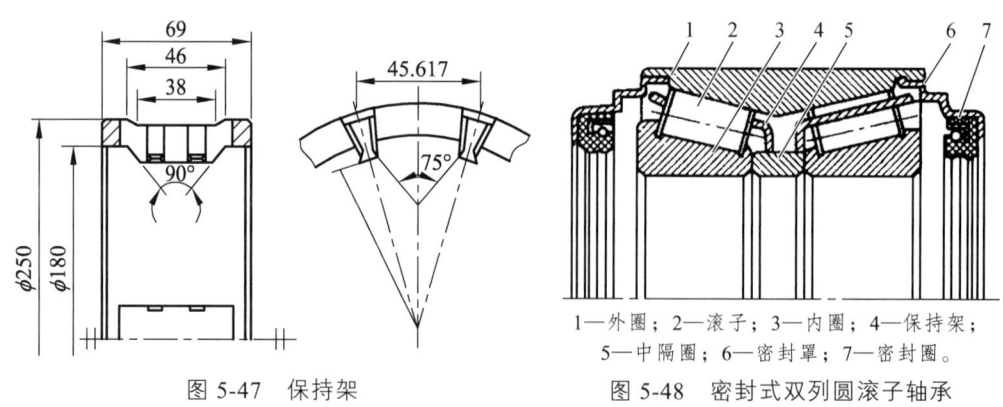

图 5-47 保持架　　　　图 5-48 密封式双列圆锥滚子轴承

1—外圈;2—滚子;3—内圈;4—保持架;5—中隔圈;6—密封罩;7—密封圈。

由于车辆轴承的径向负荷比轴向负荷大得多,故圆锥轴承外圈锥角设计得较小。为使圆锥滚子无滑动地滚动在设计上滚子中心线和内外圈滚道母线的延长线交于轴承中心线上的一点,滚子母线采用带有一定凸度的修正线,其大端面加工成球面并设有圆窝。

无轴箱密封式双列圆锥滚子轴承具有结构紧凑、质量小、装卸方便、无维修化设计等优点,在铁路货车上得到广泛应用。我国铁路货车装用的滚动轴承,主要采用无轴箱双列圆锥滚子轴承,型号有 197720、197726、197730、197726、352226、353130 型及进口轴承 TBU150、TAROL150 型。其主要规格和性能参数见表 5-7 和表 5-8。

表 5-7 双列圆锥滚子轴承规格 单位:mm

轴承代号	外形尺寸			滚子直径	双列滚子数量	轴向游隙	适用轴型
	内径	外径	宽度				
197720	100	182	117	19.329	40	0.6~0.7	RB_2
197726	130	230	150	24.74	42	0.6~0.7	RD_2
197730	150	270	170	30	40	0.66~0.81	RE_2

表 5-8 双列圆锥滚子轴承性能参数

轴 型	RB_2	RC_2	RD_2	RE_2
轴承型号	197720	197724	197726	197730
额定动载荷 C/kN	486	649	842	1 152
特性系数 e	0.26	0.24	0.26	0.27
轴向系数 Y_1	2.55	2.79	2.55	2.47
轴向系数 Y_2	3.80	4.15	3.80	3.67
额定静载荷 C_0/kN	523	733	957	1 295
静轴向系数 Y_0	2.50	2.73	2.50	2.41
极限速度 $n/(r \cdot min^{-1})$(脂润滑)	1 330	1 040	990	850
轴承自由状态下轴向游隙 δ_0/mm	0.60~0.70	0.65~0.75	0.60~0.70	0.66~0.81
轴承加油量 m/g	轴承内加油量控制在轴承内部空间的 50%左右			

滚动轴承的游隙直接影响其工作能力和寿命,对于不同结构类型和工作条件的轴承,选择合适的游隙是十分重要的。铁路车辆滚动轴承的游隙值比一般机械轴承要大,这是因为车辆滚动轴承负荷大,轴承工作时内外圈之间的温差较大;内圈与轴颈过盈配合后,会使轴承径向游隙减小。另外,车辆运行时,轴承工作条件复杂,保持合适的轴向游隙,以避免在转向架倾斜、车辆蛇行运动或通过曲线时,滚子被卡住;保持滚子端面与套圈挡边接触摩擦部分得到良好润滑,使轴承工作温度正常。

货车无轴箱圆锥滚动轴承装置由外圈、内圈、滚子、保持架、中隔圈、密封座、密封罩、油封、前盖、后挡、螺栓、防松片和承载鞍等组成,其结构如图 5-49 所示。

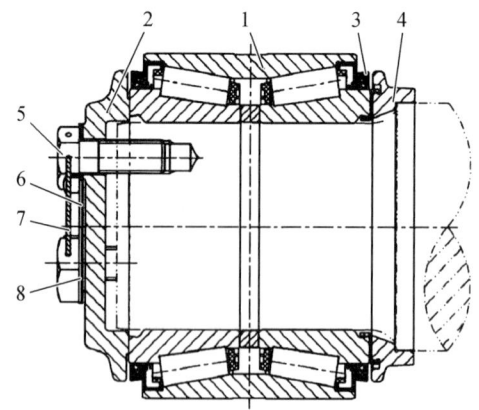

1—双列圆锥滚子轴承；2—前盖；3—塑钢隔圈；4—后挡；5—螺栓；6—标志板；7—施封锁；8—防松片。

图 5-49　货车无轴箱圆锥滚动轴承装置

1. 外　圈

轴承的外圈是一个内筒面带有 2 个圆锥滚道的套筒，两端设有牙口和油沟，用以嵌入密封罩凸台，保持密封罩不致发生脱落和防止润滑油脂外泄。内圈外圆面有圆锥滚道和大、小两个挡边，内圆面与车轴轴颈为过盈配合，以冷压方式装配。为防止拉伤轴颈，两端都设有倒角。每套轴承两个内圈，两小端相对安装。内外圈均采用渗碳轴承钢，经过渗碳淬火热处理，获得表层硬度高心部韧性好的良好组织结构，不仅提高了轴承内、外圈表面的耐磨性，而且保持了较高的韧性，从而提高其抗压强度和冲击韧性。为了防止内外圈锈蚀和提高润滑效果，其表面全部进行了磷化处理。

2. 滚　子

滚子为 GCr15 轴承钢制造的圆锥体结构，经过完全热处理，硬度为 60～64 HRC。为使滚子与滚道的接触应力分布均匀，避免滚子端部产生应力集中，滚子两端均带有弧坡。

3. 保持架

保持架由 10 号低碳钢冲压而成，它将滚子和内圈组合在一起，其表面也进行了磷化处理。

4. 中隔圈

中隔圈由 45 号钢制造，其表面经磷化处理，放置在两内圈之间，除起隔离作用以外，还可通过选择不同宽度的中隔圈，来调整轴承的轴向游隙。

5. 密封装置

圆锥轴承的密封装置由密封罩、油封、密封座组成，轴承前后端各装一套。其作用是防止油脂外泄及外部沙尘及雨雪的侵入。密封罩由 2.2 mm 厚的钢板压制成形后经磷化处理。它的大端外径以过盈压入外圈牙口，另一端压装有油封。密封罩大端外径设有凸台，当压入外圈牙口后，凸台卡在牙口油沟内，以防止密封罩在使用过程中脱出。油封由橡胶密封圈、钢骨架、自紧弹簧组成，如图 5-50 所示。橡胶密封圈由耐油丁腈橡胶硫化在钢骨架上，压入密封罩内。骨架用 1.5 mm 厚的钢板冲压而成，用来保持橡胶密封圈的几何形状，且在压装和退卸时不易变形。油封的两个唇口与密封座外圆面过盈配合。主唇口的作用主要是密封，防止润滑剂外泄。副唇口的作用主要是防止外部异物侵入。自紧弹簧由直径 0.5 mm 的钢绕制成环形再对接成圆形，套在橡胶密封圈弹簧槽内，使油封主唇口与密封座保持合适的过盈量，保证唇口有稳定的密封性。

密封座由 GCr15 钢制成，其内圆断面为"冂"形状，形成两个圆孔结构，小孔与轴颈过盈配合，大圆孔内圆面与轴颈表面的缝隙形成进油（前密封座）和排气通路。其上有 4 个油孔，以供加油时油脂进出和排气之用。密封座与轴承内圈接触一端的外径面加工成一段锥形，以避免组装时在插入油封的过程中，使油封副唇口翻边或损伤唇口。密封座外圆面粗糙度较低，以减小与油封的阻力和磨损。

6. 后　挡

后挡如图 5-51 所示。其凸起檐遮住密封罩后端，起保护作用。其密封座槽为内侧密封座支承。后挡的防尘板座槽过盈配合于防尘板座上。

7. 前　盖

前盖如图 5-52 所示，是用 30 号或 Q235 钢经模压加工而成的，表面经磷化处理。它通过 3 个螺栓安装在轴端部，随轴一同旋转。前盖紧压着前密封座，使轴承在运用中不致因轴向力的作用而分离，保持轴承有正常的轴向游隙进行工作。

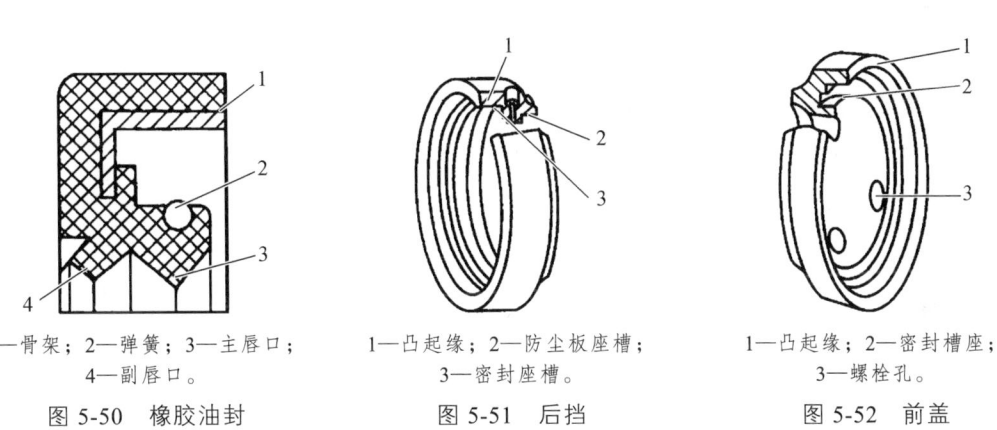

1—骨架；2—弹簧；3—主唇口；
4—副唇口。

图 5-50　橡胶油封

1—凸起缘；2—防尘板座槽；
3—密封座槽。

图 5-51　后挡

1—凸起缘；2—密封槽座；
3—螺栓孔。

图 5-52　前盖

8. 防松片

防松片由厚 1.5 m 的单钢板压制而成，如图 5-53 所示。防松片安装在前盖与螺栓之间，螺栓拧紧之后，将止耳翘起，挡住螺栓头部，防止其转动。每个防松片只可以使用一次，以免止耳裂损失去止转作用。

9. 承载鞍

承载鞍由铸钢制成，如图 5-54 所示。它是无轴箱轴承与转向架侧架的连接部件，在承载鞍顶部制有 $R2\,000$ mm 的圆弧面，以使车体传来的力集中在圆弧面中部，然后均匀分布到轴承及轴颈上。

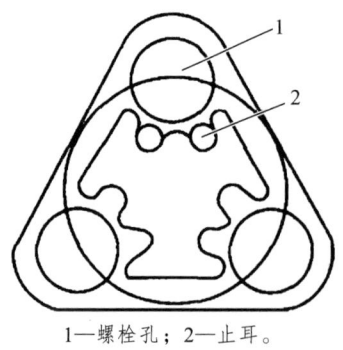

1—螺栓孔；2—止耳。

图 5-53　防松片

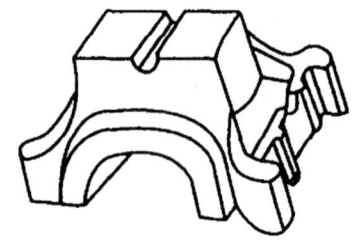

图 5-54　承载鞍

【技能训练】

一、训练内容

分解组装客车双列圆柱滚子轴承。

二、训练器材

双列圆柱滚子轴承。

三、操作步骤

1. 分　解

（1）拆下内圈；
（2）依次将滚子向内拽，使滚子贴紧保持架；
（3）取下外圈；
（4）依次将滚子从保持架上取出。

2. 组　装

（1）依次将滚子安装到保持架上，并使滚子贴紧保持架；
（2）将外圈套在安装有滚子的保持架上；
（3）将滚子向外推，使滚子和外圈贴合；
（4）安装内圈。

【课程思政】

新时代·铁路榜样——鲁勇：从一线学徒到"现代鲁班"

鲁勇为牡丹江电务段车载设备车间检修工区工长。学徒工出身的他，干出了"现代鲁班"的业绩。多年来，鲁勇带领团队完成技术革新 100 多项，研制出各类试验台 30 多个，多项发明填补了国内铁路系统车载专业技术空白。

一、凭着热爱入路，一年半提前出徒

"我出生在山东济南，骨子里有山东人的倔强。"鲁勇一开口，就透着齐鲁之人的率真、质朴。

1982年，正在读高中的鲁勇向着梦想迈出了关键一步。得知铁路招收学徒工，他果断报名并在选拔中脱颖而出。凭着山东人的犟劲儿，加之多年黑土文化熏陶出来的雷厉风行作风，鲁勇报考了牡丹江工人大学电工学专业来"充电"。他白天上班，晚上学习，《电工学》《无线电教程》一本一本地啃，还经常对照书上的知识点比照实物动手实践。

1994年，随着生产力布局调整，鲁勇所在车间整建制划归牡丹江电务段。钳工变身信号工，鲁勇钻研技术的热情依旧。当时，铁路技术装备还不完善，他就自己动手，优化、改造了扳手、螺丝刀等检修工具，工友们用起来事半功倍。他还下功夫探索提高车载设备的检修质量、效率。在别人学徒的年纪，鲁勇已成为车间技术能手。

二、心系安全，埋头创新四十年

因善于钻研、业务过硬，2008年，鲁勇成为牡丹江电务段车载设备车间检修工区工长。工区负责被司机视为"保命"设备的车载设备检修任务，新职工多、素质不均衡，"青工提素"尤为重要。

由于车载设备都在机车上，如何进行模拟故障演练成了难题。鲁勇便萌生了自己动手研制模拟"练功台"的念头。高中没毕业的他，开始了艰难的技术创新之路。自购专业书目查资料、进科研单位访专家，鲁勇白天上班收集动态数据，晚上自学攻关，从查看图纸，到设计模拟电路，再到反复测试改进。经过3个多月的潜心打磨，第一代车载设备模拟"练功台"在鲁勇的手中诞生了。"练功台"能模拟各种状态下的机车数据参数，故障演练更加直观，不仅解决了工友们处理故障演练的难题，还填补了全路这一领域的空白。工友们实操能力迅速提升，这进一步激发了鲁勇的创新热情。

"对待工作，必须牢固树立安全发展理念，强化综合试验的安全保障措施，特别要坚持故障导向安全。"鲁勇说，正是解决现实问题的紧迫感推动自己的创新脚步40年不曾停歇。历经10年钻研，鲁勇的"车载设备配线综合测试台"已升级到了第三代，实现了智能化。同时，"测试台"还以"CZXL-Ⅰ型车载线缆智能综合检测平台"的身份投入市场，赢得了广泛好评。

截至目前，鲁勇完成各类技术革新100多项，设计研制的各类试验台30多个，有的已更新换代10次以上。鲁勇说："每当看到自己研发的设备投入应用取得良好成效后，都会有满满的成就感。但冷静后，我会默默告诫自己，创新无止境，自己还得加把劲。只要单位有需要，我会一直努力下去。"

三、严管厚爱，言传身教育骨干

汗水与掌声如影随形。随着在车载设备领域一个个技术瓶颈的打破，鲁勇先后获得"火车头奖章"、黑龙江省"五一劳动奖章"等荣誉，并被评为"十大龙江工匠"。2020年，鲁勇摘取职业生涯最高荣誉——全国劳动模范。以鲁勇名字命名的"劳模创新工作室"先后被授予黑龙江省工人先锋号、火车头劳模创新工作室、黑龙江省劳模和工匠人才创新工作室、全国工人先锋号等荣誉称号。

鲁勇对待徒弟是"严"，对自己却是"狠"。曾经，为了让徒弟们尽快掌握新型电路板的电路构成知识，鲁勇利用年休假，把自己关在房间里，废寝忘食地将专业书籍中15页密密麻麻的电路逐线、逐号、逐标手绘在一张图纸上。当他将图纸拿到培训课堂时，徒弟们拍手叫好，设备厂家的技术人员也直呼"太神了"。多年来，鲁勇带出高级技师10人、技师4人，有6人在哈尔滨局集团公司技术比武中夺冠，6人走上管理岗位。

【课后练习】

1. 滑动轴承有哪些类型？各有什么特点？
2. 查找材料说明内燃机车内燃机使用的轴瓦结构形式和材料。
3. 铁路客、货车使用的轴承型号有哪些？
4. 说明铁路客、货车轴承的结构组成。

任务三　联轴器

【学习目标】

目标类型	目标要求
知识目标	（1）了解联轴器的种类； （2）能够识读常用机构运动简图的名称与符号
能力目标	能够判断出 C_{70} 型货车相关零件对应的运动副
素质目标	培养学生严谨细致的工作态度、做事认真的良好作风

【理论知识】

被连接的两轴常常属于两个不同的机械或部件，由于制造和安装的误差，往往很难保证使它们的轴线能对中。被连接的两轴可能发生相对位移或偏斜，常见的有 4 种形式，如图 5-55 所示。图 5-55（a）为轴向位移，图 5-55（b）为径向位移，图 5-55（c）为角偏移，图 5-55（d）为综合位移。因此，设计联轴器时要从结构上采取各种不同的措施，使联轴器具有补偿各种偏移量的性能，否则就会在轴联轴器、轴承设计中引起附加载荷，导致工作情况恶化。

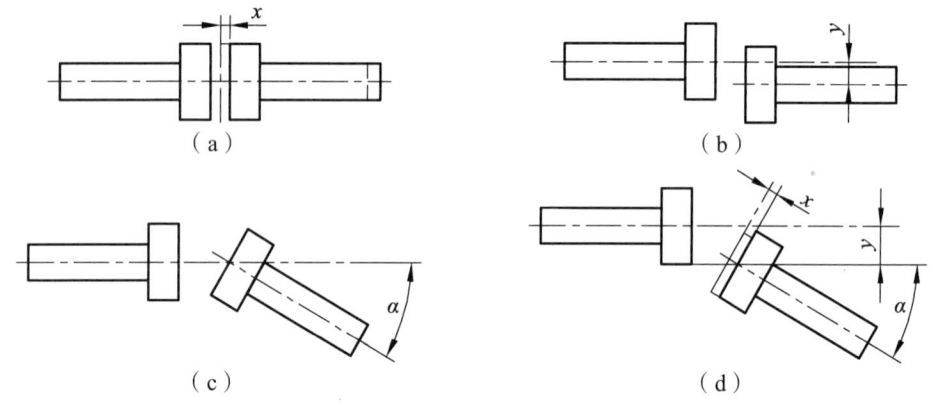

图 5-55　两轴的偏移形式

根据联轴器内是否具有弹性零件，联轴器可分为弹性联轴器和刚性联轴器两大类。弹性联轴器具有缓冲、吸振的功能和适应轴线偏移的能力。它适用于承受变载荷、冲击载荷以及启动频繁和有正反转的场合，也适用于两轴线不能严格对中的场合。刚性联轴器中没有弹性零件，因而它没有缓冲和吸振的能力。

刚性联轴器根据其内部结构的不同，可分为固定式刚性联轴器和移动式刚性联轴器两类。前者结构简单,但要求两轴线严格对中,工作时不允许两轴有相对偏移;后者结构较复杂,但安装时允许两轴线有一定误差,并能补偿工作中两轴线可能产生的相对偏移。

一、固定式刚性联轴器

1. 套筒联轴器

套筒联轴器是由钢或铸铁制造的套筒,用键或销钉与两轴连接。这种联轴器的构造简单,容易制造,径向尺寸小,适用于两轴同心度高、工作平稳、无冲击载荷的工作条件。其缺点是装拆不便。如图 5-56 所示为用键、销连接的套筒联轴器。

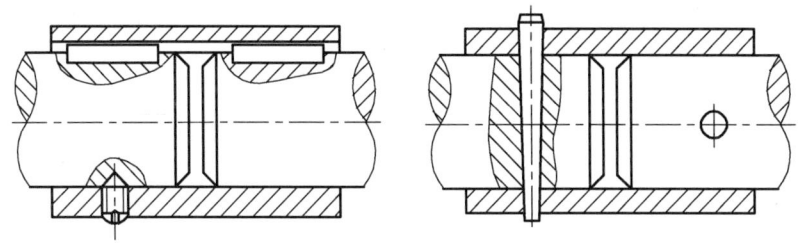

图 5-56　套筒联轴器

2. 凸缘联轴器

凸缘联轴器如图 5-57 所示。它由两个带有凸缘的半联轴器组成,分别用键与两轴连接,并用螺栓将这两个半联轴器连成一体。

凸缘联轴器有两种对中方法:一种方法是利用一个半联轴器端面上的凸肩和另一个半联轴器端面上相应的凹槽相互配合而对中,如图 5-57(a)所示。拆卸时,须将轴做轴向移动才能使两轴分离。另一种方法是两个半联轴器用铰制孔用螺栓连接,靠螺栓杆与螺栓孔的配合对中,利用螺栓杆承受的剪切与挤压来传递转矩,如图 5-57(b)所示。装拆时,轴不必做轴向移动,可用于经常装拆的场合。

凸缘联轴器构造简单,能传递较大的转矩,但不能消除冲击,不能消除由于两轴不同心或偏斜而引起的不良后果,通常用于连接振动不大、低速和刚性不大的两轴。

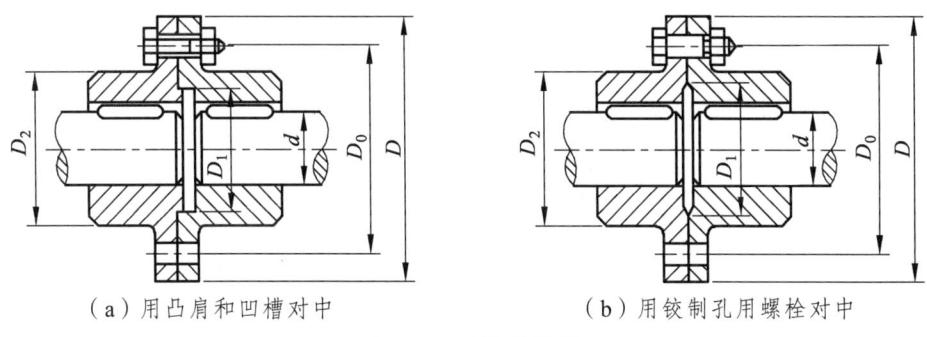

(a)用凸肩和凹槽对中　　　　(b)用铰制孔用螺栓对中

图 5-57　凸缘联轴器

二、移动式刚性联轴器

1. 十字滑块联轴器

十字滑块联轴器也称滑块联轴器,如图 5-58 所示。它由两个端部开有径向矩形槽的半联轴器和一个两端有凸起的中间滑块组成。滑块两端凸棒的中线相互垂直，并分别嵌在两半联轴器的凹槽中构成移动副。运转时，若两轴线有相对径向偏移，则可借助中间滑块两端面上的凸棒在其两侧半联轴器的凹槽中的滑动来得到补偿，如图5-59所示。

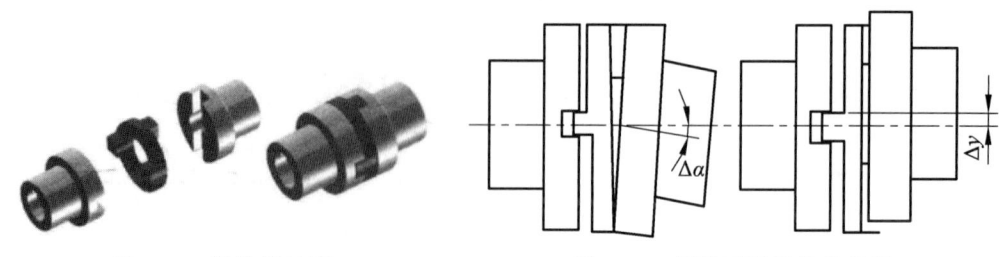

图5-58 滑块联轴器　　　　　　图5-59 滑块联轴器偏移补偿

滑块联轴器的结构简单，径向尺寸小，能补偿轴的径向偏移和角偏移，但不耐冲击，易于磨损，适用于低速、载荷平稳、径向偏移 $\Delta y \leqslant 0.04d$（d 为轴径）、角向偏移 $\Delta \alpha \leqslant 30'$ 的场合。

套筒的材料一般为45钢或铸钢，中间块用45钢。

2. 齿式联轴器

齿式联轴器如图5-60所示。它由两个带外齿的内套筒、带内齿圈的外套筒和连接螺栓等组成。两个带外齿的内套筒通过键与轴相连，又通过轮齿与带内齿圈的外套筒构成动连接，两个带内齿圈的外套筒在其凸缘处用螺栓连成一体。齿式联轴器是通过齿的啮合传递转矩的。为了减小轮齿的磨损和相对滑移的阻力，在外壳内储有润滑油。为了能补偿两轴线的综合偏移，外套筒的齿顶常制成球面，齿侧制成鼓形，并取较大的齿侧间隙。

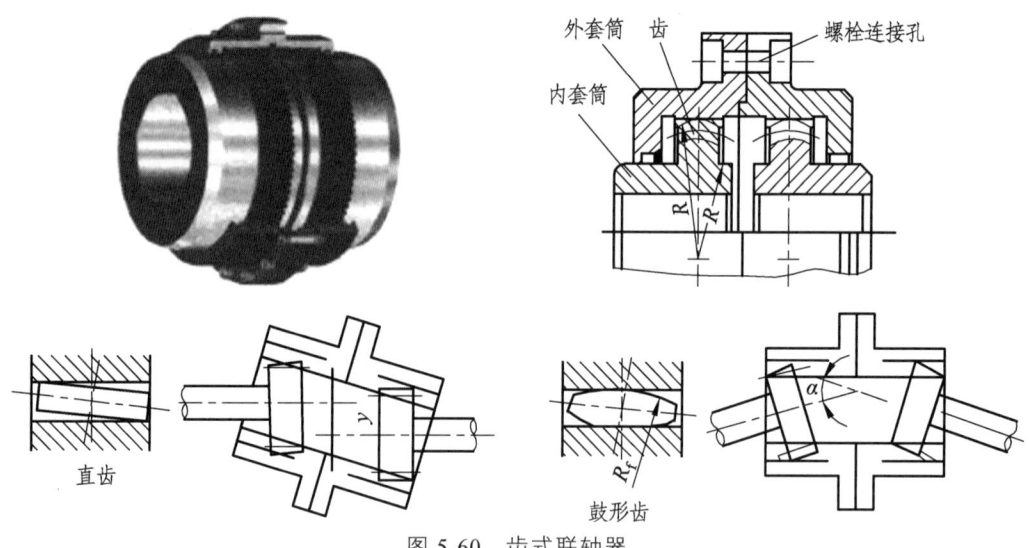

图5-60 齿式联轴器

齿式联轴器具有较好的补偿综合偏移能力，它的承载能力大，工作可靠；但结构复杂，制造成本高。其材料一般为45钢或ZG310～570。

3. 万向联轴器

万向联轴器中常见的有十字轴式万向联轴器,如图 5-61(a)所示。它利用中间连接件十字轴连接两边的半联轴器,两轴线间夹角可达 45°。单个十字轴式万向联轴器的主动轴做等角速度转动时,其从动轴做变角速度转动。为避免这种现象,可采用两个万向联轴器,使两次角速度变动的影响相互抵消,从而使主动轴与从动轴同步转动,如图 5-61(b)所示。中间轴两端的叉形接头应位于同一平面内,并使主从动轴与中间轴的夹角相等,这样就能保证从动轴的角速度与主动轴同步。

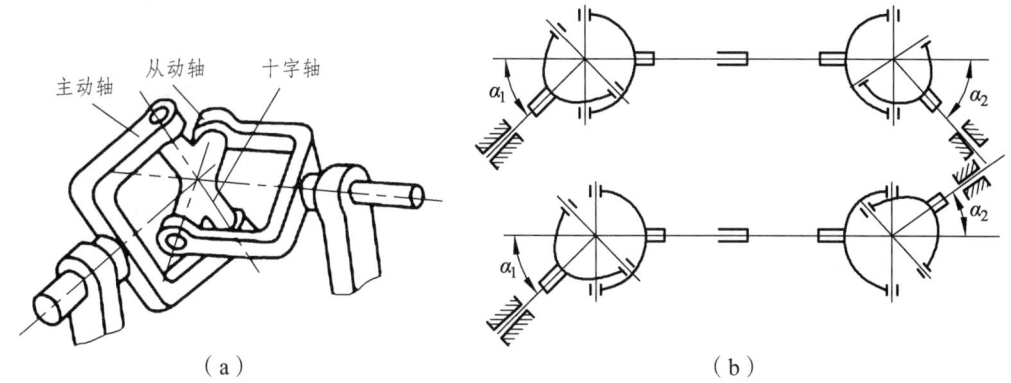

图 5-61 十字轴式万向联轴器

三、弹性联轴器

1. 弹性套柱销联轴器

弹性套柱销联轴器的结构与凸缘联轴器相似,只是用套有弹性套的柱销代替连接螺栓来把两个半联轴器连接起来,如图 5-62 所示。为了提高弹性套的吸振能力,常使它具有梯形的剖面。主动轴的转矩通过半联轴器、弹性套、柱销等传至从动轴。在工作时,由于弹性套的变形而蓄放弹性能,从而减轻振动与冲击。

在安装这种联轴器时,应留出间隙 C(见图 5-62),以便被连接的两轴做少量的轴向位移,图 5-62 中方案(a)为圆柱孔,方案(b)为圆锥孔。

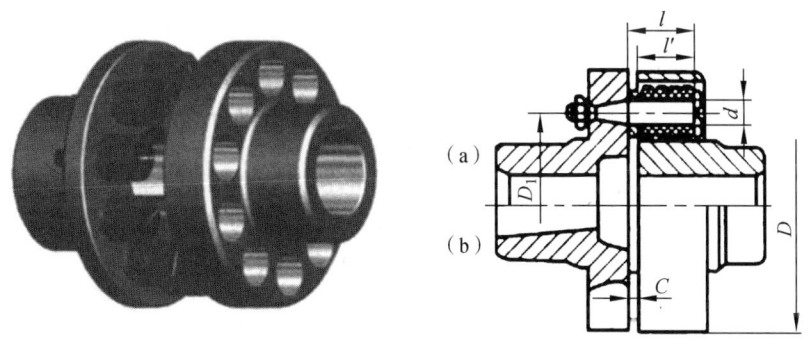

图 5-62 弹性套柱销联轴器

这种联轴器传递转矩的范围较大,弹性较好,能缓冲减振,不需润滑。它适用于正反转变化多、启动频繁、转速高(低速不宜使用)的中小功率传递场合。

2. 弹性柱销联轴器

弹性柱销联轴器的结构类似于弹性套柱销联轴器，只是用具有弹性的尼龙柱销代替弹性套柱销作为中间连接件，如图 5-63 所示。为了防止柱销脱落，在两端装有用螺钉固定的挡板。弹性柱销联轴器的特点及应用情况与弹性套柱销联轴器相似，而且结构更为简单，安装和维护方便，使用寿命长，传递转矩的能力较大，适用于轴向窜动较大、正反转或启动频繁、转速较高的场合。

【技能训练】

一、训练内容

通过拆装 CRH1 型动车转向架联轴器（见图 5-63），了解联轴器的工作原理和结构组成。

二、需要器材

拆装用 CRH1 型动车转向架联轴器。

图 5-63　联轴器

三、操作步骤

（1）拆卸联轴器：依次拆除螺母，取下弹性柱销，分离两个半联轴器。
（2）组装联轴器：将两个半联轴器用弹性柱销依次连接起来，并安装螺母。
注意事项：两个半联轴器组装时应留出间隙，以便被连接的两轴做少量的轴向位移。

【课程思政】

新时代·铁路榜样——张敬华：淬砺匠心塑人生

张敬华，中车齐齐哈尔车辆有限公司新产品试制组电焊工，高级技师、国家级技能大师工作室骨干成员，曾获全国五一劳动奖章、全国劳动模范等荣誉。

同班学习电焊专业的同学大多已改行，只有张敬华在烟熏火燎的电焊岗位上坚守。在近 30 年的坚守中，她淬砺技能，用匠心守护工作、塑造人生，从一名普通的电焊工成长为全国劳动模范。

一、赛场"逃兵"的逆袭之路

1995 年，东北姑娘张敬华从学校毕业，进入齐齐哈尔车辆工厂，成为一名电焊工。

进厂不久就遇到一次技术表演赛，张敬华当时觉得自己电焊技术干得还不错，就报名参加了。比赛开始，张敬华轻轻松松很快焊完了，然后就去看老师傅怎么焊。这一看她傻了眼——差距也太大了！张敬华回到工位上，偷偷把自己焊的考试件藏了起来，比赛结束也没好意思交给裁判员。

这次经历成为驱动她成长的动力。成长路上张敬华付出的艰辛和努力，已经在时光里慢慢消逝，留下的是日益精湛的焊接技艺。曾是赛场"逃兵"的张敬华，在公司职业技能大赛中以理论 100 分、实作 95.6 分的成绩斩获第一名，获得"首席焊工"荣誉。之后，她参加了德国焊接技术培训，取得了国际焊接技师证书和焊工指导教师资格证书。

二、担当和自信一路同行

2012年，公司设计开发360 t大平车。在试制生产中，张敬华担任底架盖板对接焊缝任务。这是一道最后由超声波探伤检测、全车质量要求最高、操作难度最大的焊缝工艺。她用精湛技艺，又快又好地完成了焊接任务。

在煤炭漏斗车的试制中，车体中梁因来料单位原因造成中梁隔板内侧大量焊缝漏焊，组装后需要在极其狭小的空间里进行10×10 mm大焊角仰焊，操作位置不利，视线不清，且质量要求很高，工作量也非常大。张敬华半钻进中梁，总计焊接十几个小时，最终凭着高超的技术水平、丰富的操作经验达到了焊接质量标准且成型美观。

张敬华在新产品试制组，几十年来参加了60多种国内外新产品的试制生产任务，守护中国铁路货车一次次实现车型更新换代，制造水平一路提升并领先世界。

三、奉献和敬业成为习惯

在日日夜夜焊花飞溅的制造车间、在普通平凡的工作中，奉献和敬业已经成为张敬华的习惯。一次，因为焊接质量问题，好几台车中梁得报废，要浪费不少钱。张敬华仔细研究，跟外方监造申请补焊一台车的中梁出来进行焊缝探伤，从而挽救了这些中梁。

2015年以来，张敬华当起了兼职培训教师，白天正常工作，晚上到职工培训基地给数百名"学生"传授业务知识。几年来，她累计为公司培训各类人员2 000余人次。

多年来，她除了自己刻苦钻研焊接技术，提高焊接水平外，还热心帮助、培训指导其他焊工。她把自己多年积累总结出的工作经验和焊接操作绝技诀窍毫无保留地传授给年轻焊工，在现场有机会就纠正他们不良的操作习惯。张敬华一边在生产中攻克技术难关，一边进行技术创新，取得了多项技术创新成果，在多家刊物发表技术论文。

从一名普通的电焊工成长为首席焊工和技能专家，荣获全国五一劳动奖章、全国劳动模范称号，并当选为十三届全国人大代表，一路砥砺前行，张敬华始终牢记初心使命。她说："我只是在岗位上做了我应该做的，既然干了电焊，那么就要做最好的焊工。"

【课后练习】

1. 选用联轴器时，应考虑哪些主要因素？选用的原则是什么？

2. 说明在CRH3和CRH5型动车转向架上使用了哪种类型的联轴器，并说明其作用和原理。

参考文献

[1] 胥宏. 机械基础[M]. 成都：电子科技大学出版社，2013.

[2] 周前，王红阁. 机械基础[M]. 重庆：重庆大学出版社，2017.

[3] 徐炬，李彩燕. 汽车机械基础[M]. 北京：机械工业出版社，2017.

[4] 柴鹏飞，赵大民. 机械设计基础[M]. 3版. 北京：机械工业出版社，2017.

[5] 袁清武. 车辆构造与检修[M]. 北京：中国铁道出版社，2006.